Kai Ferreira Schmidt, Fernreisen auf eigene Faust

Kai Ferreira Schmidt

# FERNREISEN auf eigene Faust

## Planung
## Ausrüstung
## Reisepraxis

Pietsch Verlag Stuttgart

Einbandgestaltung: Johann Walentek
Umschlagfoto: Heinz Kupsch
Bildnachweis: Kai Ferreira Schmidt, soweit in Bildlegende nicht anders vermerkt.
Der Beitrag »Als Frau nach Indien« in Kapitel 10 stammt von Bettina Rohwedder, die als Krankenschwester in Indien reiste.



ISBN 3-613-50171-6

1. Auflage 1993

Ein Unternehmen der Paul Pietsch Verlage GmbH & Co.

Satz: Vaihinger Satz+Druck, 71665 Vaihingen/Enz.
Druck: TC Druck, 72072 Tübingen.
Bindung: Heinrich Koch, 72072 Tübingen.
Printed in Germany.

# Dank und Widmung

Mein bester Dank für die wertvolle Zusammenarbeit und tatkräftige Unterstützung weltweit gilt

Gladys Azocar (Chile), Adventure Company (Heilbronn), Molly Al Chen (Malaysia), Inge & Heinrich Bachmeier (Ingolstadt), Decano Gustavo Villegas Cortés (Bolivien), Pilar Cors Cruzat (Chile), Edilma Ferreira (Belém do Para, Brasilien), Uli Huber (Notzingen/Neuseeland), Elke Häberle (Heilbronn), Mirza Hayit/ Reisefieber (Köln), Macias Martinez Kleber (Ecuador), Dr. Olariu (Bad Friedrichshall), Emilio Paoa (Rapa Nui, Osterinsel), Victorina Paoa (Tahiti), Ratsapotheke (Bad Friedrichshall), Miguel Landauro Reyes (Peru ), Maria Teresa Rocholl (Paraguay), Bettina Rohwedder (Bad Rappenau/Indien), Birgit Heller (Backnang), Bettina Schibisch (Australien), Frank Schubert (Beilstein/Thailand), Thomas Strecker (Biberach), Steffanie Tittl (Frankfurt), Rudi Weissmann (Airtravel Heilbronn), Joan & Henry Yee (Singapur), Horst Zimmermann (Leingarten).

Ein herzliches Dankeschön vor allem auch an Ilse Wendnagel und Grüße an ihren Ngorongoro-Krater in Kenia.

# Inhaltsverzeichnis

# 1 Vorwort

Derzeit arbeiten über 100 Millionen Beschäftigte in der Touristikbranche mit dem Ziel, durch Information, Beratung, Organisation, Koordination von Pauschalreisen, Aufbau von Infrastrukturen und dem Bereithalten von Transportmitteln ein immer größeres Angebot an sogenannten »Urlaubsparadiesen« dem Konsum zur Verfügung zu stellen. Die Nachfrage ist groß und wird nur ab und zu von Einbrüchen – wie zuletzt während des Golfkrieges – gemindert.

Gründe für den steten Anstieg der Traveller-Zahlen sind nicht nur die Folgen der wachsenden weltweiten Mobilität, sondern auch die der Arbeitszeitverkürzung und des vergleichsweise stetigen Wohlstands in den westlichen Industrieländern.

Sein Überleben in den Betonwüsten der pulsierenden Großstädte muß sich der Einzelne oft durch monotone All- und Arbeitstage teuer erkaufen. So wird seine Fluchtmotivation gestärkt – der »Traum von der Insel« wird zum Hirngespinst aller Versuche, wenigstens ein paar Wochen im Jahr abzuschalten und einen Zipfel des Paradieses erleben zu können. Genau darin liegt das Geschäft der Touristikbranche. Längst sind ehemalige Inselparadiese wie Galapagos, die Malediven oder Seychellen zu 0815-Reisezielen des Pauschaltourismus geworden. Hochglanzprospekte locken, die die Seele wässrig machen. Versprechungen verführen zum Träumen. Die Reiseliteratur boomt. Jedes Eck und jeder Winkel dieser Erde wird auf seine touristischen Möglichkeiten hin abgeklopft, durchleuchtet und schließlich konsumgerecht feilgeboten.

Schwierig hingegen bleibt es für jeden, der auf eigene Faust fremde Welten entdecken möchte. Für die Planung, Vorbereitung und Durchführung einer Fern- oder Weltreise mit einer Mindestreisezeit von zwei und mehr Monaten gibt es so gut wie keine zuverlässigen und umfassenden Buch-Ratgeber. Diesem Manko schafft »Fernreisen auf eigene Faust« nun Abhilfe. Damit Ihnen Ihre Reise nicht zu einem überteuerten, nervenaufreibenden und zu riskanten Abenteuer wird.

Neben speziellen Reisetips und -empfehlungen stehen Anregungen zu Eigendynamik und Selbstmotivation im Vordergrund. Denn wichtig ist es, den ersten Schritt zu wagen und dann am Ball zu bleiben.

Ich halte es mit v. Humboldt, der einmal sagte: »Die gefährlichste Weltanschauung ist die der Menschen, welche die Welt nie gesehen haben.« In diesem Sinne wünsche ich Ihnen eine gesunde Reise und viele beeindruckende Erlebnisse und Entdekkungen.

# 2 Gebote des Reisens

- Die stärksten Eindrücke von fremden Ländern und Menschen gewinnt man kaum während perfekt organisierten Pauschalreisen, sondern durch Reisen mit Eigeninitiative.
- Respektieren Sie die Etikette des Reiselandes und passen Sie sich den dortigen Traditionen und Gepflogenheiten an: Ziehen Sie an heiligen Stätten und in Tempeln die Schuhe aus, wenn dies gewünscht wird und tragen Sie keine freizügige Kleidung (Shorts, durchsichtige Blusen) insbesondere nicht in islamischen Ländern. Zeigen Sie nicht mit einem Finger auf andere Menschen. Ein einfaches, den Landessitten angepaßtes Reiseverhalten, mit einem Schuß gezähmter Neugier ist überall angebracht und entspricht den einfachsten Grundregeln der Völkerverständigung: der Ausländer sind Sie!
- Nehmen Sie Rücksicht auf die Würde Ihres menschlichen Foto-Objektes. In vielen Ländern sind sogenannte »Tabus« zu beachten, die keinesfalls fotografiert werden dürfen. Deshalb immer fragen, ob der oder das »Auserwählte« fotografiert werden möchte oder darf und nicht alles »Exotische« mit der Kamera jagen und wild abknipsen. Fair verhält sich auf jeden Fall, wer später ein Bild der fotografierten Person zusendet. Oft sind dadurch schon echte Freundschaften entstanden. Jeder sollte sich einmal vorstellen, wie er sich fühlen würde, wenn plötzlich ein Afrikaner oder Japaner in seinen Garten käme und alle Familienangehörige beim Mittagessen auf der Terrasse fotografieren würde! Eine Alternative ist es, auch mal die Kamera beiseite zu legen, um zu Pinsel/Stift und Papier zu greifen und ein Motiv zu malen oder zu zeichnen.

- Weiße Arroganz und Überheblichkeit ist weltweit geächtet. Es sollte nie vergessen werden, daß viele Errungenschaften unserer industrialisierten Welt häufig auf Erkenntnissen anderer Kulturen beruhen und unser Wohlstand zum Teil auch auf dem Rücken sogenannter Dritter Welt-Länder ruht. Verzichten Sie darauf, in jeglicher Hinsicht zu missionieren. Deshalb beschränken Sie sich in Ihrer Kritik.
- Andere Völker haben andere Zeitbegriffe. Zeithetze ist ihnen häufig ein Fremdwort. Gerade uns westlich erzogenen Menschen ist der Inbegriff der Zeit verlorengegangen. Zeitlosigkeit müssen wir erst lernen. Geduld wird zur Qual. Aber auf einer Fernreise bleibt uns in vielen Regionen nichts anderes übrig, als Zeit nicht nur mit der Uhr zu messen. Auf einer Fern- und Weltreise können Sinn und Wert des Zeitbegriffes neu erlebt werden. Und wer langsam und zeitlos reist, reist intensiver und zudem kostengünstiger.
- Gib niemals einem Bettler Geld. Vor allem bettelnden Kindern sollte nie welches gegeben werden. Dadurch werden die letzten sozialen Strukturen der Familie zerstört; spätestens dann, wenn die Eltern erkennen, daß bettelnde Kinder mehr Geld »verdienen« wie sie selbst durch reguläre Arbeit, werden die Kinder erst recht zum Betteln gegenüber »Fremden« abgerichtet. Gerne wird durch raffiniert geschauspielerte Szenen versucht, das Herz des Reisenden zu erweichen. Infolge werden Schule und Ausbildung des Kindes vernachlässigt, der Teufelskreis der Armut schließt sich. Jeder Reisende, der also Geld gibt, macht sich mitschuldig; so schwer dies auch zu akzeptieren sein mag.
- Wer bescheiden, taktvoll und sensitiv bleibt fährt fast immer am besten. Selbst die Mitteleuropäer, die in ihrem Heimatland eher zu den ärmeren Bevölkerungs-Schichten gehören, gelten in den Tropenländern als reich. Deshalb ist es sinnvoll den Einheimischen (spreche nie von Eingeborenen, Negern oder Kaffern) plausibel zu erklären, wie lange Sie auf diese Fern- oder Weltreise gespart, wie hart Sie für die Verwirklichung gearbeitet haben.
- Es ist unerläßlich, sich intensiv auf das Reisen in andere Länder und auf deren Sprachen vorzubereiten, allein schon, um sich vor einem zu krassen Kulturschock zu bewahren. Über Gegen-

wart und Geschichte bieten Literatur, Fernsehen, Filme, Vorträge und direkte Kontakte ausreichende Informationsmöglichkeiten. Vermeiden Sie voreilige Erwartungshaltungen, denn andere Ordnungen sind gleichbedeutend mit anderen Wertinhalten bezüglich Verläßlichkeit, Akzeptanz und Verbindlichkeiten.

○ Jette oder rase nicht in wenigen Wochen durch die Welt. Länder sind keine Ware, die einfach konsumiert werden sollten. Reisen, Ausspannen und Aufnehmen müssen im ständigen Wechsel stehen. Auch ein schlichtes Abhaken im Reiseführer empfohlener Sehenswürdigkeiten bringt selten etwas für ein tieferes Verständnis fremder Kulturen. Reisen Sie umweltbewußt, denn wir haben nur diese eine Erde. Treffen Sie ruhig spontane Entscheidungen, die der Situation und den Verhältnissen vor Ort angepaßt sind, und spulen Sie nicht ein festes, vorher minutiös ausgefeiltes Programm ab. Langsame Überlandreisen sind Jet-Set-Flügen vorzuziehen.

○ Wer Einheimische in ein Restaurant oder ähnliches einlädt, bezahlt auch. Unter Umständen sorgt der Gastgeber auch für den Transport dort hin (zum Beispiel per Taxi) und bezahlt diesen. Getrennte Rechnungen wie in Mitteleuropa sind unüblich.

○ Weltweit ist der Schmuggel von Fellen, Tier-Häuten, Drogen, Waffen und Kulturgütern verboten. In einigen Ländern ist bei einem solchen Vergehen die Todesstrafe (zum Beispiel in Malaysia bei Drogenschmuggel/-besitz) vorgesehen. Nur Verrückte und Spinner schmuggeln auf einer Reise.

○ Auf Reisen ist die Gesundheit kostbar. Achten Sie darauf. Meiden Sie Klimaanlagen, Eiscreme, rohe Salate, ungeschältes Obst, rohen Fisch und Fleisch und trinken Sie nur desinfiziertes Wasser.

○ Freundlichkeit, Höflichkeit, Geduld und ein Lächeln sind die Schlüssel zum Erfolg ein jeder Reise. Wer zusätzlich noch die Worte für »Guten Tag« und »danke schön« in jedem Land kennt, und sich auch für die Sitten anderer Länder aufgeschlossen zeigt, hat die Grundregeln des Reisens verstanden.

# 3 Voraussetzungen einer Fern- oder Weltreise

Die Grundvoraussetzungen für eine längere Fern- oder Weltreise auf eigene Faust orientieren sich an folgenden Kritierien:

- Zeit
- Finanzen
- Gesundheit
- persönliche Eignung
- Reiseziel

Wer die Voraussetzungen für eine Reise außerhalb Europas, also einer Fernreise, nicht erfüllt, sollte ehrlich zu sich sein und seinen Traum von der einsamen Insel auf Balkonien ausleben oder durch das Betrachten von Reisemagazinen, Videos und Fernsehsendungen stillen. Wie gesagt, von Pauschalreisen halte ich persönlich nicht viel.

Fernreisen, zu denen Ihnen nicht mindestens sechs Wochen zur Verfügung stehen, ideal sind zwölf Wochen, sind nicht zu empfehlen. Zugegeben, beschränkt sich Ihre Fernreise auf ein relativ kleines Land wie Uruguay, Malaysia oder auf ein Inselarchipel wie Tahiti oder Trinidad & Tobago sind drei Wochen bereits lohnenswert. Überlegungen hinsichtlich des Reiseziels sollten sich vor allem an Ihrem finanziellen Budget orientieren. Überprüfen Sie sorgfältig, daß Sie sich finanziell nicht übernehmen. Einen traumhaften Urlaub in Ehren, aber wer heimkommt und zum Bestreiten seiner regulären Lebenserhaltungskosten Schulden machen muß, war sicherlich schlecht beraten.

Wichtig ist immer auch den Kurs der Landeswährung des Reiselandes im Auge zu behalten; das erspart böse Überraschungen.

Bei Reisen in die Tropen spielen persönliche Gesundheit und Eignung eine wichtige Rolle, was im nachfolgenden Abschnitt näher behandelt wird.

## 3.1 Aller Anfang ist schwer – Gesellschaftliche Ängste und nationale Argumente

Bei der Überlegung eine Fern- oder gar Weltreise über einen längeren Zeitraum durchzuführen, spielen Familie, Beruf und eben die Geldmittel eine alles entscheidende Rolle. Wer nichts auf der hohen Kante hat oder sich in einer permanenten Geldnot befindet, sollte sich lieber nicht zu einer derartig intensiven Reise entschließen. Selbst die billigste Fern- oder Weltreise kostet ein paar Tausend-Mark-Scheine. Wer clever ist und gut haushaltet kann auch mit weniger auskommen: umsonst ist aber nichts!

Ein weiterer Dreh- und Angelpunkt ist die Frage, ob Sie mit Ihrem Arbeitgeber ein Arrangement treffen können, das Ihnen eine mehrmonatige Reise erlaubt, ohne daß Sie dabei Ihren Arbeitsplatz verlieren. Beamte nehmen hier neben den Studenten eine Sonderstellung ein; Beamte können sich mit dem Dienstherrn auf einen Urlaub unter Wegfall der Bezüge einigen und Studenten lassen ein Semester ausfallen oder nehmen ganz einfach ein Urlaubssemester. Auch bietet sich die Zeit direkt nach dem Studium an, bevor der endgültige Schritt ins Arbeitsleben erfolgt. In allen anderen Fällen gilt es zumindest zu berücksichtigen, daß Ihrer beruflichen Karriere unter Umständen ein Einschnitt widerfährt. Gerade dieser zu erwartende Knick und die damit verbundene Existenzangst, schreckt viele Menschen nach wie vor ab. Hinzu kommt der häufig wieder zu hörende »gute Rat« von mehr oder weniger guten Freunden, mit der geplanten Fernreise strebe man in Wahrheit doch nur eine Flucht vor der Realität und der Verantwortung daheim an.

Der Traum einer Weltreise wird von vielen Menschen geträumt, aber nur wenige brechen letztendlich wirklich auf. Dabei sollte gerade diese Sehnsucht nicht unterdrückt werden.

Und was erwartet den Abenteuerlustigen da draußen in der Welt? Nun, er wird Erfahrungen ganz anderer Art machen, neue Lebensstile kennenlernen und es wird ihm in den meisten Fällen eine unglaublich warmherzige Gastfreundschaft entgegenschlagen. Er wird Werte erleben, die, so meint man, schon längst zu Grabe getragen worden sind.

Reisen ist in erster Linie einmal Selbsterkenntnis gepaart mit gesteigerter Genußfähigkeit. Reisen ist gerade für uns Menschen der westlichen Industrienationen ein Freimachen vom Leistungsdruck, von der Terminhetze, vom gesellschaftlichen Wohlgefallen, von der allgegenwärtigen Pflicht innerer Mobilmachung, die die Gesellschaft hier bei uns von jedem erwartet. Und dann ist Reisen auch eine ganz persönliche Bereicherung und Herausforderung. Schon Hermann Hesse meinte, daß Reisen die Lust sei, »unerschrocken zu denken, sich die Welt auf den Kopf zu stellen und von allen Dingen, Menschen und Ereignissen Antworten haben zu wollen. Das wird nicht mit Plänen und aus Büchern gestillt, das fordert mehr und kostet mehr, man muß schon Herz und Blut daran rücken«.

Nie kann man Wert und Erfahrungen einer derartigen Reise, diesem »organischen Angliedern von Neuerworbenen, diesem Wiederfinden von alten Wahrheiten und Gesetzen unter ganz neuen Verhältnissen« mit dem beruflichen Werdegang vergleichen, geschweige denn, sie mit Geld aufwiegen.

Familien mit Kindern haben es bei Ihren Überlegungen zum Thema Fernreise noch schwerer. Nichts gegen Kinder, es gibt keine bessere Schule wie die Schule des Reisens was Toleranz, Achtung und Freundlichkeit gegenüber anderen Kulturen und den Eigensinn angeht. Außerdem lernt das Kind dabei spielend mit uns schon fremden Dingen umzugehen und zu schätzen, die persönliche Entfaltungsmöglichkeit ist unbegrenzt. Aber, Kinder lieben den Dreck! Und genau da fängt nach meinen eigenen Beobachtungen das Problem an. Hier lauern unter Umständen die gefährlichsten Krankheitserreger. Mit dieser Situation sollten reisewillige Eltern sich auf jeden Fall schon im Vorfeld beschäftigen.

## 3.2 Persönliche Eignung

Wer kennt sie nicht? Menschen, die stundenlang in Reisejournalen schmökern, sich unzählige Prospekte anschauen, nie einen kulturellen Film noch eine Multi-Media-Show eines namhaften Reisenden verpassen und doch von sich aus behaupten, für sie selbst sei das nichts. Dem Erstaunen folgt nach kurzer Zeit Verständnis, wenn man erfährt, daß es mit ihrer Gesundheit schlecht bestellt ist. Horrende Stories über Sonnenbrände, Magenverstimmungen durch Rache fremdländischer Dämonen und Geister und dabei war man doch nur in Spanien! Und dann einmal um die Welt? Nein, danke!

Tatsächlich sollte sich jeder über seine persönliche Eignung für eine Fern- oder Weltreise Gedanken machen. Chronisch Kranke, wie Herzpatienten, Diabetiker oder Nierenkranke, sei aus ärztlicher Sicht auf jeden Fall von einer längeren Reise in tropische Länder abgeraten. Wenn Sie auf Medikamente angewiesen sind, überlegen Sie sich, ob diese im Ausland gleichfalls zu beziehen sind oder ob es Sinn macht, den für die Reise notwendigen Bedarf mit sich herumzuschleppen. Welches Risiko gehen Sie ein, wenn Sie in abgelegenen Gebieten Ihre Medikamente verlieren sollten (was so abwegig gar nicht ist)? Gestatten es Art und Ziel Ihrer Reise Medikamente regelmäßig oder zum vorgeschriebenen Zeitpunkt einzunehmen?

Kontaktfreudigkeit sollte eine weitere Voraussetzung sein. Wer zu Hause rumhängt, Mimose spielt, unter überdurchschnittlicher Nervosität, Gefühlsausbrüchen und Drogenabhängigkeit leidet soll der Rat gegeben werden, es bei einem normalen Urlaub zu belassen, falls seine Reise kein Reinfall werden soll. Neben Kontaktfreudigkeit wäre es gut, eine gehörige Portion Improvisationstalent mitzubringen. Denn so manche Situation, die Sie erwartet, bedarf zur Meisterung Ihres Einfallsreichtums.

Letztendlich muß sich jeder darüber im klaren sein, gerade als sanfter Low-Budget-Traveller, daß bei Fernreisen auf herkömmlichen Lebensstandard verzichtet werden muß. Das ist gleichbedeutend mit Verzicht auf Prestige und Luxus. Die Einheimischen in den fernen, für uns exotischen Ländern hätten dafür auch gar kein Verständnis. Ein natürliches Auftreten wird immer dankbar aufgenommen. Berührungsängste sind fehl am Platze. Gerade wir Bundesdeutschen stehen als Reisende in vielen Ländern gerne im Blickpunkt der heimischen Bevölkerung. Dort sind wir die exotischen Ausländer. Einladungen werden nicht ausbleiben. Und von uns hängt es ab, ob auch nach uns weltoffene

Menschen von gleichen Erlebnissen und Freundschaften berichten können. Unser Planet ist zu klein, um alleine zu bleiben oder um sich gar isolieren zu wollen. Eine Reise zu anderen Völkern ist der Eintritt in eine unüberschaubare Welt der Phantasie und irdischer Kultur. Der Frage nach der persönlichen Eignung kommt somit gesteigerte Bedeutung zu. Fragen wir uns also, bevor wir zur Planung einer Reise übergehen, nochmals nach folgenden Punkten:

- ○ Gesundheit
- ○ Zeit
- ○ Budget
- ○ Menschenkenntnis
- ○ Kontaktfreude
- ○ Optimismus
- ○ Improvisation
- ○ Gelassenheit
- ○ Bereitschaft zum Verzicht auf Lebensstandard
- ○ Verzicht auf Konsum
- ○ Ressentiments.

# 4 Planungs- und Entscheidungsphase

## 4.1 Allein oder mit Partner?

Wer denkt, alleine zu reisen und damit keine Probleme zu haben, kann sich täuschen. In manchen abgelegenen Regionen wird ein Alleinreisender sicherlich mit großer Hochachtung und Anerkennung empfangen werden, vor allem dann, wenn er sich zu Fuße oder mit dem Drahtesel fortbewegt. Gleichzeitig ist er aber auf Gedeih und Verderb der Gesinnung der Bevölkerung ausgeliefert. Die Begehung eines Trails in der endlosen Natur sollte außerdem nie allein unternommen werden. Niemand kann dem Self-Made-Traveller in einer Notsituation bei Wettereinbruch, Naturkatastrophen, Tierbissen und -gift, Knochenbrüchen und ähnlichem Hilfe leisten.

Unterschätzt wird in der Planungsphase auch gerne das Problem Sex. Selbst wenn Mann oder Frau sich für seinen Lebenspartner als Reisebegleiter entscheidet, ist niemand vor diesem Mensch-lich-Allzumenschlichen gefeit. In vielen Ländern herrscht ein Unter- oder Überangebot der Droge Sex. Verlockungen warten an tausend Stellen. Günstige Situationen für Seitensprünge ergeben sich hundertfach. Alleinreisende, selbst wenn sie von sich aus passiv bleiben oder sich gar als unattraktiv betrachten, ziehen Interessierte oft wie Schmeißfliegen an. Besonders Frauen kennen dieses Phänomen. Tatsächlich hat das Verhalten mancher Touristen dazu geführt, daß sich in Urlaubsländern die Meinung breit gemacht hat, Alleinreisende seien nur aufgrund dieses Bedürfnisses unterwegs.

Bleibt der Lebenspartner gar nach vielen hochheiligen Treueschwüren zurück, blühen bei dem Daheimgebliebenen oder auch beim Reisenden die Ängste und Phantasien allzugerne schon bald auf. Die Vorstellungskraft wird zur Marterung. Zeit und Raum setzen Partnerschaften heftigen Stürmen aus. Aber das ist keine

Basis, um die Reise genießen zu können. Empfehlung, lieber gleich einen Schlußstrich ziehen und befreit diese Lebenszeit genießen.

Bei Reisen zu zweit – gerade in langjährigen Partnerschaften – könnte unterstellt werden, daß gerade auf einer längeren Reise mit viel Harmonie und wenig Problemsituationen zu rechnen ist. All zu oft kommt es gerade dann zu erheblichen Meinungsverschiedenheiten, da sich die Partner jetzt von einer viel intensiveren Seite und auch mit ihren oft unbewußten Schwächen, unterschiedlichen Lebensauffassungen und Reiseerwartungen kennenlernen. Streß- und Grenzsituationen liefern nicht nur genügend Sprengstoff, sondern setzen auch noch nach hunderten gemeinsamen Reisekilometern den endgültigen Schlußstrich.

Na, dann eben mit mehreren Freunden zusammen? Wer sich mit ständigen Interessenkonflikten rumschlagen möchte und den damit verbundenen Streß liebt, dem mag dies vielleicht als Ideallösung erscheinen, und hoffentlich stimmt immer die gemeinschaftliche Reisekasse. Die unterschiedlichsten Persönlichkeiten werden zumindest immer für viel Aufregung sorgen. Ein ganz gewaltiger Nachteil dabei ist aber, daß eine Gruppe durch ihre Größe immer isoliert von der heimischen Bevölkerung durch ein Land reist, Kontakte durch »hordenmäßiges Auftreten« äußerst gering sein werden. Und wer ist schon bereit einem vierköpfigen Team spontan ein Dach über dem Kopf anzubieten oder mit dem Auto mitzunehmen?

Diese »Selbst-Isolierung« kleiner Gruppen Gleichgesinnter ist meiner Meinung nach die ungünstigste Art fremde Kulturen und Länder kennenzulernen!

Wir sind Eltern, möchten aber trotzdem einmal eine größere Reise unternehmen? Warum denn nicht? Günstig ist es auf jeden Fall eine solche Reise durchzuführen bevor das Kind ins schulpflichtige Alter kommt, also zwischen dem dritten und sechsten Lebensjahr. Eine Reise in dieser Dimension ersetzt allemal den Kindergarten. Zudem sind Kinder immer der natürlichste Brükkenkopf zwischen den verschiedenen Kulturen, und Kontakte zu einheimischen Eltern sind vorprogrammiert.

Bei Hunden als Weggefährten wird es schon problematischer. Wer nicht auf seinen vierbeinigen Freund verzichten kann, muß oft mit langen Wartezeiten bei der Quarantäne in jedem Land rechnen. Ein fast unlösbares Problem, wenn die Reise nicht zur Farce werden soll. Außerdem existiert in einigen Ländern eine regelrechte Hundeverfolgung, zum Beispiel im arabischen oder asiatischen Kulturraum. Oft verschwindet so ein Weggefährte dann schnell mal im Kochtopf.

Als Empfehlung für eine längere Fern- oder Weltreise kann durchaus das Doppel oder gemischte Doppel betrachtet werden. Aber aufgepaßt, wenn ein Partner eine ausländische Staatsangehörigkeit besitzt. Hier gelten zum Teil ganz andere Visabestimmungen bei der Einreise in ein Land. Außerdem versichern nicht alle Krankenversicherungen für einen Auslandsaufenthalt außerhalb Europas, vor allem dann nicht, wenn der nichtdeutsche Partner in sein Heimatland reisen möchte.

Wer einen Reisepartner sucht, hat die Möglichkeit in der Tageszeitung und im »Sperrmüll« zu inserieren oder sich an die Deutsche Zentrale für Globetrotter (DZG), Birkenweg 19, 2359 Henstedt-Ulzburg zu wenden. Außerdem gibt es regelrechte Reisepartnervermittlungen. Hier ein paar Adressen zur Auswahl:

- Die Reisepartnervermittlung, Moltkestr. 8, 4500 Osnabrück, Telefon 0541/430730, Vermittlungsgebühr: 20 DM
- Börse für Alleinreisende, Droysenstr. 12, 2000 Hamburg 52
- Travel 2Gether, Reisepartnerdatenbank, Telefon 0203/666414
- Zentrale Reisepartnervermittlung, Hermann-Löns-Str. 31, 2903 Bad Zwischenhahn
- Travel & Fun Reisepartnervermittlung, Telefon 0911/698187
- Single-Reisen, Telefon 04101/42984

Speziell für Frauen gibt es die Reisepartnerinnen-Vermittlung von Susanne Ihden, Hansastr. 42, 2000 Hamburg 13.

Schwule Reisende können sich den »Spartacus International Gay Guide« des Bruno Gmünder Verlags, Lützowstr. 106, 1000 Berlin besorgen, mit dem sie auf eigene Faust weltweit Kontakte knüpfen können.

Der Einstieg zu einer Fernreise kann aber auch über ein Workcamp oder die sozialen Hilfsdienste arrangiert werden. In der Regel handelt es sich bei ausländischen Workcamps um Aufbaulager für Forstarbeiten, Bauarbeiten an Krankenhäusern und so weiter. Ein bestimmter Teil des Tages ist der Arbeit reserviert. Der Rest des Tages steht zur freien Verfügung. Nach Ende des Workcamps geht's dann auf Landesentdeckung. Der Vorteil ist, daß Mann oder Frau bei Ankunft im fremden Kulturkreis erst einmal eine fest Bleibe hat und zudem die Landessprache und -sitten kennenlernen kann. Bestimmt ein guter und zudem sinnvoller Start in eine Langzeitreise. Nähere Infos sind vom Studienkreis für Tourismus e.V., Dampfschiffstr. 2, 8130 Starnberg zu erhalten. Zudem gibt er die Broschüre »Internationale Begegnungen« heraus.

Nun gut nachgedacht über die Frage nach dem Reisepartner:

○ alleine
○ mit Partner
  (a) gleichgeschlechtliches Doppel
  (b) gemischtes Doppel
○ mit mehreren Freunden
  (a) gleichgeschlechtlich
  (b) gemischt
○ mit Kind(ern)
○ mit internationalen Organisationen
  (a) Workcamp
  (b) Aufenthalt bei ausländischen Familien
○ mit Hund

Tip: Wem eine Fern- oder Weltreise zu anstrengend erscheint, aber trotzdem einmal länger in die Ferne schweifen möchte oder wer nur in den Alltag eines Landes zur Probe schnuppern möchte, kann seine Wohnung für eine bestimmte Zeit tauschen. Bei Interesse wenden sie sich an den »Holiday Service«, Ringstr 26, 8608 Memmelsdorf, Telefon 0951/43055 oder schriftlich an »Intervac«, Verdiweg 2, 7022 Leinfelden-Echterdingen.

## 4.2 Ziele und Routen

Der Weg ist das Ziel! Nicht das Ankommen, sondern das Unterwegssein macht überhaupt die Faszination des Reisens aus.

Nur so erlebt man überraschende Eindrücke und unvorhersehbare Begegnungen. Und trotzdem müssen Gedanken darüber verloren werden, welche Route um die Welt in Frage kommt oder welcher Kontinent das ungefähre Ziel einer Fernreise sein sollte. Die Länderrouten orientieren sich an persönlichen Interessen, dem Eigensinn, den möglichen Reisemitteln und am Geldbeutel. Dabei unterscheiden sich Land-, Luft- und Seewege zeit- und geldmäßig erheblich. Somit muß jeder selbst das für sich geeignete Reisemittel mit möglichen Kombinationen heraussuchen.

Zusätzlich muß jeder nach seiner persönlichen Eignung und körperlichen Kondition die Reiseroute oder das Reiseziel zusammenstellen. Zweifelsohne wird dies nicht einfach werden, wenn mehrere Länder oder Regionen gleichzeitig bereist werden sollen. Grundsätzlich kann auch noch ein Sechzigjähriger, wenn er gesund und in seiner inneren Einstellung »jung« geblieben ist, eine längere Fern- und Weltreise auf eigene Faust unternehmen. Der besseren Einschätzung, dessen was für einen selbst in Frage kommt, soll folgende Einstufung der gängigsten Reiseziele dienen:

Stufe 1: Länder mit einer normalen touristischen Infrastruktur, die auch als Katalogziel beziehungsweise Pauschalreise von verschiedenen Reiseunternehmen angeboten werden und nicht erheblich von unserer Lebensweise abweichen oder deren Abweichungen keine Probleme für uns darstellen.

Stufe 2: Länder, die in Mentalität und Lebensweise sich erheblich von Europa unterscheiden und eine uneingeschränkte körperliche Fitness voraussetzen; hygienische Möglichkeiten sind eingeschränkt; innere Einstellung muß tadellos stimmen.

Stufe 3: Länder, die dem Reisenden extreme Anstrengungen in allen Bereichen abfordern. Ungewohnte körperliche Belastungen, besondere Kenntnisse und spezifische Ausrüstungen sind weitere Klassifizierungspunkte.

Die Einstufung entspricht folgenden Regionen:

| Stufe 1 | Stufe 2 | Stufe 3 |
|---|---|---|
| Neuseeland | Peru | Papua Niugini |
| Australien | Ostafrika | Sudan |
| Botswana | Vietnam | Ruanda |

| | | |
|---|---|---|
| Südafrika | Westafrika | Zaire |
| Uruguay | Namibia | Uganda |
| Malediven | Madagaskar | Himalaya |
| Malaysia | Indien | Borneo |
| Singapur | Molukken | Laos |
| Japan | Mittelamerika | Sarawak |
| Alaska | Panamericana | Sulawesi |
| Galapagos | Fiji | Guyanas |
| USA | Melanesien | Anden |
| Kanada | Ceylon | Marquesas |
| Tahiti | Brasilien | Australinseln |
| Argentinien | Philippinen | Sahara |
| Israel | Bolivien | Amazonasbecken |
| Hong Kong | Kambodscha | Salomonen |
| Thailand | Venezuela | Jemen |
| Rapa Nui | China | Kongo |
| Chile | | Angola |
| Seychellen | | Mocambique |
| Kenia | | Antarktis |
| Karibik | | Myanmar |

**Welcher Kontinent kommt für mich in Frage?**

Übersicht nach Infrastruktur

| | | |
|---|---|---|
| 1. europäische Infratruktur, Lebensweise und Kostengefälle, keine Anpassungsschwierigkeiten | 2. eingeschränkte Infrastruktur und völlig andere Lebensweise sowie Mentalitäten, Anpassungsschwierigkeiten | 3. Extremregionen für Improvisationskünstler, viel Toleranz und Einfühlungsvermögen, Selbstcourage, Geduld |
| USA u. Kanada<br>Australien<br>Neuseeland | Mittelamerika<br>Karibik<br>Südostasien | Zentralafrika und<br>Libyen Sahararegion<br>Südamerika (außer |

| | | |
|---|---|---|
| Japan | Indien | Argentinien, Chile |
| Israel | Südsee | und Uruguay) |
| Südafrika | Westafrika | Papua Neuguinea |
| Argentinien | Ostafrika | Innerasien |
| Chile | | |
| Uruguay | | |

**Internationale Flugrouten ab Frankfurt (Flugzeit mindestens 50 Stunden)**

Für eine Reise um die Welt bieten sich nur wenige wirkliche Alternativen an. Diese können interessant ausgestaltet werden, vorausgesetzt es kommt nicht unbedingt ein Round-the-world-Flugticket (RTW) für 365 Tage oder kürzer zum Einsatz. Nachteil: Backtracking, sogenanntes Rückwärtsfliegen ist nicht erlaubt.

Außerdem fliegen nur die ehemalige U.T.A., die von Air France aufgekauft wurde und zeitweise LanChile um die ganze Welt. Wichtig ist die Tatsache, daß die vielbeflogene Nordpazifik- und die Südpazifikroute preisgünstiger sind wie die nicht so stark frequentierten Routen über den Südatlantik in den Südpazifik (alle Routen südlich des Äquators):

- Nordpazifikroute (Jet-Set- und Billigflugroute des Massentourismus; Merkmal: Äquator wird nach Süden nicht überschritten): Europa – Transatlantik – via USA/Kanada – Fernost/ Japan – Europa oder umgekehrt
- Nordpolarroute (unbedeutend): Europa – Nordpol – Japan oder umgekehrt
- Südpazifikroute (Alternative zur Nordpazifikroute für das Jet-Set): Europa – Transatlantik – via USA/Kanada – Hawaii/Fiji oder Tahiti – Australien/Neuseeland – Südostasien – Europa oder umgekehrt
- Südatlantik-, Nordpazifikroute (Alternative um Südamerika einzubauen und anschließend auf Billigflugroute zurückzukehren): Europa – Karibik/Südamerika – via USA/Kanada – Hawaii – Fernost -Europa oder umgekehrt
- Südpolarroute (unbedeutend): Europa – Südamerika via Argentinien – Südpol – Australien – Südostasien – Europa oder umgekehrt

- ○ Südatlantik- / Südpazifikroute (einzige Möglichkeit, um aus Südamerika in westlicher Flugrichtung weiterzukommen): Europa – Karibik/Südamerika via Chile/Osterinsel (einzige Möglichkeit) – Polynesien – Neuseeland/Australien – Südostasien – Europa oder umgekehrt
- ○ LanChile Route (einzigartiges Spezialarrangement): Osterinsel – Polynesien – Südostasien – China/Indien – Kenia/Südafrika – Argentinien/Chile
- ○ U.T.A. Route (Alternative zur Nord-/Südpazifikroute): (Frankfurt) – ab/bis Paris – San Francisco/Los Angeles – Papetee – Noumea – Sydney – Jakarta – Singapur – Bahrain – Paris – (Frankfurt) oder umgekehrt
- ○ Indikroute (die neue Billig- und Jet-Set-Flugroute nach Südost): Europa – Ostafrika (Kenia) – Malediven/Seychellen – Südostasien oder umgekehrt
- ○ Afrikaroute (bestand über lange Zeit hinweg nur in Form von Einwegrouten von Europa nach Afrika und zurück, sogenannte Sackgassenflüge; Querverbindungen nach Südamerika waren selten und nur über Südafrika oder Dakar möglich; in letzter Zeit ist dieser Flugsektor ebenfalls in Bewegung gekommen, insbesondere Richtung Südamerika).

## 4.3 Reisezeit

Auf unserem Planeten scheint kein Klima unmöglich: Monsunregen, arktische Kälte, tropischer Dschungelguß, Wüstenwinde und herrlicher Sonnenschein. Spezielle Reisewettertabellen geben über die wechselhaften Klimate einen groben Überblick. Jedes Klima hat seinen eigenen Reiz und eine Regenzeit kann durchaus interessant und oft noch erlebnisreicher werden. Denn erst wenn man in der Schlammquatsche mit dem Jeep oder Bus liegenbleibt, geht das vielgepriesene und oft sehnsüchtig beschworene Abenteuer erst richtig los.

Die Reisezeit wird sich somit an folgenden Kriterien orientieren:

- ○ Wetter

○ vier Jahreszeiten (nur zwischen dem 4. bis 40. Grad nördlicher und südlicher Breite)
○ Regen- und Trockenzeit (nördlich und südlich des Äquators bis zum 23. Breitengrad)
○ Haupt- und Nebenreisezeiten beziehungsweise Ferienzeiten
○ Geldmittel
○ Reisedauer.

Was eigentlich sind Regen- und Trockenzeiten? Überraschend viele Menschen haben davon keine richtige Vorstellung. So habe ich wiederholt die Erfahrung gemacht, daß einige Mitteleuropäer – aus verständlichem Frust über unseren reichen, heimatlichen Regen – ihre Reise gezielt in die Trockenzeit ihres Reiselandes legten und dann mit völligem Unverständnis zurückkamen, da ihr halber Urlaub verregnet war. Daher noch einmal aufgepaßt, Regen- und Trockenzeiten exisitieren nur nördlich und südlich des Äquators bis zum 23. Breitengrad. Es ist möglich, daß in einem Land gleichzeitig Regen- und Trockenzeit auftreten kann (zum Beispiel in Peru). Regenzeit bedeutet, daß es verstärkt zu Regenfällen kommt. Es wechseln mehrmals täglich heftige Regengüsse mit tagelangem Dauerregen. Durchaus kann aber über mehrere Tage kein Regen fallen. Außerdem ist es eben ein Irrtum zu glauben, daß es während der Trockenzeit nicht regnet. Auch hier kommt es zu täglichen tropischen Wolkenbrüchen, die ein paar Tage anhalten können. In der Trockenzeit regnet es zwar wesentlich weniger wie in der Regenzeit, aber – vom touristischen Standpunkt aus – kann eine schlechte Trockenzeit (mit viel Regen) genauso gut wie eine gute Regenzeit (mit wenig Regen) sein.

Die Reisezeitdauer kann grundsätzlich offen bleiben oder festgelegt sein:

| offen | festgelegt |
|---|---|
| ○ Zeitpunkt der Rückreise ist überhaupt nicht bekannt, | ○ Zeitpunkt der Rückreise ist schon bei Abreise bekannt, |
| ○ lohnt sich nur, wenn die Reise mindestens ein Jahr dauert, | ○ in der Regel ist Reise kürzer wie ein Jahr, |

- Rückreiseort ist nicht bekannt,
- nur ein Hinflugticket, alternativ ein »open ticket« kaufen (Rückflug bezahlt, Termin aber noch offen),
- am Reiseende nie von Südamerika zurückfliegen, wenn das Ticket dort noch gekauft werden muß.

- Rückreiseort ist bekannt,
- dann sollte bei Abreise schon ein Rückflugticket gekauft werden.

*Reiseempfehlungen nach günstigen klimatischen Komponenten*

1. Afrika

- Nordafrika: Juni bis August heißes Mittelmeerwetter; ganzjährig (Regen Oktober – März)
- Oberägypten: Oktober bis April
- Sahara: Februar bis September
- Westafrika: November bis April
- Ostafrika: Dezember bis März (Kilimandscharo und Mt. Kenia) und Juli bis Oktober (Regenzeit März/April bis Mai/Juni)
- Südostafrika: April bis Oktober
- Südwestafrika: ganzjährig
- Südafrika: ganzjährig; November bis April (Krügernationalpark)
- Zentralafrika/Kongo: Juni bis September (Regenzeit: Oktober bis April/Mai)
- Indischer Ozean/Seychellen: April bis Oktober (Regenzeit: November bis März mit Orkanen)
- Madagaskar: ganzjährig

2. Amerika

(a) Karibik: ganzjährig tropisches, aber sehr angenehmes Klima; ständig Passatwinde; Luftfeuchtigkeit 50-75 Prozent; optimal von Dezember bis Mai/Juni (Regenzeit Juni bis November)

(b) Mittelamerika: Oktober bis April (Trockenzeit)
Einteilung in drei Klimazonen: 1. heiße Zone 0-800 m, anstrengend; 2. gemäßigte Zone 800-1800 m; 3. kühle Zone über 1800 m, Frost möglich

(c) Nordamerika:
- ○ Alaska: Juni bis September (Moskitozeit Juli/August)
- ○ Kanada: Mai/Juni bis September
- ○ Hawaii: März bis November (nie außerhalb dieser Zeit reisen, da sonst von Touristen überfüllt und hohe Preise)
- ○ USA: Mai bis September;
  Florida ganzjährig

(d) Südamerika:
- ○ Rio de La Plata/Chile: umgekehrte Jahreszeiten; Oktober bis April (Ferien zwischen Januar und Februar, sehr kalt Juli und August)
- ○ Feuerland: acht Monate Frost und Schnee im Jahr; Dezember bis Februar
- ○ Rapa Nui: ganzjährig; tägliche Regenschauer
- ○ Galapagos: ganzjährig
- ○ Ecuador: Juni bis Dezember
- ○ Kolumbien: Dezember bis Februar; Regenzeit: März/April und Oktober/November; vier höhenabhängige Klimazonen
- ○ Bolivien/Peru:
  (Hochland): April/Mai bis Oktober, aber kalt im Mai bis Juli, außerdem touristische Hochsaison zwischen Juli und August; hohe Niederschläge zwischen November und März)
  (Urwald): Mai bis Oktober (Regenzeit: Oktober bis April)
  (Küste): Dezember bis April (Mai bis November viel Nebel)
- ○ Brasilien (Süden): April bis September (Regenzeit: November bis März)
  (Nordost): September bis Februar (Regenzeit: März bis August)
  (Amazonas): Juli bis Oktober bei guten Pistenzuständen (hoher Wasserstand, Regenzeit: November bis März beziehungsweise Juni)
  (Pantanal): Juli bis Dezember
- ○ Venezuela: Trockenzeit von Dezember bis April; Einteilung in drei Klimazonen:
  1. heiße Zone 0-600 m
  2. gemäßigte Zone 600-2000 m
  3. kalte Zone über 2000 m

  Frostgrenze bei 2500 m

○ Paraguay/Uruguay: ganzjährig, heiße Sommer, kühle Winter
○ Guyanas: Februar bis April und August bis November, es gibt vier Jahreszeiten: Februar-April/Mai = kleine Trockenzeit, Mai-Juli/August = große Regenzeit, Juli/August-November/Dezember = große Trockenzeit, November/Dezember-Februar = kleine Regenzeit

3. Asien
(a) Ost-/Innerasien
○ China: Mai bis Oktober; extreme Temperaturunterschiede
○ Hongkong: April bis Oktober (Juni bis September: Sommer)
○ Japan: Mai bis September (Kirschblüte im April)
○ Korea: Mai bis September
○ GUS: Mai bis September (Trans-Sibirische Eisenbahn oft ausgebucht)
○ Mongolei Juni bis September; sehr kalte Winter
(b) Südasien
○ Bangladesh: Dezember bis Februar (Monsun Juni bis September)
○ Kaschmir: Mai bis September
○ Ladahk: Februar bis April
○ Nepal: Oktober bis März, aber für Tiger Top Meghauli November bis Juni
○ Malediven: November bis Mai (Südwestmonsun von Mai bis August)
○ Nordindien: Oktober bis März (Monsun Juni bis September)
○ Nordpakistan: Mai bis September (Kunjerabpass von Mai bis November nach China offen)
○ Südostindien: Oktober bis Januar (Monsun Oktober bis Januar mit Überschwemmungen)
○ Südpakistan: September bis März (Monsun ab Juli)
○ Sri Lanka: ganzes Jahr über Monsunwinde;
(c) Südostasien
○ Myanmar: Oktober bis April (Monsun im Mai-Oktober)
○ Indonesien: Mai bis Oktober (Regenzeit: November bis Februar/März)
○ Malaysia (West): ganzjährig, beziehungsweise September bis Mai

(Ost): April bis August (Regenzeit und Monsun Oktober bis Februar; Taman-Negara Dezember/Januar geschlossen)

- ○ Philippinen: November bis Mai (Regenzeit Juni bis Oktober
- ○ Singapur: gleichbleibendes Wetter über das ganze Jahr, höchste Niederschläge im Dezember
- ○ Thailand: November bis März (Regenzeit ab Juni bis Oktober)
- ○ Vietnam: Januar-April, April-Oktober heiß, hohe Luftfeuchtigkeit mit Regen; im Süden Regen von November bis Februar
- ○ Laos/Kambodscha: November bis April; Regenzeit: Mai bis Oktober

(d) Vorderasien: April/Mai und September/Oktober

4. Australien/Ozeanien

- ○ Australien: je nach Region ganzjährig (Ferien im Dezember/ Januar)
- ○ Neuseeland: November bis April (Ferien im Dezember/Januar; empfehlenswert November und März)
- ○ Pazifische Inseln: ganzjährig beziehungsweise April/Mai bis Oktober/November (Ferienzeit: Juli /August, November bis April Wirbelstürme)
- ○ Papua Neuguinea: ganzjährig; Regenzeit: Südküste November bis März, Nordküste April bis Oktober

## 4.4 Reisen – Für wie lange?

Wie immer, ist auch in diesem Fall die Frage der Begrifflichkeit eine Sache der Definition:

- ○ Kurzreise (bis drei Monate): begrenzt auf sehr wenige Länder (zirka drei bis vier kleine oder ein großes Land, wie zum Beispiel Brasilien oder Australien).
- ○ Reise mittleren Umfangs (bis sechs Monate): ohne Konsumzwang; zu empfehlen für einige wenige, ausgewählte Länder oder einen Kontinent-Trip (maximal zehn Länder).
- ○ Langreise (bis ein Jahr): intensives Reisen (jedoch maximal zwölf Länder je nach Größe; auch das Bereisen eines ganzen

Kontinents wie Afrika oder Südamerika); durchschnittlich auch Zeitdauer einer Weltreise.

○ Langzeitreise (über ein Jahr): für eine unbegrenzte Zahl von Ländern (zu empfehlen ist, nicht mehr als zehn Länder pro Jahr zu bereisen); das unbefristete Reisen birgt Gefahren: Aufgabe, Hängenbleiben, Geldnot.

Von der Reisedauer ist immer die Auswahl der Länder abhängig. Die Länder sollten so ausgesucht werden, daß man nicht in Konsumzwang gerät, also nicht durch das Land hetzen muß. Wichtig ist, daß man sich immer wieder Zeit nimmt, Zeit läßt und die Liebe zum Detail entdeckt. Ein Stop wird immer dann notwendig, wenn die Gegend einem gefällt oder wenn sie neugierig macht. Dann hinein in das Abenteuer, denn »damit das Mögliche entsteht, muß immer wieder das Unmögliche versucht werden«. Überhaupt beeinflußt die Wahl des Verkehrsmittels sehr maßgeblich die zur Verfügung stehende Zeit. Letztendlich steht aber alles in bezug zum vorhandenen Reisebudget. Schnelles Reisen bedeutet meist, daß wenig Zeit zur Verfügung steht. So muß auf schnelle und immer teurere Verkehrsmittel zurückgegriffen werden – und das kostet wiederum viel Geld. Langsames Reisen ist gleichbedeutend mit »viel Zeit haben«. Günstige Verkehrsmittel können ausgekundschaftet werden und sind nur mit einer kleinen Geldausgabe verbunden. Das verlängert den Genuß.

Bei einer Langzeitreise über ein Jahr ist die Gefahr eines Umfalleffektes beziehungsweise des Hängenbleibens an einem Ort besonders hoch. Außerdem sinkt die Reisemotivation mit zunehmender Reisedauer; die Aufenthaltsdauer vor Ort wird ständig länger. Der Mensch hat sich endlich von der Konsumgellschaft gelöst, die Liebe zum Detail wiedergefunden. Er läßt sich vom Leben treiben und kommt vielleicht dem Gefühl der Zeitlosigkeit am nähsten. Auf jeden Fall bedeutet eine Langzeitreise immer eine Ausweitung des Reise-Know-Hows, ist ungemein kostengünstig, sensibilisiert und schärft die Sinne.

Jetzt kann jeder selbst entscheiden, wie lange er seine Fern- oder Weltreise ausdehnen möchte oder kann.

## 4.5 Reise- und Transportmittel

Die Zeiten, in denen ohne größere Probleme von Europa nach Asien mit dem eigenen PKW gefahren werden konnte, gehören der Vergangenheit an. Lediglich Afrika bietet sich noch für den eigenen PKW an. Vielleicht ergeben sich ja in kürze neue Wege, um über die GUS nach Asien zu reisen. Mit dem eigenen Pkw durch Süd- oder Nordamerika zu fahren, ist nur nach einer Verschiffung des Wagens per Container möglich, letztendlich auch eine Kostenfrage. So stehen für Fern- und Weltreisen nach wie vor die öffentlichen Transportmittel weltweit hoch im Kurs. Außerhalb der hochgezüchteten High-Technology-Nationen sind öffentliche Transporte mit Bahn, Bus, Schiff oder Fähre, Taxis oder Kollektivos (Sammeltaxis) und Flugzeug äußerst günstig und geradezu billig zu haben. Der Vorteil liegt auf der Hand; Land und Leute können hautnah, pur und intensiv erlebt werden. Sicherlich ist es auch eine Leistung, sich zu Fuß oder per Drahtesel durch die letzten Winkel der Erde zu quälen. Die Einheimischen werden einem mit Respekt Anerkennung zollen. Aber auch zu diesen Fortbewegungsmittel gibt es faszinierende Alternativen. Wie wär es mit einer Elefantenkarawane durch den asiatischen Dschungel, einer Kamelkarawane durch den Grand Erg, einer Lama- oder Yakkarawane über schneeverwehte Gebirgspfade? Überhaupt sind Karawanen für eine Fern- oder Weltreise ein Glanzlicht, ein Leckerbissen sozusagen. Aber auch die Fahrt mit einem Kanu durch endlose Flußlabyrinthe oder mit dem Fesselballon und Doppeldecker über die grünen Baumwipfel des Pantanals in Brasilien sind unvergeßliche Erlebnisse. Lassen Sie sich beim Reisen Zeit, seien Sie offen für das Ungewöhnliche!

Fassen wir eine Auswahl möglicher Transportmittel nochmals zusammen:

- Pkw
- Mietwagen
- öffentliche Transportmittel
  - (a) Flug
  - (b) Bahn
  - (c) Bus

(d) Schiff/Fähre
(e) Sonstiges (Taxis und Kollektivos)

- ○ Fahrrad
- ○ Motorrad
- ○ zu Fuß
- ○ per Tier/Karawane (Pferd, Kamel und Elefant)
- ○ per Kanu (Boot, Segelkutter, Katamaran)
- ○ Fesselballon, Doppeldecker und so weiter.

**Australien/Neuseeland, USA/Kanada, Japan und Südafrika**
In allen hochindustrialisierten Ländern der Erde finden sich ähnliche Verkehrsverhältnisse wie im stark übermotorisierten Europa: die öffentlichen Verkehrsmittel sind verhältnismäßig teuer und die Großstadtbereiche vom Privatverkehr zumeist verstopft. Gebrauchtwagenkauf in der unteren und mittleren Preisklasse ist trotz allem auch für Low-Budget-Traveller drin, vor allem dann, wenn sich mindestens zwei, bei größeren Wagen auch drei bis vier Personen, zusammentun. Ein Autokauf ist immer ab drei Monaten und länger zu empfehlen. Bei Reisezeiten bis zu vier Wochen lohnt er sich nur ganz selten; besser geeignet sind Mietwagen. Vorteil: keine technischen Mängel und selten pannenanfällig, da oft nur neue Modelle vermietet werden. Auch hier ist es empfehlenswert, einen Wagen mit mindestens zwei oder mehr Personen zu mieten.

Wer alleine die Welt erobert, ist mit einem Bus- oder Eisenbahnpaß am besten beraten; die Buspässe müssen meistens im voraus in Europa gekauft werden.

Wer trotzdem als Alleinreisender auf einen Wagen nicht verzichten möchte, sollte sich kurzfristig für eine bestimmte Zeit einen Reisepartner vor Ort zulegen. Aufgepaßt in den Großstädten Japans und der USA. Hoffnungsloses Verkehrschaos macht dort das Autofahren zur Farce. Deshalb außerhalb der Metropole einen Mietwagen nehmen und lieber gemütlich in die Idylle hinaussteuern. Der Wagen muß nicht undebingt zum gleichen Ort zurückgebracht werden. Wichtig beim Mieten eines Wagens ist, daß die Kreditkarte zu Hause nicht vergessen wurde, damit die notwendige Kaution abgedeckt werden kann. Unter Umständen muß sonst für den Wagen eine Kautionssumme hinterlegt werden. Oft gibt es ohne Kreditkarte überhaupt keinen Mietwagen. Aufgepaßt, bei Mietwagen ist oft ein Mindestalter, in der Regel 21 Jahre, manchmal auch 23 oder gar 25 Jahre, vorgeschrieben.

*Bahnpässe*
USA/Kanada: Amtrak (7, 14, 21 oder 30 Tage)
Australien: Aussiepass oder Explorer
Neuseeland: Kiwi-Pass oder »Intercity Neuseeland«; Intercity Neuseeland beinhaltet Bus, Bahn und Fähre und ist maximal drei Monate gültig;
Japan: Japan-Railpass.

*Buspässe*
USA: Ameriepass (4, 7, 15 oder 30 Tage)
Australien: Aussie Pass von Greyhound
Neuseeland: Travel Pass mit 10, 15 oder 20 Streckencoupons; Info: Tourland Reisen, Brönnerstr. 11, 6000 Frankfurt, Telefon 069/280713-9.
(Weitere Details unter Länderinfos.)

In Neuseeland ist »Hitch-Hiking« sehr beliebt; allerdings steht der Reisende in Stoßzeiten und in der Saison in Konkurrenz mit den weniger betuchten Maoris Neuseelands. Oft stehen fünf bis acht »Kiwis« gleichzeitig an der selben Ausfallstraße und es ist ziemlich aussichtslos zeitig mitgenommen zu werden. In diesen Fällen bin ich immer an allen Hitch-Hikern vorbeigelaufen, habe ihnen einen Gruß zugeworfen und bin zuversichtlich auf der Landstraße weitermaschiert und habe die grandiose Landschaft genossen und gehofft, daß der nächste Regenschauer nicht zu schnell hereinbricht. Kaum war ich außer Sicht, habe ich vorbeifahrenden Autos ein Zeichen gegeben und schon nach kurzer Zeit ist in der Regel ein »Kiwi« in die Bremseisen gestiegen und hat mir einen »Lift« gegeben. Ausprobieren lohnt sich.

In den USA ist nicht in allen Bundesstaaten das Trampen erlaubt, also rechtzeitg über die Gepflogenheiten und Restriktionen erkundigen.

**Pazifischer Raum**

Der pazifische Raum mit seinen unzählig verstreuten Inseln ist und bleibt die magische Welt des »Island-Hoppings«. Doch nur die bedeutenden und größeren Inseln mit einer größeren Bevölkerungszahl werden heutzutage regelmäßig von Flugmaschinen angeflogen. So bleibt nach wie vor Raum für die traditionsreichste Verkehrsverbindung, dem Schiffsverkehr.

Innerhalb der einzelnen Inselgruppen tuckern meist Boote, zweifelhafte Kutter oder überladene Post- und Frachtschiffe unterschiedlichsten Alters und Seetüchtigkeit. Oft gibt es zwischen den Inselländern und Eilanden keinen oder äußerst selten regulären Schiffsverkehr. Die internationalen Frachter verlangen bei Mitfahrt eine teure Passage. In größeren Hafenstädten kann sich der Weltenbummler und Inselhüpfer am ehesten zu den lokalen Schiffsverbindungen bei der Hafenkommandatur informieren.

Wer als zahlender Passagier auf Frachtschiffen mitfährt, muß neben Geld, auch viel Zeit und Geduld mitbringen, denn die Fahrten zu den entlegenen Archipelen und Atollen können Tage, manchmal bis zu mehreren Wochen in Anspruch nehmen. Genauso lange dauert die Rückkehr des Schiffes. Bei Motorschaden können die oft altersschwachen Kutter auf lange Zeit festliegen. Ersatzteile zu erhalten ist sehr schwierig. Unter Umständen kann das auch das »Aus« des Frachtkutters bedeuten. Zwischen den meisten Nachbarinseln wird ein regelrechter kleiner Fähr- oder Zubringerbetrieb mit Motorbooten und Lagunentaxis unterhalten. Auskünfte und Infos gibt's immer beim Bootsanleger oder bei den Hafenbüros.

Fliegen ist auf Langstrecken die einzig vernünftige Lösung, um auf die nächste Inselgruppe zu gelangen. Auf Mitflug-Möglichkeiten mit Postfliegern sollte man sich nicht verlassen. Auch Missionsstationen unterhalten zu wichtigen Inseln Flugverbindungen für die Seelsorge, die sie jedoch nach dem Gottesdienst oft sofort wieder verlassen. Es kann mindestens eine Woche oder länger dauern, bis der Seelsorger wieder eintrifft (siehe auch Länderinfos).

Auf den Inseln fehlen oft öffentliche Verkehrsmittel. Nur auf einigen Hauptinseln verkehren regelmäßig öffentliche Transporte – zum Beispiel auf Tahiti »Le Truck« (Lkw-Bus mit Powerbeschallung), auf Fiji, Samoa, Oahu. Sonst muß auf Mietwagen, falls vorhanden, zurückgegriffen oder auf den Goodwill der Inselbewohner gehofft werden. Auf Tahiti nehmen die Polynesier nur sehr selten einen weißen Tramper mit dem Wagen mit, da die Franzosen die Insulaner immer weiter vom Meer ins bergige Hinterland abdrängen und für eine gereizte Atmosphäre sorgen. Ein Franzose hält da schon mal eher an, mit dem Hinweis, daß er einen Polynesier aber nicht mitgenommen hätte.

Wer auf den wenigen Inselstraßen trampt, sollte rechtzeitig bei Einbruch der Dunkelheit zurück sein oder eine Unterkunft gefunden haben. Der Verkehr, insbesondere in den Hauptorten, reißt nachts schlagartig ab. Wer Glück hat, wird vielleicht vom Zubringerbus eines Hotels auf der Rückfahrt aufgelesen, andernfalls bleibt nur das Laufen.

Sehr oft können günstig Mopeds, ein beliebtes Fortbewegungsmittel der Insulaner, angeheuert werden. Die Mopeds sind geradezu ideal, um eine Insel-Erkundung zu unternehmen. Die beste und beeindruckendste Möglichkeit eine Insel zu erkunden, wird aber das Erarbeiten einer Insel auf Schusters Rappen sein. Faszinierende Urwaldpfade führen über die Inselberge. (Siehe Länderinfo Südsee.)

**Afrika**

Ein traditionelles Reisegebiet, das direkt vor unserer Haustüre liegt, sich aber nur langsam aus seiner geographischen Sackgasse herausentwickelt. Durch Stammes-, Grenz-, Zoll- und Verkehrsprobleme ist dieses Weltenbummler-Highlight der 70er und 80er Jahre (Afrika mit dem guten alten »magical« VW-Bus beziehungsweise PKW zu erobern) längst »out«. Die Fahrzeugverschiffung von Afrika nach Asien, zum Beispiel nach Indien, wird immer schwieriger und kostspieliger. Lediglich die Fährverbindungen nach Europa sind erfreulicherweise ausgebaut worden. Gleichzeitig werden Flüge immer billiger. Afrika sucht Anschluß an die internationalen Flugverbindungen und bringt die ersten interessanten Routen, wie zum Beispiel Frankfurt-Kenia-Seychellen-Singapur oder Zürich-Kenia-Malediven-Singapur ins Geschäft. Afrika kann seit kurzem auch die ersten Airpässe anbieten. Varig hat eine neue Flugroute von Rio de Janeiro über Südafrika nach Südostasien aufgenommen. Die vielen vorhandenen Lufttaxis sind kapitalkräftigen Sightseeingtouristen oder Veranstaltern vorbehalten, und eine Flugsafari durch den afrikanischen Kontinent, die von renommierten Fernreiseveranstaltern angeboten werden, kostet zwischen 10.000 und 25.000 DM. Nur selten wird es auch gelingen, mit einem Buschflugzeug der fliegenden Ärzte oder Missionsstationen mitzukommen. Das Glück der Geduldigen ist selten genug, als daß es sich lohnen würde, wochenlang um die Feldairports und Flugpisten rumzulungern.

Hautnahe Kontakte in Afrika bieten dafür die einheimischen Transportmittel, die vom Lastwagen bis zum überladenen Dschungeltaxi reichen. Ein- und aussteigen ist jederzeit und an jedem Ort durch ein Zeichen möglich. Linienmäßiger Busverkehr ist trotzdem rar. Tagelange Wartezeiten sind keine Seltenheit, aber Hauptsache ist doch, es fährt irgendwann überhaupt ein Bus oder ein hoffnungslos überfüllter Lastkraftwagen.

Das Eisenbahnnetz ist mit wenigen Ausnahmen (Ost- und Südafrika) spärlich und wegen zeitweise bürgerkriegsähnlichen Zuständen gesperrt. Außerdem ist die Trassenführung am Rande der Sahara oft durch Sandverwehungen unterbrochen. In Schwarzafrika kann auch auf dem Wagendach mitgefahren werden. Dann sollte genügend Wasser und etwas zum Essen mitgenommen werden. Dort oben zu schlafen, kann zum Problem werden, denn durch die ausgeleierten Gleise müssen die Mitfahrer ständig aufpassen, nicht herunterzufallen.

Die Zugpreise sind in den meisten Ländern extrem niedrig, dafür sind die Waggons wirklich randvoll ausgelastet. In der 2. Klasse gibt es ab und zu Abteile, in denen alle Sitze herausgerissen wurden. Anscheinend stört das die Afrikaner wenig. Sie hocken sich auf den Boden, entfachen ein Feuer und kochen seelenruhig einen Tee. In den Ferien- oder Festtagen sind sogar die Gänge hoffnungslos überfüllt, ein Durchkommen schier unmöglich. Gewöhnen Sie sich daran, daß ein einfahrender Zug, besonders in Nordafrika, regelrecht gestürmt wird. Der schnellste Weg sich einen Platz zu sichern, ist natürlich der durchs Zugfenster.

Wer trampt, sollte sich Fahrer, Vehikel und andere Mitfahrer genau ansehen. Gerne nimmt man sich Tramper mit, damit diese dann bei einer etwaigen Panne mitanpacken können. Das Gepäck sollte beim Trampen nie aus den Augen verloren werden. Es empfiehlt sich, einen Rucksack zu tarnen und in einen der überall angeboten Jutesäcke zu stecken. Am besten eignen sich zusammengestellte Konvois als Mitfahrgelegenheit.

**Asien und Südamerika**

Alle meine asiatischen und südamerikanischen Freunde sind stolze Wagenbesitzer. Das ist aber in beiden Kontinenten keine Selbstverständlichkeit, denn Einheimische reisen hier in der Regel mit öffentlichen Verkehrsmitteln, da es in vielen Regionen, insbesondere in den ländlichen Gegenden, noch nicht genügend Autos gibt. Weltenbummler und Fernreisende sollten in diesen Ländern ebenfalls ausschließlich mit den hervorragenden öffentlichen Transportmitteln reisen. Außerdem sind Überlandbusse, Eisenbahnen, Kollektivos und Fährboote wirklich extrem billig. Nur zeitweise lohnt sich ein Mietwagen ab zwei Personen.

Ein Schnäppchen bei Mietwagen ist in Südamerika besonders während der kalten Jahreszeit zu machen. Vor allem Uruguay und Argentinien bieten zwischen April und August günstige Tarife bei unbegrenzten Kilometern. Wer an der brasilianischen Küste nördlich von Rio de Janeiro bleibt, sollte sich kurzfristig einen Buggy oder Gurgel mieten, um die schönen palmenbewaldeten Strände außerhalb der Küstenstädte zu entdecken. Gebrauchte Pkws sind grundsätzlich in ganz Südamerika schwer zu erwerben, denn der Gebrauchtwagenmarkt, vor allem in Brasilien, ist nur schwach ausgebildet. Das liegt daran, daß ein Blechvehikel so lange gefahren wird, bis es wirklich den Geist aufgibt.

Auch der Autostopp in Südamerika ist äußerst unrentabel, und mit sehr hohen Wartezeiten, besonders in den entlegenen und weniger frequentierten Gegenden, muß gerechnet werden. Oft nehmen die »Motoristas«, wie die Fahrer genannt werden, ein paar Dollars je nach Streckenlänge, um sich die Spritkasse aufzubessern.

Die Eisenbahn, obwohl durch die kurvenreiche Bauweise (vor allem in Südamerika) sehr langsam, ist dem Bus vorzuziehen. Das Unfallrisiko ist im Vergleich zu Bussen sehr gering. Außerdem wird bei einer Nachtfahrt das Hotelzimmer gespart. Die Reisenotizen lassen sich im Zug vervollständigen und Kontakte mit Einheimischen zwingen sich geradezu auf. Die Fahrkarte sollte rechtzeitig vor Fahrtantritt in Verbindung mit einer Platzreservierung (manchmal obligatorsich) geordert werden. In der ersten Klasse ist die Atmosphäre ruhiger, dafür erlebt der Reisende in der zweiten Klasse hautnahen Kontakt mit der Bevölkerung – mit all ihren Freuden und Sorgen. Vor allem Asien besitzt ein hervorragendes Eisenbahnnetz. Zeitweise vorzügliche Schienennetze gibt es speziell in Indien, Pakistan, China, Malaysia, Thailand und Japan. Gleichzeitig ist in diesen Ländern die Eisenbahn das wichtigste Transportmittel. Einige Länder bieten einen ermäßigten Railpaß an:

○ Indien: Indrailpass bis zu 3 Monaten gültig,
○ Japan: Japan-Railpass für 7, 14 und 21 Tage gültig,
○ Malaysia: Malay-Railpass für 10 oder 30 Tage gültig (nur 1. Klasse),
○ Pakistan: Einzelreisende Ausländer erhalten 25 Prozent Ermäßigung,
○ China: Nicht-Chinesen bezahlen 75 Prozent mehr als Chinesen,
○ Israel: Railrover für einen Monat gültig.
(Weitere Details siehe Länderinfos.)

In den Anden erreichen die spektakulären Andenbahnen Höhen bis 4800 m ü.d.M., so in Chile (Antofagasta-Salta, Arica-La Paz, Chuquicamata-La Paz), Bolivien, Peru (Lima-Cerro de Pasco), Ecuador und Argentinien. Ansonsten ist das Eisenbahnnetz nicht so dicht ausgebaut wie in Asien. Das vorhandene Streckennetz wird zunehmend demontiert. Die wenigen Strecken sind dafür äußerst lang und sehenswert; zum Beispiel: St. Cruz-Pt. Suarez-Corumba (auf Stelzen durchs Pantanal) – Campo Grande – Saõ Paulo.

In fast allen Ländern der Erde ist der Bus eines der wichtigsten Transportmittel mit einer ausgezeichneten Infrastruktur: große Busbahnhöfe, die Flughafenterminals gleichen, mit Warteräumen, Restaurants und Schnellimbiss, Verkaufsschalter, Duschen, Friseur-Salons, Buchläden, Gepäckaufbewahrung und so weiter. Gerade in Südamerika und Asien fahren die Teufelskerle von Busfahrern in die hintersten Winkel der Kontinente. Improvisationsmeister im Reparieren, führen sie eine ganze Werkstatt für alle möglichen und unmöglichen Pannen mit. Busreisen sind meist billiger wie Bahnreisen, vorausgesetzt, man verzichtet auf die schnelleren und teuren Express- und Luxusbusse. Die normalen Überlandbusse sind zwar langsamer und die Fahrt über mehrere Stunden oder Tage anstrengender (Rio – Belem: zirka 4000 Kilometer beziehungsweise 75 Stunden), entschädigen aber mit ihrem abenteuerlichen Flair, Spottpreisen und dem Fehlen einer erkältungsfördernden Klimaanlage. Das Gepäck muß oft auf dem überladenen Dachgepäcktäger befördert werden. Seien Sie übrigens auf der Hut, damit nicht jemand zu viel Gepäck ablädt.

Minibusse, die gerne in den südamerikanischen Anden eingesetzt werden, haben den Nachteil, daß auf der einen Seite die Sitzbank aus drei statt zwei Sitzplätzen besteht. Zudem sind die Abstände zwischen den Sitzen der Körpergröße der Indigenas, also der Hochlandindianer, angepaßt. Das wäre auf einer Fahrt mit etwas Mühen noch auszuhalten, wenn da nicht noch auf jeder Rückseite eines Sitzes ein Blech eingearbeitet wäre. So stoßen bei jedem Schlagloch die eh schon strapazierten Kniescheiben rhythmisch gegen das Blech – ausweichen ist nicht möglich, denn da sitzen bestimmt zwei voluminöse Indigenas in ihren zahlreichen übereinandergeschlagenen Röcken, mampfen am Maiskolben und nicken bei jedem schmerzverzerrten Gesichtsausdruck freundlich zu Ihnen rüber.

In Südamerika verkehren auf allen größeren Flüssen regelmäßig Boote aller Klassen zu günstigen Fahrpreisen. Der Schiffsverkehr ersetzt oder ergänzt das Überlandverkehrsnetz vor allem im Amazonasgebiet. Hier kostet zum Beispiel mit dem Katamaranschiff der Enasa eine Fahrt zwischen Belém und Manaus in der vorhandenen Hängemattenklasse (etwa 1800 Kilometer) nur knapp 80 DM inclusive Vollverpflegung. In Asien ist es nicht viel anders. Auf den Philippinen nimmt man ein Boot wie bei uns die Bahn oder den Bus. In Thailand gibt's viele günstige Expressboote, die zum Teil regelmäßig verkehren. Auch in Japan, China und Indonesien ist der Schiffsverkehr von Bedeutung.

Eine typische Erfindung Südamerikas ist das Kollektivo, in Asien steht es für das Sammeltaxi oder Tuk-Tuk. Die Preise sind sehr niedrig und sie fahren meist auf einer bestimmten Strecke »fahrplanmäßig« (Ausnahme Tuk-Tuk, fährt auf Wunsch überall hin).

In Asien sind die Fahrpreise häufig festgelegt, in Südamerika sollte vor Fahrtantritt der Fahrpreis ausgehandelt werden, wie überhaupt, wenn der Fahrpreis nicht fixiert ist.

Das billigste Vergnügen sich im Verkehr in allen Ländern fortzubewegen wird neben dem Fußmarsch wohl das Fahrrad sein. Vor allem China und Vietnam sind klassische Fahrradländer mit einer entsprechenden Infrastuktur für Fahrräder.

## 4.6 Reise-Infomaterial

In der Bundesrepublik gibt es eine Unmenge an durchaus guten und interessanten Informationsquellen. In keinem anderen Land der Erde ist die Informationswut über fremde Länder und Kulturen so groß. Wertvolle Bibliotheken wurden in den verschiedenen Instituten, die meist an Universitäten angeschlossen sind, aufgebaut.

Basisinformationen geben in erster Linie einmal die Touristenbüros, Botschaften mit einer Kulturabteilung, die internationalen Fluggesellschaften und die Unmenge an Reiseführern auf dem deutschen Buchmarkt. Spezifische und detailierte Informationen und Auskünfte halten die speziellen Organisationen und Stellen bereit, so daß sich der Reisende vorab mit besonderem Hintergrundwissen versorgen kann. Die folgende Auflistung erhebt keinen Anspruch auf Vollständigkeit, sie soll lediglich eine Auswahl an Anlaufstellen für Informationsbedürftige aufzeigen:

- Bundesverwaltungsamt (Auswanderungsamt), Barbarastr. 1, Postfach 680169, 5000 Köln 60, Telefon 0221/7780-0
- Deutsche Stiftung für internationale Entwicklung (Entwicklungsländerstudien), Hans-Böckler-Str. 5, 5300 Bonn, Telefon 0228/4001-0
- Auswärtiges Amt (Länderbasisinfos/Hilfeleistung), Adenauer Allee 99-103, 5300 Bonn, Telefon 0228/171

- ○ Statistisches Bundesamt (Länderberichte), Auslieferung über Verlag Metzler-Poeschel, Holzwiesenstr. 2, 7408 Kusterdingen, Telefon 07071/33046 (auf Rechnung)
- ○ Fremdenverkehrsämter/Touristoffice
- ○ Botschaften/General- und Honorarkonsulate
- ○ Kulturelle Vereinigungen/Sprachinstitute (zum Beispiel Goethe-Institute), Lenbachplatz 3, 8000 München, Telefon 089/59991 oder Lateinamerikaclub CSI, Kalbacher Str. 6, 6370 Oberursel/Taunus 2 oder Euro-Arabischer Freundschaftskreis e. V., Paul-Lagarde-Str. 21, 8000 München oder Afrika-Verein, Neuer Jungfernstieg 21, 2000 Hamburg, Telefon 040/343051
- ○ Informationsdienst Dritte Welt, Monbijoustr. 31, CH-3001 Bern, Telefon 031/261232
- ○ Informationszentrum Dritte Welt, Kronenstr. 14a, 7800 Freiburg, Telefon 0761/74003
- ○ Internationale Fluggesellschaften/Airlines
- ○ Globetrottervereinigungen (zum Beispiel Deutsche Zentrale für Globetrotter DZG), Birkenweg 19, 2359 Henstedt-Ulzburg mit hauseigener Zeitschrift »Trotter« oder Odyssee Abenteuer- und Expeditionsteam, Postfach 1209, 7107 Bad Friedrichshall (Südamerika), Postfach 3327, 7100 Heilbronn (Südostasien), Postfach 2815, 7100 Heilbronn (Afrika)
- ○ Institut für Auslandsbeziehungen, 7000 Stuttgart
- ○ World Wildlife Fund, Sophienstr. 44, 6000 Frankfurt, Telefon 069/703061
- ○ Spezialbibliotheken/Länderinstitute/Archive (zum Beispiel Institut für Brasilienkunde, Sunderstr. 15, 4532 Mettingen; Munzinger Archiv, Hans-Züricher-Weg 7, 7980 Ravensburg, Telefon 0751/31916
- ○ Reiseliteratur/Buchhandlungen (zum Beispiel Handbuch für Fernreisen von Udo Schwark, Gisela Walter-Verlag; einzigartiges Nachschlagewerk für Länderliteratur geordnet nach Reiseführer, Reisebeschreibungen, Bildbände, Länderkunde, Romane, Märchen, Geschichte, Kunst und Kultur aller Länder der Erde)
- ○ Studienkreis für Tourismus e. V., Dampfschiffstr. 2, 8130 Starnberg; gibt unter anderem Sympathiemagazine mit länderkundlichen Informationen zu fremden Kulturen heraus

- Misereor (Weltweites bischhöfliches Hilfswerk), Mozartstr. 9, 5110 Aachen, Telefon 0241/4420; zum Teil sehr gute Informationen und Hintergrundwissen über Länder in Afrika, Südamerika und Asien
- Beratungsservice; zum Beispiel Därr's Travel Shop (weltweit), Theresienstr. 66, 8000 München, Telefon 089/282032, nur freitags von 15-18 Uhr oder South America Tours (Südamerika), Adalbertstr. 44-48, 6000 Frankfurt, Telefon 069/770371 oder Sol e Vida (Brasilien), Arcisstr. 32, 8000 München, Telefon 089/280314
- Touristikinformationen; zum Beispiel Länderinfos der Preuss Touristikinformation Bonn, Wolterstr. 6, 5300 Bonn 1, Telefon 0228/233387 oder Sahara Informationsbüro (Algerien etc.), Schützenstr. 6, 5787 Olsberg, Tel 02962/2200.

*Landkarten*

Landkarten aus ausländischer Produktion, vor allem aus Südamerika, Asien und Afrika entsprechen nicht immer unseren Qualitätsvorstellungen. Die besten verfügbaren Karten sind »ONC«- und »TPC«-karten.

ONC gibt es zu allen Regionen der Erde. Das sind »Operational Navigation Charts«, 1:1 Mio., – TPC sind »Tactical Pilot Charts«, 1:500 000, die es ebenfalls fast von der ganzen Erde gibt. Beide Kartentypen sind mehrfarbig, topographisch mit Höhenangaben. Sie decken sehr große Gebiete ab (eine ONC die Fläche von vier TPC = 1300x930 Kilometer). Die Karte kostet 17 DM für TPC und 15 DM zahlt man für ONC pro Blatt; bei »Därr« Expeditionsservice, Theresienstr. 66, 8000 München 2, Telefon 089/282032 und über jede Buchhandlung zu erhalten.

Die IGN, 1:1 Mio., für Saharafahrer des Institut Geographique National, bieten eine gute Darstellung von Gelände, Gewässern, Straßen, Pisten, Oasen und Städten. Für Afrika empfehlenswert. Preis pro Blatt um 15 DM.

Für Afrika können auch die Michelinkarten wegen ihrer ausgezeichneten Geländedarstellung und Aktualität des Straßenzustandes empfohlen werden (Nord- und Westafrika, 1:4 Mio., Ostafrika sowie Süd- und Zentralafrika).

Gutes Kartenmaterial über den Jemen ist bei der Deutsch-Jemenitischen Gesellschaft, Kronenstr. 11, 7800 Freiburg, Telefon 0761/406196 gegen Gebühr zu erhalten.

Das Internationale Landkartenhaus des GEO-Centers befindet sich in 7000 Stuttgart 80, Schockenriedstr. 80. Neben Landkarten sind hier auch wissenschaftliche Karten erhältlich.

Weitere Adressen für Landkarten:

○ Landkartenhandel Orgs, Rosastr. 12, 4300 Essen, Telefon 0201/781778
○ Eins zu Hunderttausend, Schülperbaum 15, 2300 Kiel, Telefon 0431/91002
○ Geographische Fachbuchhandlung Schropp, Potsdamer Str. 100, 1000 Berlin, Telefon 030/2613456
○ Geo-Buchhandlung Fata Morgana, Auf den Häfen 9-10, 2800 Bremen, Telefon 0421/78717
○ Geo-Buchhandlung, Rosental 6, 8000 München, Telefon 089/265030
○ Kiepert, Hardenbergstr 4-5, 1000 Berlin, Telefon 030/3110009
○ Dr. Götze, Hermannstr. 7, 2000 Hamburg, Telefon 040/322477.

*Ausländische Fremdenverkehrsbüros (FVA/FVB/TO)*
*und Informationsstellen*

○ Ägyptisches FVA, Kaiserstr. 64A, 6000 Frankfurt, Telefon 069/252153
○ Afghanistan TO, 3 Carlisle Av, London EC 3 N 2 ET, Telefon 00441/4806522
○ Algerien TO (ONAT), 45 rue Khélifa Boukhalfa, Alger, Algerien
○ Angola Turismo e Hotelaria, Caixa Postal 1337, Luanda, Angola
○ Antigua Dep. of Tourism, Postfach 13 54, 6242 Kronberg, Telefon 06173/5011
○ Aruba Tourism, Heidelberger Str. 197, 6100 Darmstadt, Telefon 06151/65611
○ Australia Tourism, Neue Mainzer Str 22, 6000 Frankfurt, Telefon 069/2740060
○ Bahamas TO, Mörfelder Landstr. 45-47, 6000 Frankfurt,

Telefon 069/626051 und Ostpreußenstr. 14, 2430 Neustadt, Telefon 04561/1496

- Bahrain, Ministry of Information, P.O.B 253, Manama, Bahrain
- Bangladesh TO, 233 Airport Road, Tejgaon, Dacca, Bangladesh
- Barbados FVA, Rathenauplatz 1 A, 6000 Frankfurt, Telefon 069/ 280982
- Belize TO, Lomerstr. 28, 2000 Hamburg 70, Telefon 040/ 6958846
- Benin Tourisme et de l'Hotellerie, B.P. 89, Cotonou, Benin
- Bermuda TO, Borsigallee 17, 6000 Frankfurt. Telefon 069/4208900 und Maximilianstr. 32, 8000 München, Telefon 089/299305
- Bhutan TO, P.O.B. 159, Thimphu, Bhutan, Telefon 2847
- Bolivianisches FVA, Einsteinstr. 34, 8000 München, Telefon 089/4704461
- Bophuthatswana FVA, 33/37 Lower Regent Street, London SW 1Y 4NE
- Bonaire TO, Spaldingstr. 1, 2000 Hamburg, Telefon 040/230967
- Botsuana (HK), Berzeliusstr. 45, 2000 Hamburg, Telefon 040/7326191
- Brasil TO, Kl. Hochstr. 9, 6000 Frankfurt, Telefon 069/289684
- Burundi TO, Avenue de la Liberté, B.P. 902, Bujumbura, Burundi
- Cayman-Islands TO, 17 B Curzon Street, London W1Y 7 FE, England
- China FVA, Ilkenhardstr. 6, 6000 Frankfurt, Telefon 069/528465
- Cook-Inseln (siehe South Pacifik Tourism Council)
- Costa Rica TO, Calle 5y7 Avenida 4, Apt. 777, San Jose, Costa Rica
- Cote d'Ivoire AHZ, Aachener Str. 209, 5000 Köln, Telefon 0221/403061
- Djibouti TO, Place du 27 Juin, B.P. 1938, Djibouti
- Dominica TB, P.O. Box 73, Roseau, Dominica
- Dominik. Rep. GK, Fuchshohl 39, 6000 Frankfurt, Telefon 069/521053

- ○ Ecuador TO, Reina Victoria 514 y Vicente Ramon Roca Apartado 2445, Quito, Ecuador (incl. Galapagosinseln)
- ○ El Salvador TO, Calle Rubén Dario 619, San Salvador, El Salvador
- ○ Fiji, (siehe South Pacifik Tourism Council)
- ○ Galapagos (siehe Ecuador)
- ○ Gambia TO, Fichtenstr. 47, 6242 Kronenberg, Tel. 06173/66997
- ○ GUS Intourist, Stephanstr. 1, 6000 Frankfurt, Telefon 069/285776
- ○ Ghana TB, P.O. Box 3106, Accra, Ghana
- ○ Grenada TO, The Carenage, P.O.Box 293, St. George's, Grenada
- ○ Guadeloupe, Maison de la France, Kaiserstr. 12, 6000 Frankfurt
- ○ Guam TO, Kl. Hochstr. 7, 6000 Frankfurt, Telefon 069/292701
- ○ Guatemala TO, Bienenstr. 63, 4101 Basel, Telefon 004161/4015032
- ○ Guinea-Bissau (HK), Am Wall 142, 2800 Bremen, Telefon 0421/15122
- ○ Guyana (Französisch) TO, 26 rue du 4 Septembre, 75002 Paris
- ○ Honduras TO, Apartado Postal 154-C, Tegucigalpa, D.C., Honduras
- ○ Hongkong TO, Wiesenau 1, 6000 Frankfurt, Telefon 069/722841
- ○ Indisches FVA, Kaiserstr. 77/III, 6000 Frankfurt, Telefon 069/235423
- ○ Indonesisches FVA, Wiesenhüttenstr. 17, 6000 Frankfurt, Telefon 069/233677
- ○ Iran Air, Am Hauptbahnhof 10, 6000 Frankfurt, Telefon 069/25600693
- ○ Israel FVB, Bettinastr. 62, 6000 Frankfurt, Telefon 069/752084
- ○ Jamaica TB, Schmidtstr. 12, 6000 Frankfurt, Telefon 069/75800317-20
- ○ Japan FVB, Kaiserstr. 11, 6000 Frankfurt, Telefon 069/20353
- ○ Jemen Ges.e.V., Kronenstr. 11, 7800 Freiburg, Telefon 0761/406196
- ○ Jordanien Airlines, Münchenerstr.12, 6000 Frankfurt, Telefon 069/231853

- Jungferninsel FVA, Postfach 100244, 6050 Offenbach, Telefon 069/892007
- Kambodscha-Büro, Indische Botschaft, Arnold-Zweig-Str. 10/4R, 1100 Berlin
- Kamerun, Eberhardstr. 23, 7012 Fellbach, Telefon 0711/574788
- Kanadisches FVA, Biebergasse 6-10, 6000 Frankfurt, Telefon 069/280157, TO (GK), Immermannstr. 65 d, 4000 Düsseldorf
- Katar, Ministry of Information, P.O.B. 1836, Doha, Qatar
- Kenia TO, Hochstr. 53, 6000 Frankfurt, Telefon 069/282551-52
- Kiribati (HK), Rödingsmarkt 16, 2000 Hamburg, Telefon 040/361460
- Kolumbien (GK), Rudolfstr. 13-17/V, 6000 Frankfurt, Telefon 069/251650
- Komoren FVA, Postfach 1344, 6082 Mörfelden, Telefon 06105/21037-8 oder AirOne, Bahnhofsstr.41, 6200 Wiesbaden, Telefon 0611/375013
- Korea TO, Mainzer Landstr. 71, 6000 Frankfurt, Telefon 069/233226
- Kubanisches FVB, Steinweg 2, 6000 Frankfurt, Telefon 069/288322-23
- Lesotho TB, 209 Kingsway, P.O.B. 1378, Maseru, Lesotho
- Madagaskar (siehe Air Madagaskar)
- Malawi TO, 33 Grosnenor Street, London W1X ODE, Telefon 00471/4914172
- Malaysia TO, Roßmarkt 11, 6000 Frankfurt, Telefon 069/283782
- Malediven TO, Immanuel-Kant-Str. 16, 6380 Bad Homburg, Telefon 06172/6902624
- Marokko FVA, Graf-Adolf-Str. 59, 4000 Düsseldorf, Telefon 0211/370551
- Martinique (siehe Französische Botschaft)
- Mauretanien FVB, Postfach 811, 6600 Saarbrücken, Telefon 0681/752868
- Mauritius TO, Goethestr. 22, 6000 Frankfurt, Telefon 069/284348
- Mexikan. FVA, Wiesenhüttenplatz 26, 6000 Frankfurt, Telefon 069/253413
- Mosambique TO, Av. 25 de Setembro, 1211 Maputo, Mosambique

- ○ Namibia VB, Im Atzelnest 3, 6380 Bad Homburg, Telefon 06172/406650
- ○ Nauru (siehe Australische Botschaft)
- ○ Neukaledonien (siehe Französische Botschaft)
- ○ Neuseeland FVA, Kaiserhofstr. 7, 6000 Frankfurt, Telefon 069/288189
- ○ Papua Neuguinea (Air Niugini)
- ○ Paraguay FVB, Albrecht-Dürer-Str. 12, 8500 Nürnberg, Telefon 0911/226760
- ○ Polynesien-Frankreich FVA 8, Westendstr. 47, 6000 Frankfurt
- ○ Peru FVA, Roßmarkt 14, 6000 Frankfurt, Telefon 069/20301
- ○ Philippinen FVB, Arndtstr. 19, 6000 Frankfurt, Telefon 069/742574
- ○ Puerto Rico, Mendelsohnstr. 53, 6000 Frankfurt, Telefon 069/42550-59
- ○ Salomonen (siehe South Pacific Tourism Council)
- ○ Santa Lucia TB, Postfach 2304, 6380 Bad Homburg, Telefon 06172/304431
- ○ Sansibar REP, AirOne, Bahnhofsstr. 41, 6200 Wiesbaden, Telefon 0611/375013
- ○ Senegal FVA, Rudolfstr. 13-17, 6000 Frankfurt, Telefon 069/232691
- ○ Seychellen TO, Kl. Bockenheimerstr. 18a, 6000 Frankfurt, Telefon 069/292064-65
- ○ Singapur FVB, Poststr. 2-4, 6000 Frankfurt, Telefon 069/231456-57
- ○ South Pacific Tourism Council (Cookinseln, Fiji, Nuie, Kiribati, Papua Neuguinea, Salomonen, Vanuatu, West-Samoa, Tonga und Tuvalu) Klugestr. 19, 8000 München 19, Telefon 089/151014
- ○ Sri Lanka TO, Allerheiligentor 2-4, 6000 Frankfurt, Telefon 069/287734
- ○ St Vincent TO, Mozartstr. 20, 7269 Deckenpfronn, Telefon 07056/2655
- ○ Südafrika SATOUR, Postfach 101940, 6000 Frankfurt, Telefon 069/20656
- ○ Syrien TO, Untermainanlage 5, 6000 Frankfurt, Telefon 069/230304

- ○ Taiwan TO, Dreieichstr. 59, 6000 Frankfurt, Telefon 069/610743
- ○ Tansania Friendship Contacts, PF 2115, 4934 Horn, Telefon 05234/98834
- ○ Thailand FVB, Bethmannstr. 58, 6000 Frankfurt, Telefon 069/295704
- ○ Togo TO, B.P. 1289, route d'Anecho, Lomé, Togo
- ○ Trinidad & Tobago TB, 48 Leicester Square, London WC2H 7 LT
- ○ Tunesien FVA, Am Hauptbahnhof 6, 6000 Frankfurt, Telefon 069/359414
- ○ Turks & Caicos TO, 47 Chase Side, Enfield, Middx EN2 6ND, England
- ○ Tuvalu (siehe South Pacific Tourism Council)
- ○ Uganda Bot/TO, Dürenstr. 44, 5300 Bonn, Telefon 0228/355027
- ○ Uruguay Bot, Gotenstr. 1-3, 5300 Bonn, Telefon 0228/356570
- ○ USA FVA, Bethmannstr. 56, 6000 Frankfurt, Telefon 069/295212
- ○ Venezuela FVB, Kaiserstr. 13, 6000 Frankfurt, Telefon 069/281915
- ○ Vietnam FVA, Hamburger Str. 131, 2000 Hamburg, Telefon 040/295345
- ○ Virgin Island Info, Lomerstr. 28, 2000 Hamburg, Telefon 040/6958846
- ○ Zaire Air, Friedensstr. 9, 6000 Frankfurt, Telefon 069/231911
- ○ Zimbabwe Air, Steinweg 9, 6000 Frankfurt, Telefon 069/294042.

Hinweis: Die Anschriften und Telefonrufnummern der Fremdenverkehrsämter, Fremdenverkehrsbüros und der Tourist Offices und anderen genannten Informationsstellen in Deutschland können sich ändern. Bitte rufen Sie dann die Telefonauskunft an.

(TO = Touristoffice, TB = Touristboard, FVA = Fremdenverkehrsamt, FVB = Fremdenverkehrsbüro, HK = Honorakonsulat, Bot = Botschaft, GK = Generalkonsulat, AHZ = Außenhandelszentrum, VB = Verkehrsbüro, REP = Repräsentanz.)

## 4.7 Budget und Kosten

Die Kosten und somit die richtige Einteilung der Geldmittel einer Fern- oder Weltreise sind neben dem Zeitfaktor einer der wichtigsten Voraussetzungen für den Erfolg einer mehrmonatigen Reise. Dabei setzt sich das Reisebudget aus Vorkosten, wie die Kosten für die Beschaffung von Dokumenten (Paß, Visa, Internationaler Führerschein und so weiter), Ausrüstung, Medikamenten und die nötigen Impfungen sowie den Transportkosten für Flug, Bahn und Bus zusammen. Daneben sind approximative Tagessätze für Verpflegung und Unterkunft für alle Reisetage, gemessen an den Lebenshaltungskosten der zu bereisenden Länder, anzusetzen. Zusätzlich sind die wichtigen Sonderkosten zu berücksichtigen. Sie setzen sich aus den zu erwartenden Eintrittsgeldern für Sehenswürdigkeiten (weltweit pauschal mindestens durchschnittlich 10 DM pro Attraktion), Kosten für Feste und Veranstaltungen sowie für den Zukauf von Kleidung, Ausrüstungsgegenständen und Medikamenten. Wer nun seine Kostenrechnung abschließt, kann trotzdem noch auf die Nase fallen. Für unvorhersehbare Schwierigkeiten – etwa eine Flugpreisverteuerung – sollte eine Reserve angelegt und für den Neuanfang zu Hause ein kleines Polster zurückgehalten werden.
Somit setzten sich die Gesamtkosten folgendermaßen zusammen:

Vorkosten:
○ Dokumente
○ Impfungen
○ Medikamente/ärztl. Beratung
○ Ausrüstung/Kleidung
○ Krankenversicherung
○ Reisegepäckversicherung
○ Infobeschaffung/Fahrtkosten

+ Transportkosten:
○ Flug/Airpass (Coupons/MCO)
○ Bus/Buspaß
○ Zug/Bahnpaß
○ Schiff/Fähre
○ gebrauchter Pkw/Mietwagen, -motorrad

○ Treibstoff
○ Sonstiges

+ Verpflegung
+ Unterkunft:
gemessen an durchschnittlichen Lebenskosten in den Reiseländern (siehe Tabelle)

+ Sonderkosten:
○ Eintrittsgelder (pauschal)
○ Feste und Veranstaltungen
○ Medikamente/ärztl. Versorgung
○ Zukauf von Ausrüstung/Kleidung etc.
○ Reparatur bei Kauf von Gebrauchtfahrzeug

+ Reserve:
○ unvorhersehbare Schwierigkeiten
○ Polster für Neuanfang zu Hause

= Gesamtkosten einer Fern- oder Weltreise

*Durchschnittliche Lebenshaltunsgkosten für Low-Budget-Traveller (Stand: 01.06.92)*

| Land | pro Tag | Bemerkungen/Hinweise |
|---|---|---|
| Ägypten | 18 DM | |
| Algerien | 25 DM | |
| Argentinien | min. 20 DM | Inflationsleben, Einladungen möglich |
| Australien | min. 35 DM | hohe Airportsteuer |
| Bangladesh | 25 DM | |
| Bolivien | min. 20 DM | |
| Botsuana | 25 DM | |
| Brasilien | min. 20 DM | gedämpftes Inflationsleben |
| Burkina Faso | 25 DM | |
| Chile | min. 20 DM | |
| China | 35 DM | Ausländer zahlen grundsätzlich mehr |
| Costa Rica | min. 23 DM | |

| | | |
|---|---|---|
| Cookinseln | min. 30 DM | günstig bei Einheimischen wohnen |
| Dominikanische Republik | 20 DM | |
| Ecuador | 15 DM | |
| Franz.-Guyana | min. 40 DM | |
| Guatemala | 30 DM | |
| Haiti | 25 DM | |
| Honduras | 18 DM | |
| Hongkong | 45 DM | |
| Indien | 20 DM | |
| Japan | 50 DM | |
| Kamerun | 20 DM | |
| Kanada | min. 35 DM | |
| Kenia | 20 DM | |
| Kolumbien | min. 15 DM | |
| Korea (Süd) | 50 DM | |
| Laos | 10 DM | |
| Madagaskar | min. 30 DM | |
| Malaysia | 20 DM | |
| Mauretanien | 17 DM | |
| Mauritius | 30 DM | |
| Namibia | 20 DM | |
| Niger | 25 DM | |
| Neuseeland | min. 35 DM | incl. Mietwagen bei 4 Personen, Zelten |
| Osterinsel | min. 30 DM | bei Einheimischen wohnen, Kleider verkaufen, Halbpension |
| Peru | min. 20 DM | Inflationsleben |
| Paraguay | 25 DM | |
| Senegal | 20 DM | |
| Simbabwe | 18 DM | |
| Singapur | min. 40 DM | Bier 4 DM |
| Sri Lanka | 18 DM | |
| Südafrika | 25 DM | |
| Tahiti | min. 60 DM | bei Einheimischen, Kleider verkaufen, äußerst sparsam leben |

| | |
|---|---|
| Thailand | min. 15 DM |
| Trindidad/Tobago | min. 35 DM |
| Uruguay | min. 20 DM |
| USA | min. 40 DM |
| Venezuela | min. 20 DM |

Unter den »Low-Budget«-Lebenshaltungskosten dieser exemplarischen Länder für Reisen auf eigene Faust sind einfaches Essen (Garküche), einfache Unterkunft (Familienpension) und öffentliche Transporte (ohne Flüge) enthalten und gehen von einem durchschnittlichen Mindestaufwand aus. Selbstverständlich gibt es Tage mit höheren Tageskosten, dafür folgen auch Tage, die durchaus günstiger ausfallen können. Diese Übersicht möchte auch nur ungefähre Anhaltspunkte für Ihre Kalkulation geben. Letztendlich orientieren sich die Kosten am eigenen Konsum- und Schlafbedarf. Deshalb sind nach oben keine Grenzen gesetzt, außer die des eigenen Geldbeutels. Wer unterwegs öfters mal eine Zecherei als Erlebnis braucht, wird sich wundern, wie teuer dies werden kann. In einigen Ländern, insbesondere in Asien, ist eine Flasche Bier nicht unter 4 DM (zum Beispiel in Singapur, Malaysia) zu haben. Da rinnt nicht nur Bier durch die Kehle, sondern auch das sauerverdiente Geld zum Teufel.

Tip: ein Bierparadies ist Paraguay (1-Literflasche zu etwa 1 DM).

In der Südsee sind große Sprünge nicht drin (sündhaft teuer). Hier scheitern auch die meisten Weltreisenden, da sie sich erheblich verkalkuliert haben. Zelttouristen stehen auf vielen Inseln auf der Abschußliste. Die Cookinseln etwa lassen Fremde ohne Hotelnachweis schon gar nicht mehr zum Einchecken für den Flug auf die Cookinseln zu. Listen der Hotels liegen am Counter aus.

Einladungen und Adressen von Freunden halten die Reisekasse zusammen. Günstig, wer bei Einheimischen unterschlüpfen kann. Ins Schnorren sollte man trotzdem nicht verfallen. Eine Gegeneinladung in ein Restaurant macht sich immer gut.

Der Tagessatz in der Aufstellung liegt bei etwa 15 bis 20 US-Dollar, also um die 30 DM. Für eine einjährige Weltreise um den Globus ist mit monatlich durchschnittlich 800 DM zu rechnen, wenn sich der Reisende ständig vorwärts bewegt und er etwas erleben möchte. Profis benötigen zwar weniger und kommen durchaus auch mit 500 DM bis 600 DM pro Monat aus, ist aber für den Einsteiger einer Weltreise sehr schwierig.

Zusätzlich sollten für reine Flugtransporte um den Globus 4500 DM und eine zusätzliche eiserne Reserve von 2000 DM für den Notfall angesetzt werden. Für eine Weltreise rund um den Globus ist somit mit mindestens 12.000 DM (um 4500 DM für das günstigste RTW-Flugticket, zuzüglich mindestens 600 DM pro Monat bei billigster Reiseweise ohne besondere Highlights für das Reisebudget), eher mit durchschnittlich 15.000 DM, (5000 DM für die Flugtickets/Airpässe, 700 DM für ein anspruchsvolles Reisebudget und 2000 DM für die Reserve) zu rechnen.

Fernreisende benötigen einen geringeren Monatssatz, während sie sich innerhalb eines Kontinents oder größeren Region aufhalten. Damit sparen sie erhebliche Transport- und insbesondere Flugkosten. Allerdings schrauben intensive Kurzfernreisen die Kosten wieder in die Höhe, weil oft nicht die notwendige Zeit zur Verfügung steht, alle Preise optimal zu recherchieren und aus Zeitmangel das nächst beste Hotel genommen wird. Je mehr Zeit zur Verfügung steht und je langsamer der Reisende unterwegs ist, desto geringer sind die Kosten. Letztendlich entscheidet jeder selbst, was er sich und seinem Geldbeutel zumuten möchte und kann; dementsprechend disponieren.

# 5 Organisation und Vorbereitung

## 5.1 Medizinische Vorsorge

Die meisten Reiseländer der Welt liegen im tropischen oder subtropischen Bereich. Ein extremes Klima, eine urwüchsige andersartige Flora und Fauna sowie andere hygienische Voraussetzungen machen unseren Körper aufgrund eines gegenüber Tropenkrankheiten geschwächten Immunsystems anfällig. Der häufigste Körperdefekt ist der Reisedurchfall in allen Formen, der durch die unterschiedlichsten Bakterien beim Kochen, durch klimatische Veränderungen, die Zeitverschiebung und die damit verbundenen körperlichen Belastungen hervorgerufen wird. Neben dem Reisedurchfall sind folgende Krankheiten oder Vorfälle auf einer Fernreise am häufigsten:

1. Amöbeninfektion
2. Gonorrhöe
3. Salmonellenvergiftung
4. Hepatitis A
5. Malaria
6. Hepatitis B
7. Unfall mit Todesfolge
8. Typhus
9. Cholera

Gegen viele Krankheiten kann sich der Reisende im Vorfeld mehr oder weniger schutzvoll impfen lassen. Dabei wird zwischen passiver und aktiver Impfung unterschieden. Gegen einige Krankheitserreger sind noch keine Impfstoffe bekannt. Hier hilft nur Vorbeugen durch entsprechende Hygiene. Auch gegen Malaria gibt es noch keine Impfung, um so mehr muß auf richtiges Verhalten und die Einnahme von Prophylaxe Wert gelegt werden.

Da bei jeder Impfung mit Reaktionen gerechnet werden muß, sollten Impfungen nie unter Zeitdruck durchgeführt werden. Deshalb sollte der Arzt die Zeitabstände zwischen den verschiedenen Impfungen beachten. Es empfiehlt sich, Impfungen möglichst acht bis zehn Wochen vor Beginn der Reise einzuplanen.

Im internationalen Reiseverkehr, speziell für Touristen, schreiben viele Länder bei der Einreise Impfungen zwingend vor, insbesondere dann, wenn aus einem Infektionsgebiet eingereist wird. Unter Umständen kann es passieren, daß »zwangsgeimpft« wird, etwa gegen Gelbfieber in Brasilien – vor der Eineise ins Amazonasgebiet auf dem Landwege. Es kann aber auch passieren, daß ohne vorgeschriebenen Impfnachweis die Einreise in das Land verwehrt wird. Andere Impfungen, die nur empfohlen werden, können eine Ergänzung des persönlichen Schutzes darstellen.

Die wichtigste Grundregel beim Impfen ist, daß alle Impfungen in den Internationalen Impfausweis eingetragen werden. Dieser ist neben dem Reisepaß das wichtigste Dokument. Bei Verlust oder Diebstahl kann er nicht ersetzt werden.

Der Arzt muß vor der Impfung über folgende Krankheiten informiert werden, um Komplikationen zu vermeiden:

1. Allergien
2. Hautausschläge, eitrige Erkrankungen, Augenbindehaut-Entzündungen und Ohrenlaufen
3. Gehirnkrämpfe, Lähmungen oder sonstige Erkrankungen des Nervensystems
4. schwere Erkrankungen des Herzens und des Blutes, Diabetes, Asthma.

*Gelbfieberschutzimpfung*

Sie gehört zu den Lebendimpfungen; das heißt, es finden Impfstoffe aus vermehrungsfähigen Mikroorganismen Verwendung, deren Wirkung abgeschwächt ist. Mindestabstände zwischen den Impfungen sind einzuhalten. Keine Impfung bei Hühnereiweißallergie, Nervenleiden und akuter Nierenerkrankung.

Reaktion: Impfung ist gut verträglich; ab und zu treten zwischen dem vierten und siebten Tag leichte Grippenanzeichen auf.

Verhalten: Leistungssport etwa eine Woche meiden.

*Typhus*

Die Basisimpfung erfolgt per Schluckimpfung (Kapseln), die am ersten, dritten und fünften Tag eingenommen werden. Auffrischimpfung spätestens nach einem Jahr.

Reaktion: hohe Schutzwirkung bei guter Verträglichkeit.

*Malaria-Prophylaxe*
Eine der gefährlichsten Tropenkrankheiten ist die Malaria. Völlig unnötig sterben jedes Jahr gerade Tropenreisende. Das Malaria-Risiko ist tatsächlich jahreszeitlich und geographisch sehr unterschiedlich. Ab einer bestimmten Höhe kommen keine malariaübertragenden Stechmücken mehr vor.

Es ist in der Bundesrepublik, trotz gegenteiliger Berichte, noch keine Impfung gegen Malaria möglich. In Bogota in Kolumbien wird aber schon seit längerer Zeit mit einem Lebendimpfstoff gegen Malaria gearbeitet.

Zum vorbeugenden Schutz gegen Malaria ist schon ein paar Tage vor der Einreise, während des Aufenthaltes in Malariagebieten und bis zu sechs Wochen nach der Rückkehr, eine Prophylaxe (Tabeletten) einzunehmen. Bei Auftreten von Fieber nach Rückkehr von der Reise sollte der Arzt unter Hinweis auf die Reise in ein Malariagebiet aufgesucht werden. Die Erreger der Malaria tertiana und Malaria quartana sind zwar nicht tödlich und nicht resistent gegen die Prophylaxen, können aber in der Leber noch Jahre auf ihren Ausbruch lauern. Grundsätzlich verhindern die Prophylaxemittel nicht den Befall der Leber und der roten Blutkörperchen. Allerdings ist bei Ausbruch einer Malaria die Therapie mit den Prophylaxenmitteln Fansidar, Lariam oder Halfan zwingend vorgeschrieben.

Für die vorbeugende Maßnahme vor, während und nach der Reise werden Resochin, Fansidar, Lariam, Paludrine und Halfan angeboten. Dabei entscheidet jeder selbst, welches Mittel er einnehmen möchte.

Resochin: nach wie vor das gängiste Mittel, da relativ unbedenklich, allerdings sind die Erreger der Malaria tropicana gegen diese Mittel bereits völlig resistent, wodurch es untauglich ist für eine Reise etwa ins Amazonasgebiet.

Fansidar: wird nicht zur Prophylaxe verwendet und deshalb nur nach Ausbruch der Malaria als Therapie eingenommen; hoher Wirkungsgrad bei wenig verbreiteter Resistenz der Malaria tropicana, aber starke Nebenwirkungen (Allergien, Leberschaden, Todesfälle!); schützt nicht gegen »Tertiana«.

Lariam: für resochinresistente Gebiete; tropenmedizinisch relativ neues Mittel mit psychotischen Nebenwirkungen; hohe Erfolgsquote bei Therapie.

Paludrine: bei uns nur in internationalen Apotheken erhältlich; gut verträglich wird mit Resochin zusammen eingenommen; vor allem in resistenen Gebieten empfehlenswert.

Halfan: ist seit dem 01.04.1991 auf dem Markt und ist stärker als Chinin, Chloroquin (Resochin), Mefloquin (Lariam) und Proguanil (Paludrine); eignet sich hervorragend gegen akute Malaria, insbesondere gegen die gefürchtete Malaria Tropicana; vorerst nur in internationalen Apotheken erhältlich.

*Malaria-Basisschutz*

Schutz gegen den unliebsamen Stich der Malariafliege bieten auch langärmelige Hemden, lange Hosen sowie Moskitonetz und Mückensprays. Ausschlaggebend ist zudem der geographische Standort. In subtropischen Regionen gibt es ab 1500 m Höhe und in Äquatornähe ab 2500 m Höhe keine malariaübertragenden Stechmücken mehr. Während der Morgen- und der Abenddämmerung und nachts stechen die Mücken am liebsten zu; tagsüber sind sie seltener aktiv (weitere Details unter Malaria)

Schützend wirken:

○ Prophylaxe
○ langärmlige Hemden, Hosen (helle Farben)
○ geschlossene Schuhe
○ lange Strümpfe
○ Moskitonetz
○ Mückenspray (Autan, Bonomol, Kick)
○ Moskito-Coils
○ in der Dunkelheit Sumpfgebiete, Flußufer sowie Wasserlöcher und Gegenden mit Pfützen meiden
○ nachts Klimaanlage einschalten.

*Schutz gegen Gelbsucht (infektiöse Hepatitis)*

Kurz vor der Abreise empfiehlt sich eine Gammaglobulinspritze, da in vielen Ländern das Risiko an Gelbsucht zu erkranken 40

Mal höher ist als bei uns. Außerdem verstärkt diese Impfung die allgemeine Infektionsabwehr. Allerdings beträgt aufgrund der Halbwertzeit der Gammaglobuline der effektive Schutz tatsächlich nur einen Monat. Bei dieser Passiv-Impfung werden Hepatitis-A-Antikörper gespritzt. Reaktion: gelegentlich treten an der Injektionsstelle leichte Druckschmerzen auf; es kann zu kurzen Temperaturerhöhungen kommen. Seit 1992 gibt es nun eine aktive Impfung gegen Hepatitis A. Bei dieser Aktivimpfung werden innerhalb von vier Wochen je zweimal 1 ml abgetötete Krankheitserreger gespritzt. Nach etwa drei Wochen ist die Bildung der Antikörper abgeschlossen und voll wirksam. Die Wirkungsdauer des Schutzes beträgt dann etwa ein Jahr. Bei einer Auffrischimpfung nach sechs Monaten soll der Schutz sogar fünf bis zehn Jahre halten. Auf jeden Fall sollte sich der Reisende vor einer Aktivimpfung gegen Hepatitis auf Hepatitis-A-Antikörper untersuchen lassen, denn eine Impfung wäre nicht notwendig, wenn man die Krankheit schon einmal hatte, ohne es zu merken.

*Choleraschutzimpfung*
Im Abstand von acht bis 21 Tagen sind zwei Impfungen erforderlich. Es ist eine der weniger angenehmen Impfungen mit Nebenreaktionen, zum Beispiel Fieber.

Reaktion: etwa zwei bis drei Tage Gefühl der Abgeschlagenheit, Rötung und Schwellung des Armes möglich sowie Fieberreaktionen. Verhalten: Alkohol in den ersten Tagen meiden; kühle Umschläge gegen örtliche Reizung; Vermeidung von Leistungssport.

*Polio-Schluckimpfung*
Es wird grundsätzlich nach zehn Jahren eine Auffrischimpfung nötig, die oft vergessen wird. Zu anderen Impfungen (zum Beispiel Gelbfieber) sind bestimmte Mindestabstände einzuhalten.

*Wundstarrkrampf-Schutzimpfung (Tetanus)*
Basisimpfung besteht aus zwei Impfungen im Abstand von vier Wochen und eine dritte Impfung nach sechs Monaten, dann alle zehn Jahre Auffrischung nötig und zusätzlich im Verletzungsfalle.

Reaktion: geringe örtliche Reizung. Verhalten: Leistungssport eine Woche meiden.

Das sind keine rechtsverbindlichen Auskünfte über Impfungen der Einreiseländer. Verbindliche und aktuelle Auskünfte darüber, was in dem jeweiligen Reiseland an Impfungen erwartet wird, erteilen die Botschaften beziehungsweise Konsulate der betreffenden Länder und die tropenmedizinischen Institute sowie Tropenmediziner selbst. Die staatlichen Gesundheitsämter sind oft schlecht oder unzureichend informiert. Im übrigen darf bis auf die Gelbfieberimpfung jeder Hausarzt alle Impfungen vornehmen. Unbedingt jede Impfung im Internationalen Impfpaß in doppelter Ausfertigung eintragen lassen.

Sehr gute Apotheken arbeiten für jeden individuellen Fall einen Impfplan als Serviceleistung aus. Darin werden die notwendigen Impfungen, ein Merkblatt für die Reiseapotheke und Hinweise und Ratschläge zu Kleidung, Ernährung und Baden bei einem Tropenaufenthalt genannt. Kostenlos!

*Anschriften der tropenmedizinischen Institute:*

- Landesimpfanstalt mit tropenmedizinischer Beratungsstelle, Ansbacher Straße 5, 1000 Berlin 30, Telefon 030/21222463
- Bernhard-Nocht-Institut für Schiffs- und Tropenkrankheit, Bernhard-Nocht-Str. 74, 2000 Hamburg 4, Telefon 040/311820
- Institut für Medizinische Parasitologie (Universität), Sigmund-Freud-Str. 25, 5300 Bonn 1, Telefon 0228/192673
- Tropenmedizinisches Institut der Universität Tübingen, Wilhelmstr. 31, 7400 Tübingen 1, Telefon 07071/292365
- Institut für Tropenmedizin der Universität München, Leopoldstr. 5, 8000 München 40, Telefon 089/333322
- Institut für Prophylaxe und Tropenmedizin (Univeristät), Kinderspitalgasse 15, A-1100 Wien, Telefon 0221/431595
- Schweizerisches Tropeninstitut, Szoninstr. 57, Ch-4051 Basel

*Kosten des Infektions- und Immunschutzes (Stand 01.09.1992):*

- Beratung 10 DM
- Typhoral (Schluckimpfung 3x) 37 DM
- Gelbfieber (Pflichtimpfung) 42 DM
- Hepatitis-A-Prophylaxe (Beriglobin 5 ml) 50 DM
  Hepatitis-A-Antikörper (Havrix 1 ml) um 50 DM

○ Malaria-Prophylaxe
Resochin – 50 Tabletten 29 DM
Fansidar – 20 Tabletten, (10 Tabletten 26 DM) 47 DM
Lariam – 8 Tabletten 76 DM
Halfan – 6 Tabletten 34 DM

○ Polioschluckimpfung (Kinderlähmung) auf Rezept kostenlos (mindestens 14 Tage Abstand zu Gelbfieberimpfung)

○ Tetanus (0,5) auf Rezept kostenlos

○ Cholera (1,0 ml) 21 DM

Die AOK erstattet auf Originalrezept nachträglich 95 Prozent der Kosten, auch die neue Aktivimpfung bei Hepatitis-A. Wer privat versichert ist, sollte vorher mit seiner Krankenkasse Rücksprache halten, ob etwas erstattet wird oder nicht.

*Wirkungsdauer der Impfungen:*

1. Gelbfieber: 10 Jahre, 100% Schutz (aber nur, wenn die Mindestabstände zu anderen Impfungen eingehalten wurden); Impforte: (siehe unter Gelbfieber).
2. Typhus: 8 Monate, 85% Schutz (Schluckimpfung 3x im Abstand von zwei Tagen); Impfort: Hausarzt.
3. Hepatitis A/Gammaglobine: 3 Monate, 60% Schutz (passive Schutzimpfung zur Stärkung des Immunshaushaltes); Hepatitis A/Antikörper: 1 Jahr, 100% Schutz (aktive Schutzimpfung); Impfort: Hausarzt.
4. Polio: 10 Jahre, 100% Schutz; Impfort: Hausarzt.
5. Tetanus: 10 Jahre; Impfort: Hausarzt.
6. Cholera: 6 Monate, 80% Schutz; Impfort: Hausarzt (ab sechster Tag).
7. Malaria: 1 Woche, kein Schutz (Es gibt keinen 100%igen Malariaschutz; die Propyhlaxe muß ständig im Infektionsgebiet und bis zu sechs Wochen danach eingenommen werden). Im Krankheitsfall unbedingt Krankenhaus aufsuchen. Rückflug und Behandlung in einem deutschen Krankenhaus ist unumgänglich.

*Impfplan*

Für die notwendigen Impfungen sollte auf jeden Fall ein Arzt um Rat gefragt und ein individueller Impfplan unter Berücksichtigung eventueller Einnahme von Medikamenten oder Antibiotika und bei Allergieanfälligkeiten aufgestellt werden. Diese Beratung beim Hausarzt kostet mindestens 10 DM oder mehr, je nach Länge und Intensität der Beratung. Sehr gute Apotheken bieten als kostenlose Serviceleistung einen individuellen Impfplan je nach Reiseziel an. Gute und aktuelle Informationen halten die tropenmedizinischen Institute bereit, lassen sich aber die Impfplanberatung mit 20 DM honorieren. Ganz kommerziell betreibt das Centrum für Reisemedizin (CRM) in 4000 Düsseldorf, Graf-Recke-Str. 25 einen Impf- und Gesundheitsservice für Auslandsreisende. Jeden Gesundheitsbrief mit Impfungen, Impfrisiken, Gesundheitstips und Ratschlägen für die Reiseapotheke läßt sich das CRM ab 20 DM inclusive Porto (per Scheck) honorieren. Unterm Strich erhält der Reisende beim CRM die gleichen Informationen wie in den computergestützen Apotheken – reine Preisfrage. Auch das deutsche Grüne Kreuz (DGK) hält kostenlos eine Computerliste über die Impfbestimmungen von etwa 190 Reiseländer bereit.

Ein Impfplan (nach Behring-Institut) könnte in etwa so aussehen:

| Tag | (vor der Abreise) |
|---|---|
| 31. Tag | Gelbfieber-Impfung (Sofortwirkung)<br>1. Cholera-Impfung (0,5 ml s.c.) |
| 17. Tag | 2. Cholera-Impfung (1,0 ml s.c.)<br>1. Typhoral L |
| 15. Tag | 2. Typhoral L |
| 13. Tag | 3. Typhoral L |
| 10. Tag | Tetanus-Auffrischung (alle 10 Jahre)<br>Polio-oral-Auffrischung (alle 5-10 Jahre) |
| 7. Tag | Hepatitis-A-Prophylaxe mit 5 ml Beriglobin (bei Impfung mit Hepatitis-A-Antikörper beträgt die Impfphase vier Wochen und muß wesentlich früher begonnen werden) |
| 2. Tag | Malaria-Prophylaxe beziehungsweise ein Tag vor Einreise in Malariagebiet |

Dies ist eine Basisempfehlung und kann nach individuellen Gegebenheiten abgewandelt werden. Wichtig ist, daß die notwendigen Abstände zu anderen Impfungen eingehalten werden. Erkundigen Sie sich rechtzeitig nach den Pflichtimpfungen der Reiseländer.

*Malaria (Sumpf- oder Wechselfieber)*
Alle Reisende, die von Europa aus in die Tropen reisen, klagen meist über schwere oder chronische Durchfallprobleme. Dagegen erkranken nur etwa ein Prozent an Geschlechtskrankheiten oder den verschiedenen Gelbsuchtarten. Die Zahl der Malariaerkrankungen ist durch die Resistenz der Anophelesstechmücke gestiegen und ein ernstzunehmendes Problem. Jährlich sterben zwei bis drei Millionen Menschen an der Malaria. Keineswegs sind die Küstenstriche sicherer als das Landesinnere.

Nur das Weibchen der Anophelesmücke kann die Malariaerreger (Parasiten) durch einen Stich in die Blutbahn übertragen. Diese nisten sich in der Leber ein. Wenn sehr viele Erreger sich dort einfinden oder eine geschwächte Körperabwehr (durch Reisestreß oder Krankheit) besteht, werden die Malariaerreger in die Blutbahn geschüttet. Hier fallen sie über die roten Blutkörperchen her. Es kommt zum Malariaanfall. Der Erreger der Malaria tropicana kann nach sechs Wochen Leberaufenthalt und Reifung nicht mehr ausbrechen. Dafür verläuft sie, ist sie erst einmal ausgebrochen, in aller Regel tödlich, da die meisten Malariamittel wirkungslos verpuffen (Lariam und insbesondere Halfan vorerst nicht).

Die Malaria beginnt zunächst mit Kopf- und Gliederschmerzen, Unwohlsein, Appetitlosigkeit und atypischem Fieber ohne Schüttelfrost, manchmal begleitet von Durchfällen. Eine Alarmglocke ist dabei zusätzlich das Auftreten von Bauchschmerzen, Frösteln und Schweißausbrüche sowie nach etwa einer Woche Schüttelfrost (Dauer bis zu einer Stunde). Die Haut wird blaß und trocken, die Lippen blaurot. Dann steigt die Temperatur auf 41 Grad Celsius an. Das Gesicht ist gerötet, Herzklopfen und Atemnot sowie ein qualvolles Hitzegefühl treten auf. Nach etwa vier Stunden fällt das Fieber unter starkem Schweißausbruch völlig ab. Es folgt ein tiefer wohltuender Schlaf.

Falls kein Arzt in der Nähe ist muß eine Selbstmedikation vorgenommen werden (Fansidar, Halfan oder Lariam). Eine Untersuchung sollte sofort vorgenommen werden. Dazu wird das Blut im akuten Stadium der Blutinfektion untersucht, um Plasmodien zu finden. Je schneller behandelt wird, desto geringer sind die Folgen.

Afrikareisende sind gefährdeter wie Reisende in anderen Teilen der Tropen. Übrigens sind die Angaben über Malaria-Prophylaxe in den meisten Reisehandbüchern veraltet. Neueste Informationen geben die offiziellen Impfstellen, die Gesundheitsämter und die Tropeninstitute. Im übrigen wird in Kamerun an einem deutschem Forschungsprojekt gearbeitet, in dem die Anopheles-Mücken systematisch vergiftet werden. Sie werden mit einem Einzeller infiziert, der die Larven absterben läßt oder die Fortpflanzung einschränkt. Etliche Mückengenerationen werden dadurch geschädigt und durch die Dezimierung sinkt drastisch die Zahl der Malariaerreger.

In den folgenden Ländern wurde ein hohes Risiko aufgrund einer hochgradigen Resistenz der Malaria tropicana gegen Resochin und Fansidar festgestellt:

Amazonien, Guyanas, West-Venezuela, Grenzgebiet Ecuador/Kolumbien, Haiti, Guatemala, Kambodscha, Kenia, Laos, Neuguinea, Neuhebriden, Salomoneninseln, Tansania, Thailand, Vietnam und Vanuatu sowie das übrige tropische Afrika, einschließlich Madagaskar.

*Gelbfieber*

Das Dschungelfieber wird ebenfalls von einer Stechmücke übertragen. Nach drei bis sechs Tagen beginnt das Dschungelfieber durch einen plötzlichen Schüttelfrost mit anschließenden starken Lendenschmerzen, galligem Erbrechen und fauligem Mundgeruch. Nach etwa drei Tagen ist die Leber so stark geschädigt, daß es zur Gelbsucht kommt. Falls das Dschungelfieber ausheilt, ist dies mit einer lebenslangen Immunität gleichzusetzen.

Gelbfiebergefahr (nicht zu verwechseln mit Gelbsucht) exisitiert besonders in den Urwaldgebieten Südamerikas und Zentralafrikas.

Im einzelnen sind folgende Infektionsgebiete bekannt:

(a) Afrika: Äquatorial-Guinea, Äthiopien, Angola, Benin, Burkina Faso, Burundi, Cote d'Ivoire, Djibouti, Gabun, Gambia, Ghana, Guinea, Kap Verde, Kenia, Kongo, Liberia, Madagaskar, Mali, Mauretanien, Mosambique, Niger, Nigeria, Ruanda, Sambia, Sao Tomé & Principe, Senegal, Sierra Leone, Somalia,

Tansania, Togo, Tschad, Uganda, Zaire, Zentralafrikanische Republik.

(b) Amerika: Bolivien, Brasilien, Ecuador, Guyanas, Kolumbien, Panama, Peru, Venezuela.

Für Weltreisende lohnt sich immer eine Gelbfieberimpfung, da sie zehn Jahre einen sehr guten Schutz bietet.

In folgenden Ländern ist die Gelbfieberimpfung zwingend vorgeschrieben:

(a) bei Einreise aus der Bundesrepublik Deutschland in die afrikanischen Länder:
Benin, Elfenbeinküste, Gambia, Kamerun, Kongo, Mali, Mauretanien, Niger, Nigeria, Burkina Faso, Sao Tomé, Senegal, Uganda und Zentralafrikanische Republik bei Einreise nach Südamerika:
Französisch-Guyana; in Nordbrasilien besteht Zwangsimpfung im Amazonas-Gebiet (auf der Piste nach Belem durch Dschungeldoktor direkt neben einem Polizeiposten).

(b) Bei Einreise aus einem Land, in dem Gelbfieber sporadisch vorkommt und in fast allen Ländern der Tropen, einschließlich der tropischen asiatischen Länder.

Der Nachweis einer Gelbfieberimpfung ist in diesen Ländern in aller Regel eine absolute Einreisebedingung, unerheblich ob es sich nur um einen Zwischenstop oder längeren Aufenthalt handelt. Gelbfieberimpforte in Deutschland sind:
Aachen, Augsburg, Aurich, Baden-Baden, Bremen, Berlin, Bochum, Bonn, Brake, Braunschweig, Bremerhaven, Chemnitz, Cottbus, Dortmund, Dresden, Düsseldorf, Duisburg, Emden, Erfurt, Erlangen, Essen, Frankfurt/Main, Frankfurt/Oder, Freiburg, Gelsenkirchen, Gießen, Göttingen, Gütersloh, Hagen, Hamburg, Hannover, Heidelberg, Kempten, Kiel, Koblenz, Köln, Krefeld, Leipzig, Lüdenscheid, Lüneburg, Mainz, Marburg, Moers, München, Münster, Nürnberg, Oldenburg, Osnabrück, Stade, Stuttgart, Tübingen, Ulm, Wilhelmshaven, Wuppertal, Würzburg;
Hafenärzte in Rostock, Stralsund, Sassnitz und Wismar.

*Hepatitis*

Sie ist neben der Malaria eine der häufigsten Krankheiten, mit der ein Reisender konfrontiert wird. Ihr Virus ist besonders hitze- und kältebeständig. Europäer haben grundsätzlich eine geringe Immunität gegen ihn. Er befindet sich vor allem in nicht ausreichend gekochten Speisen und wird durch die sogenannte »Schmierinfektion« übertragen. Am häufigsten kommt er vor in Meeresfrüchten, ungeschältem Obst, Gemüse, in nicht abgekochtem Trinkwasser, in Leitungswasser, das zum Zähneputzen oder für Eiswürfel in Cocktails verwendet wird. Die Inkubationszeit beträgt zwischen zwei und vier Wochen. Erste Anzeichen einer Hepatitis sind Übelkeit, Kopfschmerzen, Fieber und Appetitlosigkeit. Dabei wird die Hepatits oft mit einer normal fiebrigen Erkältung verwechselt. Zwar ist eine Gelbfärbung der Augen und Durchfall sowie dunkelbrauner Urin nicht zwingend angezeigt, doch kann dies bereits das Anzeichen einer Leberentzündung sein.

In der Regel heilt eine Hepatitis bei rechtzeitiger Behandlung heutzutage zu 100 Prozent aus. Das darf aber nicht als Aufforderung zum Leichtsinn verstanden werden. Der Erreger der Hepatitis macht keineswegs vor Luxushotels halt. Durchaus können Garküchen auf den Straßen in Asien, Afrika und Südamerika hygienischer sein, als so manch exclusive Küche in einem Sternerestaurant; Voraussetzung eines effektiven Schutzes ohne Impfung ist, daß alle Speisen mindestens fünf Minuten gekocht worden sind. Das höchste Risiko an einer Hepatitis zu erkranken besteht in Afrika (außer Südafrika), der Mongolei, Südasien, dem andinen Hochland (insbesondere Peru) sowie dem Vorderen und Mittleren Orient.

*Cholera*

Ursprünglich kommt die Cholera aus Südostasien. Das Bekanntwerden ihrer Ausbreitung hat zumeist Panik und Hysterie zur Folge.

Die Cholera ist eine infektiöse, akute Darmkrankheit, die durch verunreinigte Nahrungsmittel und verseuchtes Wasser beziehungsweise menschliche Fäkalien sowie direkten Kontakt mit Kranken überall auf der Welt auftreten kann. Der Erreger ist der sogenannte Kommabazillus oder Vibrio Cholerae Inaba und Ogawa sowie El Thor, der sich im Dünndarm vermehrt und mit dem Stuhl ausgeschieden wird. Die Inkubationszeit beträgt ein bis drei Tage. Alarmsignale sind Leibschmerzen und Brechdurchfall durch die im Darm freiwerdenden Giftstoffe. Der Flüssigkeitsverlust kann bis zu 15 l pro Tag betragen und zum Tod durch Nierenversagen oder Kreislaufschock führen. Behandelt wird die Cholera durch Sulfonamidtabletten, Antibiotika und Flüssigkeitszufuhr. In folgenden Ländern ist die Choleraimpfung zwingend vorgeschrieben:

(a) bei Einreise aus allen Ländern der Erde nach Mozambique,
(b) bei Einreise aus einem Land, in dem Cholera sporadisch vorkommt (in den meisten afrikanischen und asiatischen Länder),
(c) in den Ländern
Afrikas: Ägypten, Angola, Kap Verde, Lesotho, Libyen, Madagaskar, Mali, Niger, Sambia, Sudan, Swaziland und Tschad
Asiens: Brunei, Pakistan, Korea, Malediven
übrige Welt: Dominikanische Republik, Pitcairn.

Die Cholera als Dauerproblem tritt in Indien, Nepal, Indonesien, Vietnam, Malaysia, Singapur, China, Iran, Jordanien, Algerien, Angola, Benin, Burundi, Kamerun, Ghana, Marokko, Malawi, Mozambique und Tansania auf.

Als grassierende Seuche sind derzeit die Länder Peru (1300 Tote), Bangladesh (800 Tote) und Sambia (800 Tote) betroffen. Allerdings hat sich kein europäischer Reisender seit Ausbruch der Cholera-Epidemie infiziert. In den touristischen Zentren Perus, insbesondere im Urubambatal um Machu Pichu sind nur sehr wenige Cholerafälle aufgetreten. In den Hotels und Restaurants in diesen Gebieten ist bis heute kein einziger Fall von Cholera bekannt geworden. Die Speisen und das Wasser speziell in Peru werden derzeit besonders geprüft. Trotzdem sollte nach wie vor das delikate einheimische rohe Fischgericht »Ceviche« in Peru gemieden werden. Zwischen 1971 und heute ist niemals ein Europäer in Südamerika an Cholera erkrankt, sondern nur aus den Problemgebieten in Afrika und Asien.

Einzelne Fälle durch Einschleppung sind 1991 in USA, Australien, Neuseeland, Ecuador, Chile, Kolumbien und Brasilien vorgekommen. Bei einwandfreiem hygienischen Verhalten in den betroffenen Ländern kann keine Cholera übertragen werden.

Die derzeitig eingesetzten Choleraimpfstoffe sind nur von zweifelhaftem Schutz, da sie nicht die Übertragung von Cholera-Erregern verhindern. Deshalb wird sie auch weltweit nirgends zwingend vorgeschreiben.

*Typhus*
Die Typhusimpfung soll nicht nur gegen eine Typhusinfektion schützen, sondern auch den Immunhaushalt stärken. Bei einer aktiven Immunisierung gegen Typhus muß ein zweiwöchiger Abstand zu einer Polioschluckimpfung eingehalten werden. Die Impfung sollte mindestens eine Woche vor Reisebeginn in ein Infektionsgebiet abgeschlossen sein, da die Schutzwirkung erst nach etwa zehn Tagen nach Einnahme der letzten der drei Kapseln eintritt.

*Streßimpfung*
Immer wieder kommt es vor, daß Reisende die notwendigen Impfungen vor Abreise nicht rechtzeitig veranlassen. Dann hilft nur noch ein Notimpfplan unter Verzicht auf die Gelbfieberimpfung (kann durch eine Zwangsimpfung im Epidemiegebiet nachgeholt werden) oder Choleraimpfung (grundsätzlich nicht empfehlenswert!).

Dann kann innerhalb von neun Tagen zumindest eine Typhoralschluckimpfung (3x), Polio- und Tetanusauffrischung bei gleichzeitiger Injektion gegen Hepatitis durchgeführt werden. Eine notwendige Malariaprophylaxe kann ebenfalls sofort bei Abflug berücksichtigt werden. Allerdings ist diese Vorgehensweise ein körperliches Steßprogramm und nicht ratsam. Rechtzeitiges Impfen vermeidet körperliche Streßsituationen, die selbst wieder Grundlage anderer Krankheiten werden können.

Weitere Infos: Med. Info & Verkauf, Postfach 800280, 6230 Frankfurt oder Behringswerk AG, Postfach 1140, 3550 Marburg/ Lahn und Jägerhausstr. 14-18, 7000 Stuttgart.

*Impfempfehlungen nach Regionen*

weltweit:
- ○ Kinderlähmung (Polio)
- ○ Tetanus (Wundstarrkrampf)
- ○ Typhus

Asien:
- ○ Malaria-Prophylaxe für ganz Asien außer Japan, Taiwan, Korea, Hongkong, Singapur, Israel, Jordanien, Libanon und Türkei.
- ○ Cholera für Burma, Brunei, Malediven und Sri Lanka, Korea und Pakistan
- ○ Hepatitis für Südostasien, Mongolei

Australien/Neuseeland/Südsee:
- ○ Malaria-Prophylaxe für Vanuatu und Salomonen (hohes Risiko)
- ○ Cholera für Pitcairn

Nordamerika:
- ○ keine speziellen Impfungen

Lateinamerika:
- ○ Malaria-Prophylaxe für Mexiko und alle tropischen Urwaldgebiete Süd- und Mittelamerikas, besonders Amazonien
- ○ Gelbfieberimpfung für alle Urwaldgebiete Amazoniens
- ○ Gelbsuchtimpfung für Reisen in abgelegene Gebiete, insbesondere des Andenhochlandes
- ○ Cholera eventuell für Peru in Extremgebieten
- ○ Hepatitis für die Andenländer Ecuador, Bolivien und Peru

Afrika:
- ○ Malaria-Prophylaxe für die meisten Länder südlich der Sahara vorgeschrieben; aktuellste Infos über die Tropeninstitute und Gesundheitsämter erhältlich
- ○ Choleraimpfung (wie oben) zwingend für Mocambique
- ○ Gelbfieberimpfung (aktuelle Infos zu den Reiseländern einholen), zwingend für Benin, Elfenbeinküste, Gambia, Kamerun,

Kongo, Mali, Mauretanien, Niger, Nigeria, Burkina Faso, Senegal, Uganda, Zentralafrikanische Republik
○ Hepatitis für ganz Afrika (außer Südafrika)

*Ärztlicher Check*
Vor einer längeren Fern- oder Weltreise ist auf jeden Fall der Hausarzt aufzusuchen und ein Ganzkörper-Check auf etwaige versteckte Krankheiten durchzuführen. Insbesondere sind
○ Mandeln, ○ Blinddarm und ○ der Unterleib
intensiv zu untersuchen. Auch von Ihren Zahnarzt sollten Sie sich das OK geben lassen, damit die Reise nicht zu einem Alptraum wird. Nur zu gut erinnere ich mich an meinen Reisegefährten, dem in 3500 m Höhe im ecuadorianischen Andenhochland bei einer Fiesta eine Zahnplombe durch den Luftdruck heruntergesprengt wurde. Guter Rat war teuer. Ein Dschungeldoc in Milagro betonierte die Plombe mit Werkzeugen aus der zahntechnischen Nachkriegszeit unter dem Blick unzähliger Augenpaare so gut wieder ein, daß ein hiesiger Zahnarzt nach Begutachtung als »bombenfest« einstufte.

Frauen sollten sich vom Frauenarzt mit der Pille lieber nicht zu knapp eindecken lassen und Männer sollten sich nicht nur genügend Kondome besorgen, sondern sie auch mitnehmen.

*Medikamenten-Checkliste*
Alle Medikamente westlicher Herkunft sind in Südostasien und Südamerika billiger zu haben als in Europa, außerdem meist rezeptfrei. Eine Injektion gegen einen Giftbiß kostet zum Beispiel in Südamerika umgerechnet 10 DM. Trotzdem sollte eine kleine Reise-Apotheke zusammengestellt werden. Zur Verstauung bieten sich die Erste-Hilfen-Boxen der Motorradfahrer an. Jeder gute Hausarzt hilft zudem gerne bei der Zusammenstellung der nötigsten Medikamente aus seiner Probe-Apotheke, falls er zuvor über die beabsichtigte längere Reise eingeweiht wurde. Zur Auswahl kommen:

Kategorie A
1. Antibiotika
2. Fiebermittel

3. Schmerzmittel
3. Darmmittel/Durchfall
4. Wundbehandlung
5. Malaria-Prophylaxe
6. Tropen-Breitbandantibiotika (zum Beispiel gegen Amöbenruhr, Thypus, Cholera)
7. Stiche
8. Verhütungsmittel für Männer / Antibabypille für Frauen
9. Wundverband (Sprühverband ist zu empfehlen)
10. Krampflösendes Mittel

Kategorie B
1. Juckreiz/Allergie
2. Sonnenbrand
3. Pilze
4. Zähne/Kiefer
5. Herpes
6. Erkältung/Grippe/Kopfschmerzen
7. Insektenschutzmittel
8. Nasentropfen
9. Wasserdesinfektion
10. Augen
11. Schwellung

Kategorie C
1. Mullbinden und Kompresse
2. Pflaster
3. Leukoplast
4. Verbandschere klein
5. Splitterpinzette
6. Verbandsklammern/Sicherheitsnadeln
7. Wundsalbe
8. Fieberthermometer

Die Medikamente der Kategorie A sollten auf jeden Fall auf einer Fern- oder Weltreise über mehrere Monate im Gepäck sein. Sie sind äußerst nützlich und wirksam. Breitband-Antibiotika wie auch Antibiotika und Schmerzmittel können starke Nebenwirkungen aufweisen. Jeder Körper reagiert dabei unterschiedlich auf diese Medikamente. Es empfiehlt sich daher, jedes »starke« Medikament vor der Abreise durch Einnahme auszutesten, um etwaige Unverträglichkeiten feststellen zu können. Dieser Test könnte sich im Notfall als lebensrettend herausstellen. Verfalldatum des Antibiotikas beachten, denn die Wirkung hält noch ein Jahr nach diesem Datum unvermindert an. Bei Kauf immer auf Verfallsdatum achten!

Medikamente der Kategorie B können in der Regel vor Ort in der gleichen Qualität und günstiger nachgekauft werden und müssen nicht unbedingt gleich ins Reisegepäck. Unter dieser Kategorie entscheidet jeder selbst, was er von Anfang an mitnehmen möchte.

Kategorie C sind Artikel, die zur Wundversorgung in die Reiseapotheke zusätzlich gehören sollten. Komplett gibt's alles als Miniverbandskasten (19 Teile) in der Größe 12x5x8 Zentimeter (Gewicht etwa 110 Gramm) ab 15 DM in den Ausrüstungsläden oder im Motorradshop.

*Pilze*

Gerade im Vorfeld einer Reise, also während der Organisations- und Vorbereitungsphase ist es notwendig, daß sich der zukünftige Weltenbummler Grundlagen im medizinisch-biologischen Bereich verschafft, um sich dann später im Reiseland entsprechend einzurichten. Etwas Schmutz schadet nicht, aber vor der Hitze in klimatisierte Räume zu fliehen, ist für den Körper schlimmer wie ein naßkaltes europäisches Wetter. Klimaanlagen sind gleichbedeutend mit fürchterlichen Erkältungen und sind immer ein wahrer Greuel für mich gewesen. Außerdem ist das tropischfeuchte Klima ein idealer Brutplatz für Hautkrankheiten jeglicher Art. Vor allem Pilzsporen lieben es, sich zwischen Hautschweiß und Baumwollhemd gemütlich zu machen. Die Unterwäsche oder das Shirt sollten nicht nur oft gewechselt, sondern auch gut ausgewaschen werden. Bilden sich irgendwann einmal weiße Flecken auf der sonnenverbrannten Haut sind das keine Sonnenflecken, sondern ein Hautpilz, der mit 98 prozentigen Alkoholmedikament, wie es zum Beispiel in Indonesien in den Apotheken angeboten wird, bekämpft werden kann.

*Salzverlust*
Dieser ist durch würziges Essen einzudämmen. Am besten in solchen Ländern, in denen Salzverlust droht, an der einheimischen, scharfen Küche orientieren. Schärfe fördert gleichzeitig die Produktion von Magensaft. Dieser wiederum tötet die unliebsamen Bakterien.

*Geschlechtskrankheiten*
Der Ferntourismus vermittelt neben der einsamen Insel, dem Tropenparadies, auch den »magical touch of sexy girls and men«. Bestimmte Urlaubsländer, wie Thailand und die Philippinen, sind längst Ziele amerikanischer und europäischer »Bumsbomber« geworden – vollbesetzt mit gierigen Sextouristen. Die Dominikanische Republik, Kenia und Sri Lanka sind Fernreisehochburgen bundesdeutscher Emanzen, die ihre Bedürfnisse auf einem Sextrip austoben möchten. Der Fremden»verkehr« ist in Wahrheit die Fortsetzung des europäischen Kolonialismus.

Der Sextourismus, insbesondere in den Ländern Thailand, Philippinen, Sri Lanka, Indien, Kenia, Neukaledonien, den Dominikanischen Inseln und neuerdings in Vietnam grenzt an Menschen- und Sklavenhandel. Die Opfer sind Männer und Frauen, die unter Ausnutzung ihrer Not und Armut ausgebeutet werden: Geschlechtskrankheiten und Aids sind die allgegenwärtigen Vasallen der unbefriedigten Ohnmacht. Niemand ist davor geschützt, auch nicht durch eine wirklich echte Freundschaft und zwischenmenschlichen Beziehung.

Bei den Geschlechtskrankheiten sollte man deshalb zumindest die Symptome kennen, damit nicht unbedingt ein Medizinlexikon mitgeschleift werden muß. Ratsam ist es für den Fall der Fälle mit ein paar Kondomen gerüstet zu sein. Für Frauen ist es zudem gut einen kleinen OB-Vorrat mitzuführen.

*Aids (Aquired Immun Deficiency Syndrome)*
Auf das Problem Aids soll hier ebenfalls eingegangen werden, da diese Krankheit weltweit verbreitet ist und ihre Hochburgen in den USA, Zentralafrika, Südostasien und einigen Metropolen Brasiliens hat.

Immer noch wird die Gefahr von Aids verkannt. Insbesondere

unter Urlaubern, die auf ihren Reisen einem »kleinen« Erlebnis gegenüber nicht abgeneigt sind, wird sie heruntergespielt. Der Selbstbetrug liegt darin, daß man glaubt, man selbst habe ja bisher immer Glück gehabt oder meint, sowas passiere nur anderen; außerdem achte man ja darauf, sich nicht mit einer Prostituierten, einem weiblichen »Schmetterling« oder »Piranha« abzugeben, sondern man habe da ein liebenswürdiges, »sauberes« Mädchen kennengelernt. Nirgendwo auf der Welt ist es für einen Touristen möglich, in der kurzen Zeit des eigenen Aufenthalts eine Frau aus gutem und geordnetem Haus kennenzulernen. Das verbieten in aller Regel Tradition, Kultur und Anstand. Was bleibt ist der Kontakt mit den Underdogs der jeweiligen Gesellschaft, die sich mit dem letzten Pfennig feinsäuberlich für die allerletzte Hoffnung herausputzen, sich einen ausländischen Gast angeln und ihm gewünschte Liebe vorgaukeln. Der willige Sex ist Grundlage ihrer Existenz.

Wer heute bei einer Reise sexuellen Kontakt hat, sollte wissen, daß er sich dabei auch mit dem Aids-Virus infizieren kann und zwar überall und weltweit. Aids ist ausschließlich eine sexuell übertragbare Krankheit – durch Sperma oder infektiöser Scheidenflüssigkeit sowie HIV-virushaltiges Blut. Risikos sind auch unkontrollierte Blutkonserven, Wiederverwendung von Einmalspritzen, Drogeninjektion, Akupunktur durch nicht sterile Nadeln, Mitbenutzung von Nagelfeilen, Rasierklingen, Zahnbürsten, Nagelscheren, Rasierapparaten, Tätowierungen, chirugische und zahnärztliche Eingriffe. Aids wird nicht durch normale Kontakte wie Streicheln, Händegeben, Anhusten oder Benutzen von gleichen Gläsern, Besteck, Saunen oder Toiletten, nicht von Insektenstichen und nicht durch Essen und Trinken übertragen.

Aids ist eine weltweite Seuche ohne Heilungsaussichten. Falls sich die Krankheit nicht mittelfristig eindämmen läßt, ist mit drastischen Abwehrmaßnahmen zu rechnen. Meldepflicht, Abschiebung, Zwangsuntersuchungen bei Einreise in ein Land und damit verbundene Einreisebeschränkungen könnten dann zum Alltag werden.

*Pampers*

Pampers für Kleinkinder gibt es nicht überall und wenn, dann können diese sündhaft teuer werden. Am praktischsten ist es, Ihren Kleinen »blanko« sausen zu lassen; wie es übrigens viele einheimische Eltern auch praktizieren.

*Injektion*
Es ist auf einer längeren Fernreise außerhalb Europas immer ratsam steril verpackte Einmalspritzen mitzuführen. Das Risiko, durch verunreinigte Nadeln sich die Gelbsucht, Aids oder ähnliches einzufangen wird daduch minimiert.

*Checkliste*

Impfungen:
○ Gelbfieber
○ Hepatitis A
○ Typhoral L
○ Malariaprophylaxe
○ Polio-/Tetanusauffrischung
○ Cholera

Ärztlicher Check:
○ Zähne
○ Mandeln
○ Blinddarm
○ Unterleib

Medikamente:
○ Desinfektionsmittel
○ Durchfallmittel
○ Malariamittel (Resochin, Fansidar, Lariam, Halfan)
○ Tropenbreitbandantibiotika
○ Antibiotika
○ Verbandszeug (Pflaster, Skalpel, Pinzette, Schere)
○ Schmerzmittel
○ Stiche
○ Verhütungsmittel (Kondome/Pille)

Erste-Hilfe-Kurs

## 5.2 Formalitäten

*Reisepaß*

Der Reisepaß ist weltweit das wichtigste Reisedokument. Für den Grenzübertritt und den Aufenthalt in den Reiseländern bei einer Fernreise ist es vorteilhaft, sich einen nagelneuen Reisepaß zu besorgen: Sie geraten durch das Ablaufdatum nicht unter Druck. Außerdem ist ein neuausgestellter Paß für die Polizei- und Grenzbehörden ein Hinweis, daß die Person neu »gecheckt« wurde und somit »sauber« ist. Schnelle Abfertigung ist die Regel. Es ist auch unbedingt darauf zu achten, daß der Reisepaß noch mindestens eine Gültigkeit von sechs Monaten bei der Einreise hat. Wer Sichtvermerke von Südafrika, Israel oder Taiwan darin hat, sollte ihn sich ebenfalls neu ausstellen lassen beziehungsweise sich einen Zweitpaß (Musterantrag Kapitel 10 – Allgemeine Tips für Fern- und Weltreisen) zulegen. Um diese in verschiedenen Ländern unerwünschte Sichtvermerke zu umgehen, können die Grenzbeamten gefragt werden, ob sie den Stempel auf ein besonderes Papier aufstempeln können, das dann in den Paß eingelegt wird.

*Impfausweis*

Neben dem Reisepaß ist der internationale Impfausweis in zweifacher Ausfertigung ein wichtiges Dokument. Wer den Impfausweis verliert, kann sich nirgends mehr Ersatz beschaffen (auch nicht auf dem Gesundheitsamt, da keine Unterlagen geführt werden). Wer keine Impfnachweise vorlegen kann, läuft Gefahr, zwangsgeimpft zu werden. In Brasilien auf der Piste nach Belém do Para an der Amazonasmündung habe ich eine Frau im Bus getroffen, die innerhalb von einem Monat viermal zwangsgeimpft wurde, da sie jedesmal ihr Impfpapier verloren hatte. Deshalb ist es gut eine Zweitschrift zu besitzen, die entweder der Reisepartner mitführt, in irgendeiner größeren Stadt sicher deponiert wurde oder zu Hause bei einem Freund in der Schublade liegt, der sie jederzeit zusenden kann.

*Führerschein (Internationaler)*

Wer einen Mietwagen anheuern oder selbst einen Wagen fahren

möchte braucht den internationalen Führerschein. Für die USA und Kanada wird zeitweise sogar eine englische, für einige Staaten eine arabische Übersetzung des Führerscheins (zu erhalten über den ADAC) verlangt.

*Studentenausweis (Internationaler)*
Der internationale Studentenausweis wird in der Regel, vor allem in Asien, nicht mehr anerkannt, da zu viele Fälschungen zirkulieren. In Bangkok zum Beispiel lungern junge Thais um einige bekannte Hotels, die »echte« Studenten- und Presseausweise für 10 US-Dollar anbieten. Trotzdem gibt es auf internationale Studentenausweise immer noch Ermäßigungen.

*Jugendherbergsausweis*
Der Jugendherbergsausweis ist nur in den USA, Kanada, in Japan, Australien und Neuseeland wirklich nützlich, wobei man in Neuseeland jederzeit in den Jugendherbergsverein eintreten kann. Gerade für Neuseeland sehr lohnenswert, da die Jugendherbergen die günstigsten Übernachtungsstätten sind und dort viele Kontakte mit Gleichgesinnten geknüpft werden können. Wer keinen Jugendherbergsausweis besitzt, kann trotzdem übernachten, falls noch etwas frei ist. Er zahlt dafür etwas mehr. Antragsformulare für den Jugendherbergsausweis gibt's bei den örtlichen Jugendherbergen, bei den Landesverbänden oder direkt beim Deutschen Jugendherbergswerk, Bismarckstr. 8, 4930 Detmold, Telefon 05231/74010.

*Flugticket und Airpässe (MCO)*
Auch dem Flugticket kommt als Reisedokument große Bedeutung zu, vor allem wenn es für mehrere Strecken, als Rückflugticket oder gar für die gesamte Reise gilt (bei den RTW-Tickets bis zu einem Jahr). Die Nummer des Tickets ist separat zu notieren, eventuell ist sogar das ganze Ticket zu kopieren, damit es bei Verlust oder Diebstahl gesperrt werden kann. Rechtzeitig auf dem Flughafen sein und beim Einchecken nochmals den Hinweis auf abhandengekommenes Flugticket geben und darauf achten, daß niemand mit dem Ticket eincheckt, sonst gibt es kein Geld zurück. Das gleiche gilt für Airpässe.

*Travellerschecks*
Bei einem Travellerscheck ist die Nummernfolge ebenfalls zu notieren. Eine Kopie davon erhält der Reisepartner oder sollte sicher deponiert werden. Wer eine Kreditkarte mitnimmt, muß sich zudem die Notrufnummer bei Verlust oder Diebstahl notieren. (Siehe auch Kapitel 5.5.)

*Sonstige Dokumente*
Weitere Dokumente und Ausweise werden nach Bedarf (zum Beispiel Tauchschein, Presseausweis) oder Notwendigkeit organisiert und mitgeführt wie eine internationale Geburtsurkunde (nur für arabische Länder), Taufbescheinigung (für den Irak) oder polizeiliches Führungszeugnis oder Bescheinigung über einen Aidstest.

Alle Kopien sind zweifach anzufertigen und vom Bürgermeisteramt beglaubigen zu lassen. Einen Satz an Kopien führt der Reisende getrennt mit sich, ein zweiter Satz wird für den Notfall zu Hause oder bei Freunden deponiert.

*Dokumente:*
- ○ Reisepaß (neu ausgestellt)
- ○ internationaler Impfausweis (zusätzlich Kopie)
- ○ internationaler Führerschein (zusätzlich Kopie)
- ○ 10 Paßbilder
- ○ Studentenausweis
- ○ Jugendherbergsausweis
- ○ Flugticket (Ticketnummer notieren)
- ○ Travellerschecks (Nr.-Folge notieren und Quittung aufbewahren)
- ○ Kreditkarte (zusätzlich Notrufnummer notieren)
- ○ Ausweise nach Bedarf (Tauchschein, Presse etc.)
- ○ internationale Geburtsurkunde (nur für arabische Länder)
- ○ Ausweise nach Notwendigkeit (Taufbescheinigung, polizeiliches Führungszeugnis, Aidstest)

**Einreisebestimmungen**
Aus Erfahrung ist bekannt, daß es bei den Einreisemodalitäten oft zu Verwechslungen kommt. Wichtig ist, daß nicht die »Visa-

Gültigkeitsdauer« mit der zu bewilligenden »Aufenthaltsdauer« verwechselt wird. Vor allem Anfänger verwechseln diesen Fakt gerne. Die »Visa-Gültigkeitsdauer« ist die »Einreisefrist«! Die Einreisefrist hat also nichts mit der »Aufenthaltsdauer« zu tun. Die Einreisefrist besagt lediglich, welcher Zeitraum dem Reisenden vom Tag der Visa-Erteilung an zur Verfügung steht, damit das Visum seine Gültigkeit nicht verliert.

Obwohl die »Visa-Gültigkeitsdauer« (=Einreisefrist) von Land zu Land variiert, beträgt diese meistens drei Monate. Ausnahmen sind Australien (ein Jahr), Indien und Philippinen (sechs Monate) sowie die USA (Indefinitely/unbeschränkt). Bei zeitlich langen Reisen ist es also von Bedeutung, daß die Einholung der benötigten Visa richtig geplant wird. Das Visum für die USA, Australien und für die Länder Afrikas und des Nahen Ostens besorgt sich der Insider schon zu Hause. Er spart sich dadurch unterwegs enorme Schwierigkeiten, viel Zeit und Ärger und schützt sich vor Enttäuschungen. Ein Visum für Algerien wird im Ausreisehafen Marseille für Bundesdeutsche mit Wohnsitz in der Bundesrepublik grundsätzlich nicht erteilt. Wer es nicht wußte, muß zurück in die Bundesrepublik reisen. Vor allem eilige Geschäftsreisende haben dies oft zu spüren bekommen. Auch die USA stellt für Bundesbürger zum Beispiel in den Andenländern grundsätzlich kein Visum aus, es sei denn, daß ein regulärer Wohnsitz im betreffenden Land nachgewiesen werden kann. Die Australier beschränken sich zudem bei einem unterwegs besorgten Visum (etwa in Neuseeland/Wellington) auf die kürzest mögliche Reisezeit in ihrem Land. Wer also schnell ein Visum haben möchte und meint durch die Angabe einer kurzen Reisezeit, sieben Tage wegen Transit, die Bearbeitungszeit und Bewilligung zu beschleunigen, irrt sich gewaltig. Die Aussis stempeln dann nämlich genau sieben Tage ein! Für Thailand, Myanmar oder Vietnam gibt es weniger Probleme, wenn die Visa erst kurz vor der Einreise in der Botschaft oder in der Konsularabteilung im Nachbarland besorgt werden. Für Myanmar bietet dies sich sogar, nach Kauf eines Tickets in Bangkok oder Kathmandu, regelrecht an.

Die meisten Länder verlangen grundsätzlich Visagebühren. Nur Australien und die USA erteilen das Visa kostenlos. Das Visa für die USA kostet in Südamerika etwa 50 US-$.

**In solchen »Nußschalen« wurden im Zeitalter der Entdeckungen die dramatischen Kämpfe um die Weltmeere und um terra incognita ausgetragen.**

**Die beliebte »Tante Ju«. Nun auch schon ein antiquiertes Transportmittel. Noch in den achtziger Jahren flog diese Maschine im Rio de la Plata-Gebiet.**

**Schlammpiste mit festsitzenden LKWs nach einem Dschungelguß im Pantanal, Brasilien.**

**Abenteuerliche Transportmittel sind die Buschflieger, die es überall gibt; hier am Lake Taupo in Neuseeland.**

Gaiolas, sogenannte »Vogelkäfige«, auf dem Rio Negro im Hafen von Manaus; typisches Transportmittel in Amazonien (Foto: Edilma Ferreira).

**Fischkutter bringen den Reisenden bis zu den entlegendsten maritimen Inselarchipelen; hier nach Fernando de Noronha.**

**Auf Sumpfbooten können die Everglades in Florida oder die Weiten des Pantanals erobert werden (Foto: Uli Huber).**

**Asien und Südamerika – oft muß das Gepäck auf dem auch mit Fahrgästen hoffnungslos überladenen Dachgepäckträger befördert werden.**

**Dampfloknostalgie: Abfahrt der letzten Dampfeisenbahn in Asunción, Paraguay.**

**Alternative Fortbewegungsmittel auf Fernreisen: mit der Trishaw auf der Opiuminsel Pinang, Malaysia, ...**

**... Elefantenbahnhof in der Seidenstadt Surin, Thailand.**

Die Visumpflicht in die USA für Bundesdeutsche ist inzwischen unter ganz bestimmten Voraussetzungen gemäß des I-775 Formulares des US Visa Waiber Pilot Programmes entfallen. Demnach ist eine Einreise oder eine Durchreise in die USA ohne Visum bis zu 90 Tage möglich, wenn:

1. der Reisepaß noch mindestens drei Monate gültig ist und
2. es sich um eine reine Touristen-, Geschäfts- oder Transitreise handelt (es kommt auf den Reisezweck an; so sind etwa Studenten auf Urlaubsreise zugelassen).
3. Außerdem muß gleichzeitig ein Rück- oder Weiterreiseticket (Stand-by und offene Rückflugtickets sind zugelassen) vorhanden sein, wobei die Reise nicht in Kanada, Mexiko oder der Karibik enden darf (nach der ersten Einreise in die USA können Ausflüge nach Kanada, Mexiko oder in die Karibik unternommen werden, sofern der Gesamtaufenthalt von 90 Tagen nicht überschritten wird).
4. Zusätzlich muß die Einreise mit einer von der USA zugelassenen Vertragsairline getätigt werden und
5. der Einreisende darf nicht durch US-Gesetz von der Einreise ausgeschlossen sein.

Die gleichen Bedingungen gelten für die US-Schutzgebiete, Puerto Rico und die Jungferninseln. Für alle anderen Fälle bleibt die Visapflicht bestehen. Wer also für die erste Einreise den Landweg (Bus, Bahn, Mietwagen, Fähre) von Kanada, Mexiko oder der Karibik wählt, benötigt auf alle Fälle ein Visa. Weiterhin benötigen Austauschbesucher, Au-Pair und Studenten, die in der USA studieren wollen, ein Visum für die USA.

Wer im Rahmen des Pilotprogrammes zur Aufhebung der Visumspflicht ohne Visum in die USA eingereist ist, kann auf keinen Fall den Aufenthalt in den USA verlängern. Die Arbeitsaufnahme ist ebenfalls ausgeschlossen.

**Aufenthaltsdauer**

Auch die maximale Aufenthaltsdauer, die bei der Einreise gewährt wird, fällt von Land zu Land, aber auch von Reisenden zu Reisenden ganz unterschiedlich aus, oft ist Willkür im Spiel. Protest hilft hier nicht weiter, sondern könnte sogar die Ablehnung bei der Einreise nach sich ziehen (etwa in Bolivien, Argentinien, Chile, Thailand, Malaysia, vielen afrikanischen Staaten).

In der Regel wird eine maximale Aufenthaltsdauer von drei Monaten in den Paß eingestempelt, doch kann sie auch nur auf Tage beschränkt sein (Myanmar) oder bis zu sechs Monaten (Australien) betragen. Außerdem ist in vielen Ländern eine Verlängerung mit Problemen verbunden und die maximale Aufenthaltsdauer wird bei Verlängerung oft nicht noch einmal gewährt. Auch kann es passieren, daß die zuständige Polizeibehörde intensiv Fragen nach Grund und Zweck des verlängerten Aufenthaltes stellt, selbst dann, wenn kurzfristig ins Nachbarland gereist wurde (hängt oft mit der gegenwärtigen politischen Lage zusammen). In Indonesien kann die maximale Aufenthaltsdauer von 60 Tagen (nicht visumpflichtig) nicht verlängert werden.

Das Vorweisen eines Rück- oder Weiterflugtickets kann beim Verlängerungsantrag von großem Vorteil sein. Detailauskünfte erteilen die Konsulate der visumpflichtigen Länder.

*Beispiel für das Ausfüllen einer Einreisekarte nach Ägypten:*

| | |
|---|---|
| Non Egyptians arrivel | = Einreise für Nichtägypter |
| Coming from | = Abflugort |
| Plane/S.S./M.S. | = Flug oder Schiffsnummer |
| Family name | = Familiename |
| Fullname | = Vorname |
| Date of birth | = Geburtsdatum |
| Place of birth | = Geburtsort |
| Occupation | = Beruf |
| Nationality | = Staatsangehörigkeit |
| Passpost No. | = Reisepassnummer |
| Place of issue | = Ausstellungsort |
| Date of issue | = Ausstellungsdatum |
| Visa No. | = Visanummer |
| Address in Egypt | = Anschrift in Ägypten |
| Accompanied on the | = Name und Geburtsdatum |
| same passport by | = von Kindern im Pass |

*Ausfüllen einer Touristenkarte für Paraguay:*

| | |
|---|---|
| Trajeta de Turismo | = Touristenkarte |
| Nombre y Apellido | = Name und Vorname |
| Edad | = Alter |
| Nacionalidad | = Staatsangehörigkeit |
| Sexo | = Geschlecht |
| ○ masculino | = ○ männlich |
| ○ femenino | = ○ weiblich |
| Residencia permanente | = ständiger Wohnsitz |
| ○ Pais | = ○ Land |
| ○ Cuidad | = ○ Stadt |
| Fecha de Llegada | = Zeitpunkt der Einreise |
| Procendencia | = Ort vor der Einreise |
| Fecha de salida | = Zeitpunkt der Einreise |
| Pasaporte o C.I. | = Reisepaß oder ID-Ausweis |

**Servas – eine völkerverbindende Idee**

»...mit jeder aufrichtigen Freundschaft festigen wir Fundamente, worauf der Friede in der ganzen Welt ruht.« Dieser Ausspruch stammt von Mahatma Gandhi und drückt die Grundidee von Servas aus. Friede, Freundschaft, Verständigung und Toleranz sowie soziale Gerechtigkeit, die Servas auf internationaler Ebene durch die Förderung der Kontakte von Mensch zu Mensch zu verwirklichen anstrebt.

Als Friedensorganisation versucht Servas unter den Völkern der Erde ein besseres Verständnis durch enge Kontakte zu schaffen, um Mißtrauen und Intoleranz durch die gegenseitige Unkenntnis der Lebensweise und Denkart abzubauen. Deshalb versucht Servas Menschen unterschiedlicher Gesinnung und Herkunft, verschiedenen Glaubens und Hautfarbe bei sich daheim zusammenzubringen, damit sie einander kennenlernen. In vielen Ländern öffnen Servas-Gastgeber den Servas-Reisenden ihre Türen, um sie einige Tage an ihrem Leben teilnehmen zu lassen.

Servas ist weder politisch, rassisch noch religiös gebunden und ist kein Profitunternehmen. Die Mitarbeiter sind alle ehrenamtlich tätig. Das Ziel ist, durch zwischenmenschliche Kontakte Vorurteile zwischen den Völkern abzubauen, zu einem besseren Verständnis der gegenseitigen Probleme zu gelangen und dadurch einen kleinen Beitrag zum Weltfrieden zu leisten. Aus dem ursprünglichen »Open door system of work, study and travel« wurde Servas, was auf Esperanto »du dienst« bedeutet. Heute gibt es Servas in über 90 Staaten der Erde. Nordamerika, Westeuropa, Indien, Japan, Australien und Neuseeland weisen die meisten Kontaktadressen auf.

Servas-Reisender kann jeder werden, der mindestens 18 Jahre alt ist und sich auf Englisch, der Sprache des Reiselandes oder in einer anderen gemeinsamen Sprache unterhalten kann. Das wichtigste Kriterium bei der Auswahl ist dabei die Toleranz (!) eines jeden und der Wille, sich auf die unterschiedlichsten Menschen und Lebensgewohnheiten einzustellen.

Wer jetzt noch Fragen hat, wendet sich am besten an den Koordinator und Sekretär von Servas Deutschland: Peter Brook, Perlbergweg 70, 2000 Hamburg 65, Telefon 040/6012150.

Wer nach der Reise meint, positive Erfahrungen mit Servas gemacht zu haben, der kann selbst Gastgeber werden, auch wenn er keinen Platz dazu hat. Der Anfang wäre als »Day Time Host« gemacht (Kontakt ohne Möglichkeit der Übernachtung). Dazu muß ein Antrag zur Aufnahme in die Gastgeberliste gestellt werden. Keine Angst vor zu vielen Besuchern, denn jederzeit kann abgesagt werden. Vorteil: Über die zu bereisenden Länder können schon lange vor der Abreise Informationen aus erster Hand gesammelt werden und nach Ankunft ergibt sich vielleicht durch diesen Vorabkontakt ein erster Anlaufpunkt. Und nun viel Spaß mit Servas.

## Länder-Übersicht Visumspflicht für Bundesbürger (Stand: Herbst 1992)

| Staaten mit Visumspflicht | Visum auf Einreise-flughafen | Nachweis von RR/WR Geld-mitteln | Gebühr ein-/mehrfach | Bemerkungen |
|---|---|---|---|---|
| Ägypten | X | X | 34/42 DM | M, T |

| | | | | | |
|---|---|---|---|---|---|
| Äquatorial-Guinea | | X | X | 100 DM | 30 Tage Visum, M, G |
| Äthiopien | | X | 50 $/Tag | 32/48 DM | M, G |
| Afghanistan | Touristen nur Ausnahme | | | 20 DM | via Kabul, M |
| Algerien | | X | 70 DM | 90 DM | kein SV IST im Paß! ZP |
| Angola | »Guia da Marcha« nötig | | | 50 DM | M |
| Australien | | X | X | keine | SOGE für Cocos-, Christmas- und Keelinginseln |
| Bahrain | 72 Std.Visa | X | | 25/50/100 DM | kein SV IST im Pass! ZP! |
| Bangladesh | | | | 15/30 DM | Visa ab 2 Wo; G,M |
| Belize | | X | 30 $/Tag | 99 DM | bis 1 Monat; M |
| Bhutan | | | | 20 $ | Einzelreise nur als GR |
| Brunei | ab 2 Wo. | X | X | 95 DM | auch via Seeweg; M |
| Burundi | | X | | 40 DM | FBR; für 2 Mon./ V, G F, M ,T |
| China | XGR | X | X | ab 20 DM | AT über 1 Jahr, FBR, M |
| Dschibuti | | | | | max 10 Tage/V, M |
| Gabun | | X | X | 57 DM | FBR, max. 30 Tage/ V, M |
| Ghana | | X | X | ab 57 DM | max. 30 Tage/V, M |
| GUS | | | | ab 40 DM | FBR, HBR, AT über 3 Mon |
| Guinea | | X | | 50 DM | G, M |
| Guinea-Bissau | | X | X | 90 DM | max. 30 Tage/V, M |
| Guyana | | X | X | ab 28 DM | FBR, G, M |
| Indien | | X | X | 9/45 DM | Ch, M, G, SOGE für Sikkim |
| Irak | derzeit keine Touristenvisa | | | 110 DM | kein SV IST im Paß, AT |
| Iran | lange Antragsdauer | | | ab 25 DM | Kopftuch ist Vorschrift, M |
| Jemen | | X | X | 40 DM | kein SV IS im Paß, ZP, M |
| Jordanien | | X | X | 15 DM | Taufnachweis, ZP wegen SV I |

| | | | | | |
|---|---|---|---|---|---|
| Jungferninseln | | X | X | keine | |
| Kambodscha | X | | | | E, M |
| Kamerun | | X | X | 72 DM | FBR, IZ/IPP G, ZP wegen SV S |
| Kap Verde | | X | X | 44 DM | FBR, HBR, max. 30 Tage |
| Katar | i. d. R. nur Geschäftsreise | | | 120 DM | Ausnahme möglich |
| Kiribati | | X | X | 99 DM | FBR, V |
| Komoren | X | X | X | | $-Gebühr bei Ankunft, M |
| Kongo | | X | | 30 DM | FBR, HBR, max. 30 Tage/V, M |
| Korea (Nord) | | | | | nur mit E |
| Kuba | | X | 50 $/Tag | 30 DM | FBR, HBR, Touristen-karte |
| Kuwait | | X | | 36 DM | kein SV I im Paß, ZP |
| Laos | nur Gruppen | X | | 50 DM | FBR, auch ab Bangkok, M |
| Lesotho | X | X | X | ab 25 DM | max. 30 Tage |
| Libanon | nur GR und BR | | | 40/120 DM | kein SV I im Paß, ZP |
| Liberia | | | | 35 DM | IZ/IPP, ERF 60 Tage |
| Libyen | | X | 500 $ | ab 45 DM | FBR, arab. Ü, AT, kein SV IS im Paß, ZP |
| Madagaskar | | X | | 45 DM | max. 30 Tage/V, AD Bestätigung bei Einreise, M |
| Malediven | X | X | | keine | max. 30 Tage/V |
| Mali | | X | | ab 48 DM | max. 30 Tage/V |
| Mauretanien | | X | X | 32 DM | max. 3 Mon/V, IZ/IPP G, M |
| Mongolei | | X | X | 35 DM | FBR/HBR, Info 06173/70970 |
| Mosambique | | X | X | 50 DM | FBR/HBR; z. Zt keine TR |
| Myanmar | | X | 100 DM | 60 DM | 14 x 24 Std., M, G |
| Nauru | | X | | keine | OK, FBR, Blattvisum |
| Nepal | | X | 200 DM/Tag | 40 DM | FBR, Trekking Permit, M, H |

| | | | | | |
|---|---|---|---|---|---|
| Nicaragua | | X | 200 $ | 70 DM | 30 Tage/V nicht TR, M |
| Nigeria | | X | X | 20 DM | G, M |
| Oman | ab sofort Touristvisa mögl. | | | 70 DM | kein SV I im Paß, ZP |
| Pakistan | | X | X | 36 DM | FBR, M |
| Papua-Neuguinea | X | X | X | 20 DM | 30 Tage |
| Costa Rica | | | | | siehe USA |
| Sambia | | X | X | 30 DM | FBR, M |
| Sao Tomé/Principe | | X | | ca. 50 DM | FBR, M |
| Saudi Arabien | | X | X | 25 DM | ZP, kein SV I im Paß, TV Ausnahme |
| Sierra Leone | | X | X | 75 DM | FBR, IZ/IPP G, M |
| Simbabwe | Xmögl. | X | X | keine | max. 3 Mon, M |
| Somalia | | X | X | 70 DM | G, M |
| Sudan | | | | 70 DM | 30 Tage/V; kein SV IS im Paß, ZP, G, M |
| Suriname | | X | X | 50 DM | FBR, G, M; via Amsterdam |
| Swasiland | X | X | | 20/35 DM | M |
| Syrien | | X | | 35/90 DM | kein SV I im Paß, ZP, M |
| Taiwan | X | X | | 18 $ | max. 60 Tage |
| Tansania | | X | | 16 DM | FBR, max. 3 Mon, incl. Sansibar, G, M |
| Thailand | ab 2 Wo. | X | X | 30 DM | max. 60 Tage/V, M |
| Tschad | X | X | X | 33 DM | FBR/HBR, M |
| Tuvalu | | X | X | | kein Visa, aber FBR/HBR |
| Uganda | | X | | 21 DM | FBR, M |
| USA & Schutzgebiete, Pto Rico, Jungferninseln | Einreise ohne Visa bis 90 Tage möglich | | | | US Visa Waiber Pilot Programm |

1. wenn Reisepaß noch mind. 3 Mon. gültig,
2. reine Touristenreise (kein Schüleraustausch),
3. Rück- oder Weiterticket vorhanden (Reise darf nicht in Kanada, Mexiko oder Karibik enden),
4. Einreise mit Vertragsairline der USA getätigt wurde (sogenannte I-775-Verbarung);
5. Reisende muß I-94 W ausfüllen u. unterschreiben.

| | | | | |
|---|---|---|---|---|
| V. A. Emirate | X | X | 100 DM | mind. 10 Personen |
| Vietnam | | | 48 DM | nur Touristengr., M |
| Zaire | | X | ab 125 DM | zwischen 1-6 Mon., bis 600 DM ab einem Mon. FZ, IZ/IPP, G, FBR, M, H, T, Gesundheitszeugnis |

Abkürzungen:

AD = Aufenthaltsdauer
AG = Arbeitgeber
AT = Aidstest oder Bescheinigung notwendig
BR/BV = Besucherreise/Besuchervisa
Ch = eventuell Choleraimpfung
E = Einladungsschreiben erforderlich
ERF = Einreisefrist
FBR = Flugbescheining des Reisebüros notwendig
FZ = Führungszeugnis erforderlich
G = Gelbfieberimpfung notwendig
GR/GV = Geschäftsreise/Geschäftsvisa
H = Hepatitis empfehlenswert
HBR = Hotelbuchung/-bescheinigung des Reisebüros notwendig
IZ/IPP = Impfzwang/Impfpaßpflicht
M = Malaria-Prophylaxe empfehlenswert
OK = Flugticket muß bestätigt sein
RR/WR = Rück-/Weiterreise
SOGE = Sondergenehmigung
SV = Sichtvermerk
SV IST = Sichtvermerk von Israel (I), Südafrika (S), und Taiwan (T)
T = Thyphus empfehlenswert
TR/TV = Touristenreise/Touristenvisa
Ü = Übersetzung des Reisepasses notwendig
V = Verlängerung im Land möglich
ZP = eventuell Zweitpaß erforderlich (falls SV IST im Paß)

Für diese Länderübersicht, die ausschließlich für Bundesdeutsche gilt, kann verständlicherweise keine Gewähr übernommen werden, da immer wieder Einschränkungen oder kurzfristige Änderungen auch durch politische und wirtschaftliche Unregelmäßigkeiten auftreten können. Sie soll lediglich als Anhaltspunkt dienen, welche Länder eine Visumpflicht für Deutsche vorsehen und wie groß etwa der Kostenfaktor (»Visagebühr«) ausfallen wird. Bei den Visagebühren schießt Zaire zweifelsohne den Vogel ab, das bei einem sechsmonatigen Aufenthalt bei mehreren Einreisen 600 DM an Gebühren kassieren möchte.

Aus der Liste lassen sich auch die Länder herausfinden, die noch auf dem Einreiseflughafen ein Visa erteilen, wenn die übrigen Voraussetzungen, wie Weiterreiseticket, Geldmittel und so weiter erfüllt sind.

Außerdem zeigt die Liste Länder auf, die Touristen eine kurzfristige Einreise ohne Visa gestatten (zum Beispiel Thailand). Allerdings sind diese Freizügigkeiten genauestens einzuhalten, da eine abgelaufene Aufenthaltsdauer zu saftigen Bußgeldern bis zur Arrestierung führen kann.

Grundsätzlich sollten Reisende sich bei den jeweiligen Konsularabteilungen der Botschaften und Konsulate (siehe Adreßliste) der Länder eingehend über die Einreisebestimmungen informieren. Diese senden auch die entsprechende Anzahl von Antragsformularen zu. Gute Reisebüros unterhalten teilweise einen Visumservice, die gegen Gebühr die Visabeschaffung für Touristen abnehmen. Aufgepaßt, für Geschäftsreisende gelten besondere Bestimmungen und Auflagen (Nachweis des Geschäftspartners und so weiter), die Visagebühr fällt dabei durchaus höher aus. Für Journalisten können manchmal Sonderbestimmungen oder Restriktionen gelten. Auch für Besucher, also Personen mit Wohnsitz in Deutschland, die ihre Familienangehörigen in dem betreffenden Land besuchen möchten, gelten oftmals andere Visabestimmungen wie für Touristen oder Geschäftsleute. In einigen Ländern werden nur Geschäfts- und Besuchervisa erteilt und keine Touristenvisa ausgestellt. Für Deutsche aus der ehemaligen DDR empfiehlt es sich immer, vor der Abreise einen neuen bundesdeutschen Reisepaß zu besorgen, da bei Vorlage der alten DDR-Pässe an den Grenzen oft eine unnötige Visumspflicht (zum Beispiel Sri Lanka) nachziehen.

Grundsätzlich empfiehlt sich bei Visaantrag, daß der Reisepaß neu oder noch länger als zwölf Monate gültig ist. Besser vor Antragstellung den Reisepaß verlängern lassen, denn fast alle Länder mit Visapflicht für Deutsche verlangen noch eine Mindestgültigkeitsdauer. Diese liegt in der Regel zwischen drei Monaten und einem Jahr. Wichtig ist auch zu wissen, daß einige Länder ab Visaerteilung eine Frist zur Einreise (zum Beispiel innerhalb drei Monaten) setzen.

**Visaantrag**

Für einen standardisierten Visaantrag wird folgendes benötigt:

- ein gültiger Reisepaß (mindestens noch sechs Monate gültig)
- ein oder mehrere Antragsformulare
- internationale Antwortgutscheine oder Verrechnungsscheck (Gebührenabrechnung)
- mindestens ein Paßfoto
- ein Einschreibebrief-Freiumschlag

**Nachweis über Rückreise und Geldmittel**

Je nach Auflagen des Landes muß ein Nachweis für die Rück- oder Weiterreise bei Antragsstellung mitgeführt werden. Dies kann durch ein Flugticket oder eine Flugbescheinigung von einem Reisebüro erfolgen. Wer dennoch meint, bei der Einreise ohne Rückflugticket durch die Paßkontrolle zu kommen, dem kann es durchaus passieren, daß er eine Kaution in Höhe eines Rückflugtickets in sein Heimatland hinterlegen muß.

Zeitweise wird bei der Einreise von einigen Ländern ein nicht unerheblicher Betrag an Geldmitteln verlangt, die aber nur in besonders bezifferten Fällen genau geprüft oder nachgewiesen werden müssen. Aber aufgepaßt, es gibt auch Länder, die kein Visum zur Einreise abverlangen, dafür bei der Einreise Geldmittel und Rück- beziehungsweise Weiterreisenachweise sehen wollen. Neuseeland verlangt zum Beispiel 1000 NZ$ pro Person und Aufenthaltsmonat, wenn keine gebuchte Reise nachgewiesen werden kann. Eine Bankbescheinigung über den Kontostand und/oder eine der gängigen Kreditkarten helfen hierbei weiter. Die internationale Kreditkarte wird auf jeden Fall akzeptiert.

**Nachweis über eine Hotelbuchung oder Unterkunft**

Einige Länder verlangen vor der Einreise eine nachgewiesene

Unterkunft (Kamerun, Kuba, Tuvalu oder die Cookinseln). Ohne diese nachgewiesene oder gebuchte Unterkunft kann, trotz Visabefreiung oder Rück- beziehungsweise Weiterflugticket, nicht in das Land eingereist werden. In der Regel werden die Einreiseflüge auch nicht bestätigt (OK), solange nicht eine gebuchte Unterkunft nachgewiesen werden kann.

**Zweitpaß**

Für einige Länder ist es notwendig, sich bei der Paßbehörde einen Zweitpaß zu besorgen, soweit in den bereits vorhandenen Paß eingestempelte Sichtvermerke von Israel, Südafrika oder Taiwan unerwünscht sind. Übrigens steht jedem Bundesbürger nach dem Paßgesetz die Ausstellung eines Zweitpasses bei entsprechender Begründung zu (siehe auch Länderinfo).

**Einreise in Länder ohne Visapflicht**

Alle nicht genannten Länder haben keinen Visazwang und können mit einem gültigen Reisepaß bereist werden. Das heißt aber noch lange nicht, daß in diese ohne Probleme ein- und ausgereist werden kann. Manchmal ist das nur mit einem Nachweis einer wirklich gebuchten Unterkunft oder Herberge möglich. Ein klassischer Fall sind die Cookinseln (Rarotonga). Hier wird von der jeweiligen Airline erst dann das notwendige »OK« beim Request in den Flugschein eingetragen, wenn eine gebuchte Unterkunft auch nachgewiesen werden kann. Dazu werden nach Beherbergungskategorien Listen im Computerterminal bereitgehalten. Somit kann direkt am Counter oder über den Computer in einem Reisebüro auf einer Nachbarinsel oder vom letzten Stopover direkt eingebucht und sofort bestätigt werden. Der Gast wird am Zielflughafen nach der Paßkontrolle sofort von einem Zubringerfahrzeug zur Unterkunft gekarrt. Ausbüchsen gelingt nicht, da der Beamte der Paßkontrolle sofort nach der gebuchten Unterkunft fragt und dem Besucher gleich den Standort des Zubringerfahrzeuges zeigt. Ein aufgeregter Insulaner sorgt zudem, daß eventuell verlorengegangene Schäfchen eingefangen und zu ihrem bestellten Heim gebracht werden. Schließlich hat man im Paradies ja vorbestellt. Erst nach dem ersten Tag kann man wechseln oder sich mit dem Zelt absetzen. Harte Zeiten für Outdoorfreaks beginnen vor allem dann, wenn die Polizei zufällig kontrolliert (schließlich hat sie auf so einer kleinen Insel, wo sich zudem fast jeder Einheimische auch noch kennt, nichts anderes zu tun), und das Zelten nicht erlaubt war.

**Literaturhinweis**

Wer eine Weltreise oder eine Fernreise durch einen Kontinent oder durch mehrere Länder unternehmen möchte, und sich umfangreich schon bei der Entscheidungsphase und Planung über die Visa- und Einreisebestimmungen der einzelnen Länder informieren möchte, dem sei der Länderinfo von Preuss empfohlen: »Länderinfo« von Preuss Touristikinformationen Bonn, Wolterstraße 6, 5300 Bonn 1, Telefon 0228/233387, Fax. 0228/237730.

**Ausländische Vertretungen**

○ Ägypten, Kronprinzstr. 2, 5300 Bonn, Telefon 0228/364000.
○ Äquatorial-Guinea, 6 Rue Alfred de Vigny, F-75008 Paris.
○ Äthiopien, Bretanostr. 1, 5300 Bonn, Telefon 0228/233041.
○ Afghanistan, Liebfrauenweg 1a, 5300 Bonn, Telefon 0228/251927.
○ Algerien, Rheinallee 32-34, 5300 Bonn, Telefon 0228/82070.
○ Antigua & Barbuda, 15 Thayer Street, London W1M 5 LD, England.
○ Argentinien, Adenauer Allee 50-52, 5300 Bonn, Telefon 0228/222011-15.
○ Angola, Kaiser-Karl-Ring 20c, 5300 Bonn, Telefon 0228/55570.
○ Australien, Godesberger Allee 105-107, 5300 Bonn, Telefon 0228/8103-0.
○ Bahamas, 10 Chesterfield Street, London W1XS 8 AH, England.
○ Bahrain, Chemin William Barbey, Ch-1292 Chambésy, Génève.
○ Bangladesh, Bonnerstr. 48, 5300 Bonn, Telefon 0228/352525.
○ Barbados, 162 Av Louise, B-1050 Brüssel, Belgien.
○ Belize, Feuerbacher Heide 34, 7120 Bietigheim, Telefon 07142/3925.
○ Benin, Rüdiger Str. 10, 5300 Bonn, Telefon 0228/344031.
○ Bermuda = siehe Großbritannien.

- ○ Bhutan = keine Botschaft in Deutschland.
- ○ Bolivien, Konstantinstr. 16, 5300 Bonn, Telefon 0228/362038.
- ○ Bophuthatswana = keine diplomatischen Beziehungen mit Deutschland.
- ○ Botsuana, 169 Av de Tervueren, B-1150 Brüssel, Belgien.
- ○ Brasilien, Kennedyallee 74, 5300 Bonn, Telefon 0228/376976.
- ○ Brunei Darussalam, Koblenzer Str. 99, 5300 Bonn, Telefon 0228/956006.
- ○ Burkina Faso, Wendelstadtallee 18, 5300 Bonn, Telefon 0228/332063.
- ○ Burundi, Drosselweg 4, 5307 Wachtberg, Telefon 0228/345032.
- ○ Chile, Kronprinzenstr. 20, 5300 Bonn, Tel 0228/363080.
- ○ China (VR), Kurfürstenallee 12, 5300 Bonn, Telefon 0228/352454.
- ○ Cookinseln = siehe Neuseeland.
- ○ Costa Rica, Borsigallee 2, 5300 Bonn, Telefon 0228/252940.
- ○ Cóte d'Ivoire, Königsstr. 93, 5300 Bonn, Telefon 0228/212098.
- ○ Dschibuti (HK), Alter Postweg 173-C, 2800 Bremen, Telefon 0421/450006.
- ○ Dominica, 1 Collingham Gardens, London SW5, Telefon 00441/3705194.
- ○ Dominikanische Republik, Burgstr. 87, 5300 Bonn, Telefon 0228/364956.
- ○ Ecuador, Koblenzer Str. 37, 5300 Bonn, Telefon 0228/352544-45.
- ○ El Salvador, Burbacher Str. 2, 5300 Bonn, Telefon 0228/221351.
- ○ Fiji, 34 Hyde Park Gate, London Sw7 5 BN, Großbritannien.
- ○ Frankreich, Kapellenweg 1A, 5300 Bonn, Telefon 0228/362031.
- ○ Französisch-Guyana = siehe Frankreich.
- ○ Französisch-Polynesien = siehe Frankreich.
- ○ Gabun, Kronprinzenstr. 52, 5300 Bonn, Telefon 0228/354084.
- ○ Gambia, 126 Av Franklyn Roosevelt, B-1050 Brüssel, Belgien
- ○ GUS, Waldstr. 42, 5300 Bonn, Telefon 0228/312086.
- ○ Ghana, Rheinallee 56-58, 5300 Bonn, Telefon 0228/352011-13.
- ○ Grenada, Av des Arts 24, B-1040 Brüssel, Belgien.
- ○ Großbritannien, Yorkstr. 19, 4000 Düsseldorf, Telefon 0211/9448271.

- ○ Guadeloupe = siehe Frankreich.
- ○ Guam = keine diplomatischen Beziehungen mit Deutschland.
- ○ Guatemala, Zietenstr. 16, 5300 Bonn, Telefon 0228/351579.
- ○ Guinea, Rochusweg 50, 5300 Bonn, Telefon 0228/231098.
- ○ Guinea-Bissau, 70 Av. Franklin Roosevelt, B-1050 Brüssel.
- ○ Guyana, 21-22 Av. des Arts, B-1040 Brüssel, Telefon 00322/6466100.
- ○ Haiti, Schloßallee 10, 5300 Bonn, Telefon 0228/340351.
- ○ Honduras, Ubierstr. 1, 5300 Bonn, Telefon 0228/356394.
- ○ Hongkong = siehe Großbritannien.
- ○ Indien, Adenauerallee 262-264, 5300 Bonn, Telefon 0228/54050-0.
- ○ Indonesien, Bernkasteler Str. 2, 5300 Bonn, Tel. 0228/382990.
- ○ Irak, Dürenstr. 22, 5300 Bonn, Telefon 0228/8203-0.
- ○ Iran, Godesberger Allee 133-137, 5300 Bonn, Telefon 0228/81005-0.
- ○ Jamaika, Am Kreuter 1, 5300 Bonn, Telefon 0228/354045.
- ○ Japan, Godesberger Allee 102-104, 5300 Bonn, Telefon 0228/81910.
- ○ Jemen, Adenauerallee 77, 5300 Bonn, Telefon 0228/220273.
- ○ Jordanien, Beethovenallee 21, 5300 Bonn, Telefon 0228/357046.
- ○ Jungferninseln = siehe USA.
- ○ Kambodscha = via Botschaft Indiens, Arnold-Zweig-Str. 10/4 R, 1100 Berlin.
- ○ Kamerun, Rheinallee 76, 5300 Bonn, Telefon 0228/356037-38.
- ○ Kanada, Friedrich-Wilhelm-Str. 18, 5300 Bonn, Telefon 0228/810060.
- ○ Kap Verde, Meckenheimer Allee 113, 5300 Bonn, Telefon 0228/651604.
- ○ Katar, Brunnenallee 6, 5300 Bonn, Telefon 0228/351074-75.
- ○ Kenia, Villichgasse 17, 5300 Bonn, Telefon 0228/353066.
- ○ Kiribati (HK), Rödlingsmarkt 16, 2000 Hamburg, Telefon 040/361460.
- ○ Kolumbien, Friedrich-Wilhelm-Str. 35, 5300 Bonn, Telefon 0228/234565.
- ○ Komoren (HK), Löwenburgstr. 10, 5000 Köln, Telefon 0221/462161.

- Kongo, Rheinallee 45, 5300 Bonn, Telefon 0228/350785.
- Korea (Nord), Glinkastr. 5, 1000 Berlin, Telefon 00372/2293191.
- Korea (Süd), Adenauer Allee 124, 5300 Bonn, Telefon 0228/267960.
- Kuba, Kennedyallee 22-24, 5300 Bonn, Telefon 0228/3091.
- Kuwait, Godesburger Allee 77-81, 5300 Bonn, Telefon 0228/378081-83.
- Laos, Am Lessing 6, 5370 Königswinter 1, Tel 0228/21501.
- Lesotho, Godesberger Allee 50, 5300 Bonn, Telefon 0228/376868-69.
- Libanon, Rheinallee 27, 5300 Bonn, Telefon 0228/352075.
- Liberia, Mainzer Str. 259, 5300 Bonn, Telefon 0228/340822.
- Libyen, Beethovenallee 12 a, 5300 Bonn, Telefon 0228/820090.
- Madagaskar, Rolandstr. 48, 5300 Bonn, Telefon 0228/331057.
- Malawi, Mainzer Str. 124, 5300 Bonn, Telefon 0228/343016-19.
- Malaysia, Mittelstr. 43, 5300 Bonn, Telefon 0228/376803.
- Malediven, Immanuel-Kant-Str. 16, 6380 Bad Homburg, Telefon 069/6906789.
- Mali, Basteistr. 86, 5300 Bonn, Telefon 0228/357048-49.
- Marokko, Gotenstr. 7-9, 5300 Bonn, Tel 0228/355044-46.
- Martinique = siehe Frankreich.
- Mauretanien, Bonner Str. 48, 5300 Bonn, Telefon 0228/364025.
- Mauritius, 32-33 Elvaston Place, London SW7, Telefon 004471/5810294-98.
- Mexiko, Adenauerallee 100, 5300 Bonn, Telefon 0228/218043-46.
- Mongolei, Siebengebirgsblick 4, 5210 Troisdorf, Telefon 02241/402727.
- Montserrat = siehe Großbritannien.
- Mosambique, Adenauer Allee 46A, 5300 Bonn, Telefon 0228/224024-25.
- Myanmar, Schumannstr. 112, 5300 Bonn, Telefon 0228/210091-92.
- Namibia = siehe Sambia.
- Nauru, 3 Chesham Street, London SW1X 8 ND, Telefon 004471/2356911.
- Nepal, Im Hag 15, 5300 Bonn, Telefon 0228/343097.

○ Neukaledonien = siehe Frankreich.
○ Neuseeland, Bundeskanzlerplatz 2-10, 5300 Bonn, Telefon 0228/228070.
○ Nicaragua, Konstantinstr. 41, 5300 Bonn, Telefon 0228/352787.
○ Nigeria, Goldbergweg 13, 5300 Bonn, Telefon 0228/322071.
○ Niger, Dürenstr. 9, 5300 Bonn, Telefon 0228/356057-58.
○ Oman, Lindenallee 11, 5300 Bonn, Telefon 0228/357031.
○ Pakistan, Rheinallee, 5300 Bonn, Telefon 0228/352004-09.
○ Panama, Lützowstr. 1, 5300 Bonn, Telefon 0228/ 361036.
○ Papua Neuguinea, Gotenstr. 163, 5300 Bonn, Telefon 0228/376855-56.
○ Paraguay, Plittersdorfer Str 121, 5300 Bonn, Telefon 0228/356727.
○ Peru, Godesberger Allee 125-127, 5300 Bonn, Telefon 0228/373045-48.
○ Philippinen, Argelanderstr. 1, 5300 Bonn, Telefon 0228/267990.
○ Puerto Rico = siehe USA.
○ Réunion = siehe Frankreich.
○ Ruanda, Beethovenallee 72, 5300 Bonn, Telefon 0228/355058.
○ Salomonen = über Großbritannien.
○ Sambia, Mittelstr. 39, 5300 Bonn, Telefon 0228/376811.
○ Samoa, Av. Franklyn D. Roosevelt 95, B-1050 Brüssel, Belgien.
○ Sao Tomé & Pincipe, Av. Brugmann 42, B-1060 Brüssel, Belgien.
○ Saudi Arabien, Godesberger Allee 40-42, 5300 Bonn, Telefon 0228/378018.
○ Senegal, Argelanderstr. 3, 5300 Bonn, Telefon 0228/218008-09.
○ Seychellen (HK), Jungfernstieg 7, 2000 Hamburg, Telefon 040/346606.
○ Sierra Leone, Rheinallee 20, 5300 Bonn, Telefon 0228/352001.
○ Simbabwe, Villichgasse 7, 5300 Bonn, Telefon 0228/356071.
○ Singapur, Südstr. 133, 5300 Bonn, Telefon 0228/312007-09.
○ Somalia, Hohenzollernstr. 12, 5300 Bonn, Telefon 0228/355084.
○ Sri Lanka, Rolandstr. 52, 5300 Bonn, Telefon 0228/332055-57.
○ St. Lucia (HK), Postfach 2304, 6380 Bad Homburg, Telefon 06172/302324.
○ St. Pierre & Miquelon = siehe Frankreich.

- ○ Sudan, Koblenzerstr. 99, 5300 Bonn, Telefon 0228/363074.
- ○ Südafrika, Auf der Hostert 3, 5300 Bonn, Telefon 0228/8201-0.
- ○ Suriname, Adolf-Kolping-Str. 16, 8000 München, Telefon 089/555033.
- ○ Swasiland, Worringer Str. 59, 4000 Düsseldorf, Telefon 0211/350866.
- ○ Syrien, Andreas-Hermes-Str. 5, 5300 Bonn, Telefon 0228/819920.
- ○ Taiwan, Dahlmannstr. 59, 1000 Berlin, Telefon 030/3232762.
- ○ Tansania, Theaterplatz 26, 5300 Bonn, Telefon 0228/358051.
- ○ Thailand, Ubierstr. 65, 5300 Bonn, Telefon 0228/355065.
- ○ Togo, Beethovenstr. 13, 5300 Bonn, Telefon 0228/355091-93.
- ○ Tonga, 36 Molyneux Street, London WIH 6 AB, Großbritannien.
- ○ Trinidad & Tobago, 42 Belgrave Square, London SW 1X 8 NT.
- ○ Tschad, Basteistr. 80, 5300 Bonn, Telefon 0228/356025.
- ○ Tunesien, Godesberger Allee 103, 5300 Bonn, Telefon 0228/376981-83.
- ○ Tuvalu (HK), Grete-Nevermann-Weg 20, 2000 Hamburg, Telefon 040/810580.
- ○ Uganda, Dürenstr. 44, 5300 Bonn, Telefon 0228/355027.
- ○ Uruguay, Gotenstr 1-3, 5300 Bonn, Telefon 0228/356570.
- ○ USA, Deichmannsaue 29, 5300 Bonn, Telefon 0228/339-2053.
- ○ V.A.Emirate, Erste Fährgasse 6, 5300 Bonn, Telefon 0228/267070.
- ○ Vanuatu = siehe Großbritannien.
- ○ Venezuela, Im Rheingarten 7, 5300 Bonn, Telefon 0228/400920.
- ○ Vietnam, Konstantinstr. 37, 5300 Bonn, Telefon 0228/357021.
- ○ Zaire, Im Meisengarten 133, 5300 Bonn, Telefon 0228/346071.
- ○ Zentralafrikanische Republik, Rheinaustr. 120, 5300 Bonn, Telefon 0228/469724.

Die eine oder andere ausländische Vertretung unterhält in der Bundesrepublik mehrere Konsulate. Die Botschaft unterhält meist ebenfalls eine Konsularabteilung. Visa werden nur von den Konsularabteilungen der jeweiligen Länder erteilt.

In den nächsten Jahren ist zu erwarten, daß ausländische Vertretungen nach Berlin umziehen oder ihre Botschaft dahin verlegen. Die meisten Länder werden aber ihre Vertretungen in der ehemaligen DDR (Ostberlin) nutzen, die jetzt schon als sogenannte Außenstellen der Botschaft operieren.

## 5.3 Flugtickets

Die IATA (International Air Transport Association) als Kartell und »Möchte-gern-Macher« des Flugpreiskarussels war in den vergangenen Jahren stark unter Druck durch die »Freien« geraten, die immer wieder einen Hebel kannten, um das Kartell in den Flugpreisen auszutricksen. Inzwischen hat sich aber die Situation etwas geändert, denn nahezu über 200 Airlines von weltweit insgesamt gut 500 Airlines gehören inzwischen der IATA an. Es gibt deshalb fast keine namhafte Fluggesellschaft, die nicht der IATA angehört. Wer nun befürchtet, nachdem fast alle Airlines unter einem Dach organisiert sind, daß sich im Flugangebot nicht mehr viel bewegt, täuscht sich. Der Kampf um Flugstrecken und um volle Maschinen ist aufgrund der vorhanden Überkapazitäten (Streckennetz und Flotte wird bei fallenden Passagieraufkommen ausgebaut), rückläufiges Passagieraufkommen, explodierende Gemeinkosten (Kerosin, Flugmaterial, Flugsteuern, Personalkosten, Sicherheit) wie nie zuvor entbrannt. Zweifelsohne bleiben viele Airlines dabei auf der Strecke. Gemessen am Umsatz sind derzeit die Marktführer der Reihe nach :

- American Airlines
- United Airlines
- Air France
- Lufthansa
- Delta Air Lines (Kooperation mit SIA und Swissair)
- British Airways (Kooperation mit USAir)
- Japan Air Lines
- Northwest (umkämpft, Zukunft ungewiß, Kooperation mit KLM)
- US Air (umkämpft, Zukunft ungewiß, Kooperation mit BA)
- All Nippon Airways
- Continental (umkämpft, Zukunft ungewiß, Übernahme offen)

- Scandinavian Airlines System (SAS)
- Alitalia
- Cathay Pacific
- Swissair (suchte Partner, jetzt Kooperation mit SIA und Delta)
- Iberia
- KLM Royal Dutch (in der Krise, deshalb Kooperation mit Northwest)
- Air Canada
- Singapore Airlines (Kooperation mit Swissair und Delta)
- Qantas Airways (unterhält bereits mit JAL gemeinsame Strekken und Flugzeuge)

Namhafte Gesellschaften wie Pan Am (teilweise übernommen von Delta), Eastern, U.T.A (übernommen von Air France), Continental, Australian Airlines (übernommen von Quantas), oder TWA (Übernahme noch offen) sind bereits vom Flughimmel verschwunden oder von den »Großen« übernommen worden. Die einzigen Airlines, die derzeit satte schwarze Zahlen schreiben sind British Airways, Singapore Airlines und Cathay Pacific. Das Kontingent der Sitzplätze ist bei folgenden Airlines in Reihung um 70 Prozent ausgelastet:

- Cathy Pacific 74%
- Japan Air Lines 73%
- Klm Royal Dutch 70%
- All Nippon Airways 70%
- British Airwaysv 69%
- Air Canada 68%
- Singapore Airlines 68%
- Air France 67%
- United Airlines 66%
- Qantas Airways 65%
- Lufthansa 62%

Aufgrund der katastrophalen Lage der Airlines rund um den Globus ist mit weiteren Pleiten und Übernahmen zu rechnen. Dabei kommen die europäischen Fluglinien durch den europäischen Binnenmarkt gleich zweimal unter Druck, denn der europäische Binnenmarkt bringt gleichzeitig den freien Wettbewerb. Die Preise werden zwangsweise abstürzen. Schon im Winterfahrplan 1992/93 boten British Airways, Swissair und die LH günstigere Tarife an. Nutznießer des bevorstehenden Preiskrieges sind auf jeden Fall die Flugpassagiere, die mit noch attraktiveren Preise gelockt werden.

Aber auch weltweit werben die Fluggesellschaften mit immer günstigeren und knallhart kalkulierten Flugpreisen in allen Klassen. Hatten sich die Fluglinien die ganze Zeit auf das lukrative Geschäft über dem Nordatlantik und nach Südostasien konzentriert und die Fluggäste mit teilweise supergünstigen Preisen eingefangen, kann heutzutage auf diesen Strecken kein Zuwachs erwartet werden. Die Gesellschaften mußten sich zwangsweise neue Expansionziele suchen. Iberia war die erste Fluggesellschaft, die 1990 den bis dahin relativ teuren südamerikanischen Flugmarkt entdeckte. Iberia kaufte sich bei Aerolineas Argentinas, Viasa (Venezuela) und Ladeco (Chile) ein. Aero Peru und der bolivianische Lloyd suchen Käufer; damit hat der Run auf Südamerika begonnen. Ein Blick in die aktuellen Preislisten zeigt die Tendenz: Südamerikaflüge werden immer billiger. Rio de Janeiro gibt es als Jahresticket schon um 1700 DM, Bogota schon ab 1400 DM.

Manche Gesellschaften führen immer noch eigene Verkaufsbüros, die aber durchaus IATA-Reisebüros sein können. Eine normales Reisebüro, das nur IATA-Flugtickets und Pauschalreisen verkauft, ist meist nicht in der Lage ein interessantes Ticket für »Low-Budget«-Traveller zu besorgen oder möchte dies auch gar nicht. Dies hängt nicht nur mit der geringen Provisionsspanne zusammen, sondern auch damit, daß sich diese Reisebüros nicht die Mühe machen, einen Einblick in das Wirrwarr der Tickettarife außerhalb der ruhigeren Gefilden der Pauschalreise zu bekommen. Verschiedene Qualitätstest – unter anderem durch die Stiftung Warentest – haben bestätigt, daß die meisten Verkaufsbüros sich nicht nur durch mangelnden Service, sondern auch durch gravierende Inkompetenz in Beratung und Eingehen auf Kundenwünsche auszeichnen. Stattdessen werden hier die gängigen Linienflüge angeboten, die per Computer gleich abgerufen werden können – völlig indiskutabel.

In jeder größeren Stadt gibt es trotzdem mindestens ein »Billig«-Reisebüro, das sich auch auf günstige Tickets spezialisiert hat und sich im Tarifdschungel der Billigfluganbieter, Gabelflüge und diversen Airpaßangeboten auskennt und intensiven Fragen und Kundenwünschen nachkommt. Meist beziehen sie ihre Informationen von einer Handvoll Flugprofis (etwa Airtravel). Dabei wird der normale Flugpreis (IATA-Flugpreis) durch einen Vermittler umgangen. Das Ticket und das Angebot kann durchaus von der Fluggesellschaft selbst stammen, wäre aber aufgrund des günstigen Tarifes bei der Airline selbst nie buchbar. Vermittler derartig günstiger Tarife sind zum Beispiel L'Tur, Flugplan Reisen und Explorer. Diese »Billig«-Reisebüros besitzen auch das nötige Know-how, um über Tariffragen einer längeren Fern- oder Weltreise eingehend beraten zu können. Wichtigstes Gebot ist dabei: Fragen, fragen und nochmals fragen, sowie alle erdenklichen und unwahrscheinlichen Situationen durchdenken. Es lohnt sich! Außerdem kann es durchaus interessant sein, ein Tarifangebot auf einer bestimmten Strecke einer gewählten Airline, im Verkaufsbüro der Airline selbst noch einmal zur Sicherheit zu recherchieren. Doch aufgepaßt: manche Airline geben grundsätzlich nur über bestimmte Flugreisebüros günstigere Tarife oder Preisabschläge (wie oben beschrieben), die auf Anfrage auch benannt werden. Zudem gibt das Büro der Fluggesellschaft kostenlos Flugpläne ab und bietet weitere Tarifinformationen an, die vor allem in IATA-Reisebüros nicht unbedingt bekannt sein müssen.

Bei allen Fluggesellschaften, auch für die in der IATA organisierten, gibt es eine unüberschaubare Anzahl von Sonder- und Spezialtarifen, die oft zeitgebunden sind. Bestimmte günstige Angebote gelten meist auch nur in einer bestimmten Klasse. Nur über eingehende Informationen, die insbesonders über die professionellen Flugreisebüros mit computergestützten Flugpreisübersichten der jeweiligen Reiseziele arbeiten, kann ein optimaler Flugpreis beim Ticketkauf erreicht werden.

Kaum rentiert es sich heutzutage noch, ein Billigticket im Nachbarland zu kaufen. Die notwenigen Anfahrtskosten zehren den Währungsvorteil mittlerweile meist völlig auf, also lieber gleich ein Billigticket ab Deutschland nehmen.

Übrigens vergessen Sie alles, was Sie über den Flugmarkt wissen, denn durch die dynamische Entwicklung verändert sich innerhalb kürzester Zeit das gesamte Angebot. Immer wieder nachfragen!

### Linien- oder Charterflug

Bei dem Verkauf von Flugtickets werden grundsätzlich »internationale« Flüge von sogenannten »Domestics« unterschieden. Domestics sind Inlandsflüge im Heimatland der jeweiligen Airline. Internationale Flugtickets über Grenzen sind teurer wie zwei Inlandsflüge von/bis Grenze. Die Grenze wird dabei zu Fuß oder mit öffentlichen Transportmitteln überquert.

Sowohl bei den »Domestic«- als auch bei den »internationalen« Flügen werden »Non-Stop«-Flüge und Direktflüge mit Stopover angeboten:

1. Non-Stop-Flug: Flug ohne Zwischenlandung,
2. Direktflug: Flug mit durchgehender Flugnummer und einer oder mehreren Zwischenlandungen (sogenannte Stopover) ohne Umsteigen,
3. Stopover: eine Zwischenlandung auf einer Flugroute, die mit einem Aufenthalt für bestimmte Zeit verbunden werden kann. Gute Airlines verlangen für einen »Stopover« keinen Zuschlag. Deshalb sollte hartnäckig nach Stopover-Möglichkeiten gefragt werden, denn sie sind die günstigste Art ein Zielgebiet zu erleben.

Bei den »Internationals«, also den internationalen Flügen, wird zwischen Linienflügen und Charterflügen unterschieden.

Linienflüge sind regelmäßige, nach einem genauen Flugplan verkehrende Flugzeuge. Die Preise verstehen sich dabei als Endpreise. Wochenendzuschläge, Einreise- oder Sicherheitsgebühren sowie Abflugsteuern und Visagebühren sind darin nicht enthalten. Linienflüge werden in der Regel in allen Reisebüros und bei der Airline direkt verkauft, wobei die Flugtickets in bestimmten Reisebüros durchaus günstiger angeboten werden. Bei den Linienflügen gibt es zudem viele Sonderkonditionen und -angebote, wobei in der Regel die Flugroute eine Umsteigeverbindung enthält und der Service in diesem Bereich minimal ausfällt. Bei Linienflügen heißt es, so früh wie möglich zu buchen (im Gegensatz zum Charterflug), da das Kontingent an Billigflügen äußerst beschränkt vergeben wird. Deshalb unbedingt frühzeitig (mindestens sechs Monate vor Abflug) buchen. Kurz vor Abflug gibt es kaum noch günstige Angebote.

Charterflüge werden von Gesellschaften oder Reiseveranstalter angeboten. Diese mieten eine Flugmaschine oder ein bestimmtes Kontingent an Sitzplätzen zu einem bestimmten Termin. Dadurch können diese Plätze billiger als Linienflüge angeboten werden.

Der Charterflug muß in der Regel mit einer Unterkunft am Zielort als Pauschalreise gebucht werden, sicherlich ein starker Vorteil des Charters. Ein Nachteil des Charterfliegens ist aber die begrenzte Gültigkeitsdauer der Angebote, die selten länger als sechs Wochen umfassen. Bei den Charterflügen gelten grundsätztlich die Reise- und Zahlungsbedingungen des Reiseveranstalters.

## Wegweiser durch den Tarifdschungel

1. One Way (ow): Flugticket für eine einfache Flugstrecke (wegen der weltweit angepaßten Tarifgestaltung, heute oft nicht mehr lohnenswert).
2. Apex-Tarif/Flug: bedeutet »Advanced Booking Passengers Excursion« und entspricht dem »Holiday-Tarif«. Das ist ein Sondertarif für einen Linienflug. Es muß dabei eine bestimmte Vorausbuchungsfrist eingehalten werden. Zusätzlich ist der Hin- und Rückflug fest terminiert, kann aber teilweise gegen Umschreibegebühr geändert werden. Das Ticket hat zudem eine festgelegte Gültigkeitsdauer. Der Flugpreis ist günstiger wie der Normaltarif, aber im Flugticket wird objektiv der Normaltarif eingesetzt.
3. Budgettarif: gibt es bei verschiedenen Airlines, und ist ein entsprechender Sondertarif
4. Jugend- und Studententarif: hierbei ist das Alterslimit zu beachten. Der Jugendtarif gilt bis zum 25. Lebensjahr, der Studententarif zwischen dem 25. und 34. Jahr; oft gibt es saisonabhängige Reduzierungen zwischen 15 Prozent und 30 Prozent auf den Holidaytarif; wichtig: immer bei der jeweiligen Airline oder Reisebüro Bedingungen und Tarife erfragen.
5. Sondertarife: sind sogenannte »Excursionstarife« oder »IT-Tarife« (Inclusion Tours). Diese Sondertarife gelten ebenfalls für Linienflüge und sind an verschiedene Kriterien gebunden:
   a) Mindestaufenthaltsdauer,
   b) Höchstaufenthaltsdauer und
   c) Ticketgültigkeitsdauer
   
   werden von der Airline festgelegt. Da die Kriterien für jedes Land unterschiedlich ausfallen, empfiehlt es sich, immer kon-

kret nachzufragen. Der Flugpreis liegt in der Regel unter dem Holidaytarif. Bei den IT-Tarifen ist der normale IATA-Flug meistens mit einem Hotelarrangement, Mietwagen oder ähnlichem Surplus getarnt.

6. Billigflugtarif: gilt für die sogenannten »Graumarkttickets. Das sind günstige Linienflüge einer Airline, die am vorgegebenen Verkaufspreis der IATA billigst vorbeiverkauft werden. Die Preisbildung beruht auf dem APEX- beziehungsweise Holidaytarif. Die Tickets werden aber immer unter dem APEX- oder Holidaytarif angeboten. Die Angebote gelten in der Regel für die Economic-Klasse (Y). Dazu muß man wissen, daß die Economic-Klasse nochmals in bis zu zehn verschiedene Preisklassen aufgeteilt wird und es so zu den verschiedenen Flugpreisen kommen kann. Auf den Verkauf solcher Flugtickets haben sich seit Jahren bestimmte Reisebüros, sogenannte »Billig«-Reisebüros spezialisiert. Sie sind nicht immer der IATA angeschlossen. Dabei kann es vorkommen, daß der gleiche Flug in einem Reisebüro teurer als in einem anderen ist. Das liegt daran, daß es im Gegensatz zum Normaltarif beim Billigflug keine festgelegten Preise gibt und die Reisbüros die Tickets von den Fluggesellschaften zu Nettopreisen bekommen. Je nach gewünschter Provisionsspanne gibt das Reisebüro diese Tickets ab. Oft können diese Tickets nicht auf andere Airlines umgeschrieben werden. Beim Kauf sollte nachgefragt werden. Zweifellos ist dieses Tarifangebot das interessanteste für »Budgettraveller«.
7. Nachtflugtarif: gibt es in der Regel für Inlandsflüge (Domestic) und ist äußerst günstig. Allerdings liegen die Abflugzeiten oft zwischen 1:00 Uhr und 3:00 Uhr nachts.
8. Side-Step: ist ein vergünstigtes Angebot für einen Ausflug zu einem naheliegenden Ziel (Destination) einer Airline, daß nicht auf der gebuchten Flugroute (Routing) liegt. Wer zum Beispiel von Frankfurt über Singapur nach Sydney fliegen möchte, kann einen vergünstigten »Side-Step« mit derselben Airline von Singapur nach Kuala Lumpur und zurück machen.
9. Gabelflug: »Open jaw«, sind zwei einfache Flüge von einem Abflugflughafen zu zwei unterschiedlichen Zielen (Etwa ab/bis Frankfurt mit Ziel Lima, wobei der Rückflug ab Rio de Jan-

eiro erfolgen soll. Die Strecke Lima-Rio de Janeiro wird auf dem Landweg, in der Fachsprache »Surface«, zurückgelegt). Die Preisbildung und die Gültigkeit der Flugtickets richten sich unter anderem nach den Holiday-, IT- und anderen Sondertarifen. Bitte aufpassen, manchmal wird einfach der höhertarifierte Ort pauschal angesetzt. Dann ist ein Gabelflug keineswegs lohnenswert. Deshalb immer genau abchecken und erfragen. Gabelflüge gibt es zudem nur für das gleiche Tarifgebiet. Ein Gabelflug zwischen Nord- und Südamerika ist daher nicht möglich, da beide Kontinente jeweils eigene Tarifgebiete bilden. Gabelflüge sind innerhalb Nordamerikas, Südamerikas, Afrikas, Asien, zwischen Neuseeland, Australien und dem Pazifik und innerhalb des Nahen und Mittleren Ostens möglich. Bei den Charterflügen werden keine Gabelflüge angeboten.

Die derzeit interessantesten Gabelflüge sind:
Bangkok – Jakarta ab 1600 DM,
Bangkok – Singapore ab 1400 DM,
Caracas – Rio de Janeiro ab 1430 DM,
Caracas – Port of Spain ab 1400 DM,
Darwin – Sydney ab 2000 DM,
Nairobi – Johannesburg ab 1800 DM,
New York – Los Angeles ab 900 DM,
Santiago de Chile – Rio de Janeiro ab 1650 DM,
Singapore – Manila ab 1650 DM.

10. Kurierflüge: Einen supergünstigen Tarif gibt es für »Kurierflüge«, die rund um die Welt von den verschiedenen Airlines beziehungsweise deren Luftfracht-Unternehmen angeboten werden. Geflogen wird in der Regel mit Linienmaschinen. Die Aufgabe des Kuriers ist es, Kuriertaschen mit Dokumenten mitzunehmen und am Zielflughafen einer Kontaktperson zu übergeben. Allerdings darf der Kurier selbst nur Handgepäck mitführen. Der Kurier muß mindestens 18 Jahre alt sein, darf kein Vorstrafenregister aufweisen, sollte in der Regel Englischkenntnisse besitzen und entsprechend gekleidet sein (Jeans und Shorts sind während des Fluges nicht möglich) sowie kurzfristig Zeit haben. Wer sich als Kurier anheuren

läßt zahlt zum Beispiel für den Flug nach Hongkong etwa 1000 DM oder nach New York 300 DM (in der Regel 1/3 des Economy-Tarifes). Weitere Auskünfte gibt Linehaul Express LTD, Frachtzentrum Flughafen Frankfurt, Telefon 069/69078394 oder Travel Unlimited, PO Box 1058, Allston MA 02134 in der USA, die DZG oder jedes andere Luftfrachtunternehmen des Frachtzentrums Frankfurt. Außerdem gibt's für 15 US-Dollar den »Insiders Guide to Air Courier Bargains« von Kelly Monagham beim Verlag Inwood Training Publications, Postfach 438T, New York, NY10034, USA.

11. IATA-Tarif: Das ist ein ganz normales »Full-Fare-Ticket«. Hier lassen sich Flugroute, Airline und Flugdatum in der Regel frei wählen. Tickets mit diesen Tarifen dürfen nur in speziellen IATA-Lizenzreisebüros ausgestellt werden.

**Gültigkeit von Flugtickets**

Sämtliche angebotenen Flugscheine sind in ihrer Gültigkeit immer begrenzt. Die maximale Gültigkeit eines Tickets sind 365 Tage (Jahresticket). Mit diesem Ticket kann an einem beliebigen Tag innerhalb eines Jahres zurückgeflogen werden. Für eine Fern- oder Weltreise mit einem bestimmten Zeitlimit, innerhalb oder bis zu einem Jahr, läßt dieses Flugticket den größten Zeitspielraum zu. Die Preisunterschiede für die Gültigkeits-Zeitspannen der Flugscheine sind oft sehr gering.

**Tarif-, Kauf- und Routingempfehlungen**

Derzeit kosten Rückflugtickets nach Nordamerika weit unter 1000 DM wobei das günstigste Ticket derzeit bei 650 DM liegt. Einfach (ow) kann dementsprechend noch günstiger gekauft werden. Ab Nordamerika sind durch den derzeitgen Dollarkurs alle weiteren Strecken wesentlich günstiger als in Europa zu haben, ausgenommen Round-the-world-Flüge (RTW). Sie sollten in der Regel ab/bis Europa (zum Beispiel: UTA/Air France ab/bis Frankfurt via USA, Papeete, Sydney, Noumea, Jakarta, Singapur, Paris) oder Südostasien gekauft werden.

Noch sind Flugtickets in Südostasien nach wie vor am billigsten zu haben. Von Südostasien nach Europa liegt der günstigste Flug (ow) bei etwa 700 DM (Air Lanka). Wer ab Singapur über die

Seychellen zurückfliegen möchte, muß maximal 1100 DM oder über die Malediven nach Zürich 1200 DM auf den Counter legen.

Ab Januar 1992 sind Flüge nach Südamerika so günstig wie noch nie. Das hängt vor allem damit zusammen, daß die Fluggesellschaften den südamerikanischen Flugmarkt entdeckt haben, der früher eher stiefmütterlich behandelt wurde. Flüge nach Südamerika gibt's ebenfalls schon unter 950 DM (ow), vor allem wenn der Zielflughafen Caracas ist (mit Alitalia, Iberia, TAP, Air France). Für Rückflüge müssen derzeit nur noch ab 1500 DM je nach Flugziel, für Jahrestickets um 1700 DM auf den Tisch geblättert werden. Britisch Airways (BA), Varig, und die TAP sowie Alitalia halten günstige Alternativen um 1800 DM (Jahresticket um 1950 DM) für Flüge an die Atlantikküste bereit. Wer viel Zeit hat, kann auch mit United Airlines über New York nach Rio für umgerechnet 1920 DM (inklusive Rückflug) in der Y-Klasse fliegen. Für die Pazifikküste bieten sich die Alitalia oder die Iberia mit Rückflugtickets ab 1400 DM an. Nach Santiago de Chile nimmt die Iberia derzeit 1800 DM. Ein Tip dürfte nach wie vor der Charter der französischen Minerve von Paris nach Cayenne in Französisch-Guyana für umgerechnet 1200 DM (mit Air France 1780 DM) sein. Von dort gibt es täglich Anschlußflüge ins brasilianische Belém do Para an der Amazonasmündung für 300 DM und man ist mittendrin im Abenteuer. Leider sind die Minerve-Flüge nur in Frankreich zu haben. Kein Reisebüro in der Bundesrepublik verkauft diese Angebote.

Wer »one way« nach Südamerika fliegt, sollte wissen, daß er in eine Sackgasse gerät, falls er kein Rückflugticket besitzt. Alle Tickets von Südamerika aus kosten viel Geld. Nach Europa sind mindestens 1200 Dollar einheitlich für alle Airlines zu berappen und ein »ow« wird von Südamerika grundsätzlich nicht ausgestellt. Es ist ratsam schon vor Abreise ihr Rückflugticket (ow) in Europa zu kaufen. Ein One-Way von Caracas nach Frankfurt kostet etwa 850 DM und wird auch in Europa für nicht Einheimische ausgestellt.

Die billigen Charterflüge ab Santiago mit der Spantax nach Europa sind leider eingestellt worden. Wer denkt von Südamerika nach Nordamerika besser wegzukommen, muß immerhin für den billigsten Flug mit Air Jamaica von Rio nach Miami noch 1200

DM zahlen. LanChile bietet in Kombination mit anderen Airlines (Air New Zealand, Qantas, Singapore Airlines) einen direkten Flug durch die Südsee via Rapa Nui (Osterinsel), Tahiti, Cookinseln, Neuseeland und Australien nach Singapur an. Wer das Ticket erst in Santiago kauft wird etwa 4800 DM (ow) bezahlen müssen; wer diese wohl einmalige Südpazifikroute zwischen Santiago und Singapur schon in Europa einkauft, kann sie schon für etwa 2800 DM (ow) haben: Kostenersparnis gut 2000 DM. Das Bild ist rund: Also »one way« nach Südamerika für 900 DM, quer durch den Südpazifik für 2800 DM und von Südostasien zurück nach Europa für etwa 700 DM. Das ergibt eine Weltreise für 4400 DM an Flugkosten auf einer der interessantesten Reiserouten der Welt. Alternativ gibt's zwei Tickets und zwar von Frankfurt über Rio und Santigo, die Osterinsel nach Tahiti direkt mit LanChile für 2400 DM und den Anschluß ab Tahiti über Sydney, Singapur, Hongkong, Bangkok nach Frankfurt mit Qantas für 2200 DM; mithin wären hier 4600 DM auf den Tresen zu legen.

Vorteil: es wird der Rennstrecke der Gleichgesinnten über Nordamerika aus dem Weg gegangen, man hat die einzigartige Osterinsel integriert und reist gegen den Hauptreisestrom, der sich von Europa über Südostasien und Australien in die Südsee ergießt. Außerdem haben die Tickets eine Gültigkeit von einem Jahr. Nur eine Route von Südamerika nach Australien dürfte noch billiger angeboten werden. Die Aerolineas Argentinas fliegt auf der Südpolroute direkt von Buenos Aires nach Auckland und Sydney für derzeit 2000 DM. Dies ist zwar etwas günstiger, dafür fallen die pazifischen Inseln ins Wasser.

*Round-the-world (RTW)*

Wer sich entschließt mit einem RTW-Flugticket loszureisen, sollte sich Gedanken über den Abflugtermin machen, denn RTWs sind in der Regel täglichen Preisänderungen unterzogen. Die Preisunterschiede des gleichen Tickets können dabei gut 500 DM betragen. Es empfiehlt sich, nie in den Monaten Dezember bis Februar zu starten, da in dieser Zeit die Tickets am teuersten sind. Das gleiche Ticket ist im Zeitraum zwischen Mai und Juni am billigsten. RTW in Richtung Transatlantik, Pazifik sowie Fernost nach Europa oder umgekehrt sind am günstigsten. Da die RTW-Kombinationsmöglichkeiten zwischen einzelnen Fluggesellschaften einem ständigen Wechsel unterworfen sind, empfiehlt es sich, seine persönlichen Kombinations-Vorstellungen bei den einzelnen Gesellschaften auf ihre Machbarkeit hin selbst abzuchecken. Auch sollte man seine Informationen bis zur konkreten Buchung hin ständig aktualisieren, um bösen Überraschungen aus dem Wege zu gehen, die die gesamte Routenplanung und das Timing wieder über den Haufen werfen können. Eine Faustregel für Round-the-world-Flugtickets ist:

- mindestens 50 Stunden reine Flugzeit,
- 24 stündige Zeitverschiebung,
- Festpreis,
- Routing um den Erdball kann innerhalb der Flug-Routen der gewählten Airlines selbst zusammengestellt werden,
- einmal gewählte Flugrichtung (Routing) muß beibehalten werden (Backtracking verboten),
- beliebige Anzahl an Stopover möglich,
- nur die erste Teilstrecke ist fest zu buchen,
- Umdatierung und Umrouting beliebig oft möglich (in der Regel erstes Mal umsonst, dann Gebühren von mindestens 25 US-Dollar),
- nur mit der im Flugschein fixierten Airline darf geflogen werden (mindestens zwei Airlines)

**Last Minute, Restplatz und Stand-by**

Moderne Zauberwörter des Flugmarktes, die bei Reisewilligen die Hoffnung auf besonders günstige Tickets wecken. Daß bei diesem Pokerspiel viele in die oft zitierte Röhre gucken und ihre Extrawurst letztendlich mit einem regulären IATA-Flugticket bezahlen müssen, wollen die meisten einfach nicht glauben.

Bei den »Reisen für Kurzentschlossene« handelt es sich grundsätzlich um einen Oberbegriff für alle reduzierten Angebote, die sich in Pauschalreisen untergliedern. Bei Nur-Flugreisen wird nochmals zwischen Einbucher- und Campinflug differenziert.

*Nur-Flug*
Die Nur-Flugreise wird über ein Reisebüro beim Reiseveranstalter gebucht. Dabei handelt es sich um eine Pauschalreise einer Charterfluggesellschaft, bei der nur der Flug verkauft wird, wobei ein Aufenthalt von zirka bis zu vier Wochen möglich ist und bei der Aufenthaltsdauer keine Preisdifferenzierung vorgenommen wird. Es ist deshalb unerheblich, ob der Reisende eine Woche oder vier Wochen wegfliegen möchte – er zahlt immer den selben Preis.

*Campingflug*
Beim Campingflug handelt es sich ebenfalls um einen Charterflug mit einem »Hotel-Gutschein« (Voucher) ohne Anspruch. Dagegen muß hier für jede Woche, die der Aufenthalt verlängert wird mit einem Zuschlag von 30 bis 40 DM und mehr gerechnet werden. Zudem beinhaltet der Preis weder Transfer noch Zusatzleistungen.

*Restplätze*
Seit Jahren schon wird in Insiderkreisen auch von Restplätzen gesprochen. Bei ihnen handelt es sich um tatsächliche »Restplätze«. Es sind also keine Zusatzmaschinen die aufgrund der angeblichen Nachfrage eingesetzt werden, wie irrtümlich oft angenommen wird. Bei den Restplätzen gibt es eine Kategorisierung in:

1. die tatsächlichen »Reisen für Kurzentschlossene«,
2. den eigentlichen »Last Minute«-Flug (in der Regel Charter) und
3. den ursprünglichen »Stand-by«-Flug.

*»Reisen für Kurzentschlossene«*
Mit »Reisen für Kurzentschlossene« sind gewöhnliche Katalogreisen von Veranstaltern gemeint, die etwa bis vier Wochen vor Abreise als 20 bis 30 Prozent reduzierte Angebote auf dem Markt erscheinen. Manchmal sind Flugsitze innerhalb von vier bis einer Woche vor Abreise nicht verkauft worden, so kommen sie oft als Angebot unter dem Terminus »Last Minute« erneut auf den Markt. Dabei wird ein offizieller Preisnachlaß von 10 bis 20 Pro-

zent gewährt. Bei den Last-Minute-Offerten handelt es sich aber nur noch um einzelne Plätze, mithin kann ein Knüllerpreis im ganzen Bundesgebiet nur ein oder zweimal vorkommen.

*Stand-by*
Stand-by ist dagegen nur auf dem Flughafen buchbar. Dabei sollte der Reisewillige reisefertig auf dem Flughafen erscheinen. Man wird nur mitgenommen, wenn ein Platz frei bleibt. Einen »Stand-by«-Flug auf einem Flughafen in der Bundesrepublik gibt es nicht.

*Last Minute*
Wichtigstes Kriterium beim Kauf von Last Minute-Angeboten ist die Überprüfung des Buchungsauftrages mit dem ursprünglichen Katalogangebot. Falls kein entsprechender Katalog vorhanden ist, kann es sich um eine willkürlich kalkulierte Billig-Offerte und nicht um einen Restplatz handeln. Seien Sie vorsichtig. Diese miesen Geschäftspraktiken gewisser unseriöser und skrupeloser Resteverwerter resultieren aus der Attraktivität und der hohen Nachfrage nach Last Minute-Angeboten. So wurden mangels Angebot, also echten Last-Minute-Angeboten, die Original-Katalogreisen einfach unter dem Namen Last-Minute-Reisen verkauft.

Last-Minute Anbieter sind:
- Charterbörse, Tübingerstr. 25, 7000 Stuttgart, Info: 0711/604520.
- Hapag Lloyd Büro, Flughafen Neuenland, 2800 Bremen, Info: 0421/553039; Bandansage: 0421/534652.
- Huckepack GmbH, Sonnenstr. 27, 8000 München 20 und Flughafen Terminal 2, 8000 München 87, Info: 089/92118289; Bandansage: 089/92118281.
- Last Minute Service Flughafen, 4000 Düsseldorf, Info: 0211/370747; Bandansage: 0211/19723.
- Last Minute Shop, Celler Str. 83, 3000 Hannover, Info: 0511/343200; Bandansage: 0511/19727.
- Last Minute Tours, Josef-Spital-Str. 15, 8000 München 2, Info: 089/553084; Bandansage: 089/596107.
- Last Minute Tours, Abflughalle B, Flughafen, 3000 Hannover 42, Info: 0511/732958; Bandansage: 0511/19719.

- l'tur Tourismus, Augusta Arcaden, 7570 Baden Baden, Info: Klettpassage 39, 7000 Stuttgart ; Bandansage: 07221/19701 (Süd) und 0211/19706 (Nord).
- P.S. Travel Service, Kastanienallee 94/96, 4300 Essen, Info: 0201/231375; Bandansage: 0201/231380.
- Rainbow Flight Discount, Johanniswall 4c, 2000 Hamburg 1, Info: 040/323551.
- Reste Tour, Quadrat N4/19, 6800 Mannheim, Info: 0621/104020; Bandansage: 0621/19737.
- Travel Overland, Barerstr. 37, 8000 München 40, Info: 089/272760; Bandansage: 089/19701.
- Wessel & Schubert, Kronenstr. 13, 7505 Ettingen, Info: 07243/13065.
- Globetrotter Reisebüro, Flughafen Terminal 1, 2000 Hamburg 63, Info: 040/5082335.

»Reste Tour« in Mannheim gibt wöchentlich eine Last-Minute-Zeitung mit allen aktuellen Angeboten für 3 DM heraus. L'tur als Marktführer hat in jedem Bundesland mindestens eine Filiale (außerdem in Salzburg und Basel). Buchungen können nämlich nur in den Filialen getätigt werden. Einige Anbieter, die hier nicht genannt sind, haben zwar eine telefonische Info, aber zum Abfragen der aktuellen Angebote benötigt jeder eine Geheimnummer, die es nach Entrichtung des Jahresbeitrages von derzeit 10 DM gibt.

Wer in einem Last-Minute Reisebüro bucht und gleich bezahlt, erhält in einem seriösen Büro sofort die Reiseunterlagen ausgehändigt. Bei telefonischen Buchungen und kurzfristigen Abflügen ist eine Blitzüberweisung sofort fällig. Die Reiseunterlagen werden anschließend zugeschickt oder am Flughafen hinterlegt.

**Flugticket als Dokument**

Das Flugticket ist neben dem Reisepaß und dem Internationalen Impfausweis das wichtigste Reisedokument. Es wird auf den persönlichen Namen ausgestellt und ist nicht übertragbar.

Eine Kopie des Flugtickets beziehungsweise die Ticketnummer und die Flugdaten sind bei Verlust oder Diebstahl von entscheidender Bedeutung. Mit ihnen können der Airline die notwendigen Hinweise gegeben werden, um einer unbefugten Benutzung den Riegel vorzuschieben. (Nähere Hinweise im Kapitel 7.14.)

Das nachfolgende Begriffsregister soll Ihnen eine Hilfe sein, wenn Sie auch zu den sympathischen Menschen gehören, denen das Fachchinesisch auf Flugtickets nicht auf Anhieb in allen Punkten klar ist:

| | |
|---|---|
| Issued by | ausgestellt durch (Name der Airline). |
| Airline form serial number | Ticketnummer der Airline. |
| Not refundable | Flugticket nicht umtauschbar. |
| Name of passenger | Fluggast. |
| Destination | Flugziel. |
| Carrier | Fluggesellschaft/Airline (Abkürzung). |
| Class | Beförderungsklasse. |
| Stops | Anzahl der Zwischenlandungen bei Direktflügen und Umsteigeverbindungen. |
| Fare base | Flugtarif. |
| (Zum Beispiel: R | Supersonic, teuerste Klasse; |
| P | First Class Premium, 1. Klasse mit Zuschlag; |
| F | First Class 1. Klasse; |
| A | ermäßigte First Class; |
| C, J | Business Class, Vollzahler, Wechsel der Fluggesellschaft möglich, beliebig umbuchbar; |
| D | ermäßigte Business Class; |
| W | Economic Premium, Touristenklasse mit Zuschlag; |
| Y | Economic, Touristenklasse – diese ist wiederum in weitere Preisklassen unterteilt, die aber je nach Airline und Flug unterschiedlich vorhanden sind; |
| H | ermäßigte Preisklasse in der Touristenklasse; |
| B, K, L, M, Q, T, V, S, X, Z | verschiedene Preisklassen (ermäßigt) in Y; |
| G | Reserve; |
| YH | Economic, Hochsaison; |
| YL | Economic, Nachsaison.) |

| | |
|---|---|
| Flight number | Flugnummer. |
| Date | Flugtag. |
| Time | Abflugzeit. |
| Allow | Freigepäcklimit, entweder zwei Stück á 32 kg pro Person oder (bei Air New Zealand gilt ein Fahrrad als ein Stück). Kilogrammangabe pro Person (zum Beispiel 20kg/30kg); jeweils zuzüglich Handgepäck. |
| Status OK | Buchung tatsächlich bestätigt, somit hat der Fluggast Rechtsanspruch auf einen Sitzplatz; für jeden Flug ganz wichtig, daß hier OK steht. |
| RQ | Request, der Fluggast auf der Warteliste; ein Sitzplatz ist ihm noch nicht sicher. |
| Void | Ungültigkeistvermerke für Couponabschnitte im Flugschein, die nicht benötigt werden. |
| Fare | Flugpreis, muß nicht dem tatsächlich bezahlten Verkaufspreis entsprechen. |
| Tax | Flughafensteuer, je nach Land gibt es sofort oder erst im Land eine besondere Berechnung der Flughafensteuer. Sie ist nie im Flugpreis enthalten. |
| Endorsement | Flug wurde gestrichen; dann wird ein Stempel mit »Endorsement«-Vermerk der Fluggesellschaft benötigt, damit mit diesem Flugschein auch mit einer anderen Airline geflogen werden kann. |

Wer detaillierte Auskünfte und weitere Infos über Flugzeiten und weltweite Flugverbindungen aller Airlines, »international« als auch Domestic, haben möchte, besorgt sich den einzigartigen »ABC World Airways Guide«, der monatlich in zwei Bänden erscheint. Wer freundlich bei einem Reisebüro anfrägt, kann vielleicht eine alte Ausgabe zum studieren erhalten.

*Auswahl interessanter Flugbüros zum Abklopfen*

○ Airtravel Reisen, Am Wollhaus 12, 7100 Heilbronn, Telefon 07131/60606 (laut Test der Zeitschrift »Fliegen und Sparen« der derzeit beste deutsche Flugticket-Händler).

- AAR, Schlosserstr. 31, 4200 Oberhausen, Telefon 0208/847555.
- CSI – Club Südamerika International (Südamerikaspezialist), Stiftstr. 22, 6000 Frankfurt, Telefon 069/20197; Maximiliansplatz 12a, 8000 München, Telefon 089/226808.
- Explorer, Hüttenstr. 17, 4000 Düsseldorf, Telefon 0211/379064; Theodor-Heuss-Str. 6, 7000 Stuttgart, Telefon 0711/1625211.
- Flugplan Reisen, Liesegangstr. 12, 4000 Düsseldorf Telefon 0211/353651; Stuttgart: Telefon 0711/232131; München: Telefon 089/53009711.
- Getaway Travel, Dachauer Str. 37, 8000 München, Telefon 089/597715.
- Globo Travel, Stiftsalle 11, 4950 Minden, Telefon 0571/28150.
- HIT-Markt Reisebüro, Linzerstr. 140, 5340 Bad Honnef, Telefon 02224/79440; (laut Test der Zeitschrift »Fliegen & Sparen« Platz 2 der Ticketanbieter).
- Mc Flight Flugvermittlung, Elisenstr. 13, 8750 Aschaffenburg, Telefon 06021/21173; Bismarckstr. 96, 2000 Hamburg, Telefon 040/4222227.
- LBT – Low Budget Tours, Isenbergstr. 12-14, 4300 Essen, Telefon 0201/776041-43; Kaiserstr.9, 4830 Gütersloh, Telefon 05241/13533.
- London Student Travel (nur mit Studentenausweis), 52 Grosvenor Gardens, London SW1, Telefon 01/7308111.
- Prima Klima, Hohenstaufenstr. 69, 1000 Berlin, Telefon 030/2161082.
- High Fly, Karolinenstr 7-9, 2000 Hamburg, Tel 040/431179.
- Rainbow; An der Laster 30, 2000 Hamburg, Telefon 040/241601.
- Reisedienst Deutscher Studentenschaften, Rentzelstr. 16, 2000 Hamburg, Telefon 040/442363.
- Studenten- und Hochschulreisen (Shr), Karl-Wilhelm-Str.6, 7500 Karlsruhe, Telefon 0721/607031.
- Specialflights, Braubachstr. 15, 6000 Frankfurt, Telefon 069/238030.
- Take Off Reisen, Hauptstr. 16, 7100 Heilbronn, Telefon 07131/53083.
- Travel Overland, Barerstr. 73, 8000 München, Telefon 089/272760 (laut Test »Fliegen & Sparen« Platz 3).

○ Worldwide, 7500 Karlsruhe, Telefon 0721/694064.

*Hauptverkaufsbüros bedeutender Fluggesellschaften*

○ Aer Lingus Irish, An der Hauptwache 7/8, 6000 Frankfurt, Telefon 069/282488

○ Aerolineas Argentinas, Airport Center D.4.15, Hugo-Eckner-ring, 6000 Frankfurt, Telefon 069/69700200

○ Air Algérie, Friedensstr. 11, 6000 Frankfurt, Telefon 069/233281-83

○ Air Canada, Friedensstr. 7, 6000 Frankfurt, Telefon 069/250131

○ Air China, Düsseldorfer Str. 4, 6000 Frankfurt, Telefon 069/233038-39

○ Air France, Friedensstr. 11, 6000 Frankfurt, Telefon 069/2566316

○ Air India, Kaiserstr. 77/III, 6000 Frankfurt, Telefon 069/235423

○ Air Lanka, Schwindstr. 3, 6000 Frankfurt, Telefon 069/740616

○ Air Madagaskar, Herzog-Rudolf-Str. 3, 8000 München, Telefon 089/29003940

○ Air Mauritius, Kaiserstr. 8, 6000 Frankfurt, Telefon 069/285256

○ Air Niugini, Weidmannstr. 45, 6000 Frankfurt, Tel. 069/634095

○ Air Zaire, Friedensstr. 9, 6000 Frankfurt, Telefon 069/231911

○ Air Zimbabwe, Steinweg 9, 6000 Frankfurt, Telefon 069/294020

○ Alitalia, Rubensstr. 70, 6000 Frankfurt, Telefon 069/63340

○ American Airlines, Wiesenhüttenplatz 26, 6000 Frankfurt, Telefon 069/2560111

○ Arianan-Afghan Airlines, Friedrich-Ebert-Anlage 3, 6000 Frankfurt

○ Austrian Airlines, Gutleutstr. 32, 6000 Frankfurt, Telefon 069/25602110

○ Avianca, Poststr. 2-4, 6000 Frankfurt, Telefon 069/2739950

○ Birman, Airport Center, B.7.66, 6000 Frankfurt, Telefon 069/69070607

○ British Airways, Kurfürstendamm 178, 1000 Berlin 15, Telefon 030/88000111

○ Cameroon Airlines, Langer Kornweg 19, 6092 Kelsterbach, Telefon 06107/6037

○ Canadian Pacific Airlines, Kl. Hirschgraben 10-12, 6000 Frankfurt, Telefon 069/290881

- Cathay Pacific Airways, Feuerbachstr 26, 6000 Frankfurt, Telefon 069/71008-0
- Continental Air Lines, Schwindstr 3, 6000 Frankfurt, Telefon 069/757475
- Egypt Air, Am Hauptbahnhof 4, 6000 Frankfurt, Telefon 069/273003-3
- Fiji Air, Guiolletstr 30, 6000 Frankfurt, Telefon 069/172260
- Delta Air Lines, Lyoner Str 36, 6000 Frankfurt, Telefon 069/6641234
- Druk Air Corporation (Bhutan), 48 Tivoli Court, 1A Ballygunj
- Circular Road, Calcutta, 7000019 India, Telefon 009133/441301/2
- Finnair, Düsseldorfer Str. 14, 6000 Frankfurt, Tel. 069/2425250
- Garuda Indonesia, Düsseldorfer Str. 14, 6000 Frankfurt, Telefon 069/2380633
- Iberia, Westendstr. 12, 6000 Frankfurt, Telefon 069/7166-1
- Icelandair, Roßmarkt 10, 6000 Frankfurt, Telefon 069/299978
- Iran Air, Am Hauptbahnhof 10, 6000 Frankfurt, Telefon 069/25600693
- JAL (Japan Air Lines), Roßmarkt 15, 6000 Frankfurt, Telefon 069/13600
- JAT (Jugoslovenski Aerotransport), Steinweg 9, 6000 Frankfurt, Telefon 069/20956
- Kenya Airways, Untermainanlage 7, 6000 Frankfurt, Telefon 069/236631
- KLM Royal Dutch Airlines, Am Aspenhaag 11, 6092 Kelsterbach, Telefon 06107/7560
- Korean Air, Basler Str. 35-37, 6000 Frankfurt, Telefon 069/239201
- Kuwait Airways, Baseler Str. 35-37, 6000 Frankfurt, Telefon 069/236028
- LAP (Paraguay), Am Hauptbahnhof 6, 6000 Frankfurt, Telefon 069/233751
- Lloyd Aero Boliviano, Münchenerstr. 49, 6 Frankfurt, Telefon 069/232331
- Lufthansa, Am Hauptbahnhof 2, 6000 Frankfurt 1, Telefon 069/25540 bzw. 069/255255; Zentralreservierung: Telefon 0561/103060 (Kassel)

- Luxair, Berliner Promenade 17-19, 6600 Saarbrücken, Telefon 0681/35055
- MAS (Malaysian Airline System), An der Hauptwache 7, 6000 Frankfurt, Telefon 069/289734
- MEA (Middle East Airlines), Gutleutstr. 75, 6000 Frankfurt, Telefon 069/239166
- Northwest Airlines, Lyoner Str. 26, 6000 Frankurt, Telefon 069/6641000
- PIA (Pakistan International Airlines), Am Hauptbahnhof 6, 6000 Frankfurt, Telefon 069/2739010
- Philippine Airlines, Dreieichstr. 59, 6000 Frankfurt, Telefon 069/6090029
- Qantas Airways, Bethmannstr. 56, 6000 Frankfurt, Telefon 069/256000-0
- Royal Air Maroc, Benrather Str. 10, 4000 Düsseldorf, Telefon 0211/132336
- Royal Jordanien, Münchener Str. 12, 6000 Frankfurt, Telefon 069/231853
- Sabena (Belgian World Airlines), Gr. Eschenheimer Str. 39, 6000 Frankfurt, Telefon 069/29900694
- SAS (Scandinavian Airlines System), Saonestr. 3, 6000 Frankfurt, Telefon 069/66446-150
- Saudia, Friedensstr. 5, 6000 Frankfurt, Telefon 069/2733111
- Singapore Airlines, Kettenhofweg 51, 6000 Frankfurt, Telefon 069/7240204
- Somalia Airlines, Kaiserstr. 61, 6000 Frankfurt, Telefon 069/230711
- South African Airways, Bleichstr. 60-62, 6000 Frankfurt, Telefon 069/299803-0
- Swissair, Am Hauptbahnhof 6, 6000 Frankfurt, Telefon 069/2602262
- TAP, Waldschmittstr. 39, 6000 Frankfurt, Telefon 069/720435
- Thai Airways International, Kennedyallee 93, 6000 Frankfurt, Telefon 069/630004-0
- TWA (Trans World Airlines), Hamburger Allee 2-10, 6000 Frankfurt, Telefon 069/79504101
- VARIG (Brasilien), Am Hauptbahnhof 16, 6000 Frankfurt, Telefon 069/271020

○ VIASA (Venezuela), Gr. Eschenheimer Str. 39, 6000 Frankfurt, Telefon 069/2977192
○ Zambia Airways, Am Hauptbahnhof 10, 6000 Frankfurt, Telefon 069/235431.

*Servicetelefonnummern der Fluggesellschaften*
Air Canada 0130/2205
Air Lanka 0130/843030
Air New Zealand 0130/817778
American Airlines 0130/4114
British Airways 0130/3636
Cathay Pacific 0130/2244
Delta 0130/2526
Emirates 0130/4414
Iberia 0130/6363
Japan Air Lines 0130/6878
KLM 0130/847747
Martinair 0130/7414
Malaysian Airline System 0130/823232
Northwest 0130/9400
Philippine Airlines 0130/2523
Qantas 0130/7470
Singapore Airlines 0130/6180.
Hier kann kostenlos angerufen und Informationen über Flugstrecke, Preise, Konditionen, Sondertarife und Stopover-Programme eingeholt werden.

**Airpässe**
Die günstigen Airpässe, die meist in Form von Flugcoupons von bestimmten Airlines abgegeben werden, müssen grundsätzlich schon vor Einreise in das betreffende Land gekauft werden, da sie im Land nie zu erwerben sind. Oft muß dabei auch die Anreise mit der Airline erfolgen, die den Airpaß oder die Flugcoupons ausgibt (Ausnahme: Trans-Brasil für Brasilien). Wichtig für den Kauf eines Airpasses ist, daß der Wohnsitz nicht im bereisten Land liegt. Somit können zum Beispiel auch Brasilianer mit Wohnsitz in der Bundesrepublik einen Airpass für Brasilien erwerben.

Alle Airpässe können über gute Reisebüros bezogen werden. Seriöse Reisebüros verlangen keine Bearbeitungsgebühr. Die Airpässe werden auch von den Fluggesellschaften nach Eingang der Bezahlung direkt ausgegeben. Dabei wird meist ein MCO (Miscellaneous Charges Order) ausgestellt. Dieses MCO wird im jeweiligen Reiseland am Counter der Airline vorgelegt. Diese stellt dann erst den Airpaß in Form von Flugcoupons aus.

Für die Benutzung des Flughafens wird in vielen Ländern eine Gebühr oder Steuer erhoben, die spätestens beim Einchecken zu bezahlen ist. Diese Steuer ist grundsätzlich nicht im Preis eines Airpasses enthalten.

Sämtliche Südamerika-Airpässe können übrigens beim Club-Südamerika International (CSI) e. V. in 6000 Frankfurt, Stiftstr. 22, Telefon 06171/53097-99 oder 069/20197-98 bezogen werden.

**Südamerika**

Argentinien: Die Welt des Fliegens hat sich in Argentinien stark gewandelt. Die supergünstigen Flugcoupons sind schon lange verschwunden, gehören der Vergangenheit an. Doch nach wie vor werden Airpässe angeboten. Dabei handelt es sich aber tatsächlich um reine Flugermäßigungen auf Strecken innerhalb des Landes. Mit dem »Visit-Argentina«-Airpaß stehen je nach Reiseroute vier bis acht Flugcoupons zur Verfügung. Für vier Coupons sind 359 Dollar für sechs 409 Dollar und für acht 459 Dollar zu bezahlen.

Zu beachten ist, daß die Coupons jeweils höchstens 30 Tage gelten. Außerdem gelten die Coupons nur zum Flug mit einer Fluggesellschaft. Der Airpaß gilt zudem nur in Verbindung mit einem internationalen Flugticket nach Argentinien. Auch ist ein unbegrenztes Fliegen auf dem Streckennetz, wie es die alten Airpässe erlaubten, nicht mehr möglich und für jeden Anschlußflug muß ein Flugcoupon verwendet werden. Ein MCO wird bei Kauf ausgestellt. Die erste und alle weiteren Strecken müssen somit erst in Argentinien festgelegt werden. Ein Nachkauf von Flugcoupons in Argentinien ist nicht möglich. Also gleich richtig disponieren. Dafür sind Änderungen der festgelegten Flugrouten auch nach Ausstellung der Flugscheine möglich. Jede Änderung der festgelegten Flugroute schlägt mit 25 US-Dollar zubuche. Kinder unter zwölf Jahren erhalten eine Ermäßigung von 50 Prozent.

Nähere Auskünfte erteilt Aerolineas Argentinas, Frankfurt Airport Center D 4.15, 6000 Frankfurt, Telefon 069/697920-29.

Brasilien: Auch Brasilien hat sich dem steigenden Reise- und Touristenverkehr angepaßt. Die freizügigen Airpässe für Vielflieger und Jet-Setter sind schon lange nicht mehr so attraktiv wie früher. Das unbegrenzte Fliegen mit dem Brasil-Airpass von Trans-Brasil ist seit Mai 1990 ebenfalls nicht mehr möglich und es hat eine Anpassung an den Brasil-Airpass von Varig/Cruzeiro stattgefunden. Daneben bietet die VASP ebenfalls einen Airpaß für Brasilien an, der vielleicht das interessanteste Streckennetz umfaßt. Drei anscheinend gleiche Angebote für ein gigantisches Reiseland, trotzdem gibt es feine Unterschiede.

Der neue Brasil-Airpass von Varig/Cruzeiro gilt nun 21 Tage. Auf einem Streckennetz von über 40 Städten dürfen dabei fünf Städte (fünf Coupons) nach individueller Planung angeflogen werden. Der Airpaß kostet 440 Dollar, aber Varig verlangt zusätzlich, daß mindestens eine Strecke zwischen Europa und Südamerika mit ihrer Airline oder Aerolineas Argentinas geflogen wird. Zudem müssen für jede weitere Flugstrecke in Brasilien vor Reiseantritt nochmals 100 Dollar auf den Counter gelegt werden, wobei nicht mehr als vier Coupons zugekauft werden können. Bei bestimmten Umsteigeverbindungen muß seit 1991 zudem innerhalb von vier Stunden weitergeflogen werden.

Trans-Brasil fliegt dagegen nur die wichtigsten 20 Städte in Brasilien an – zum Teil mit neuestem Fluggerät. Der Trans-Brasil-Airpass gilt ebenfalls 21 Tage und wird mit fünf Flugcoupons abgegeben. Derzeit kostet dieser Brasil-Airpass ebenfalls 440 US-Dollar (Kinder zahlen 10 Prozent). Es kann nur auf Strekken von Trans-Brasil geflogen werden. Das Streckennetz von Trans-Brasil ist nicht mit dem von Varig/Cruzeiro identisch. Jede Stadt kann mehrmals angeflogen werden, Streckenwiederholungen sind jedoch ausgeschlossen. Auch hier können bis zu vier Coupons zu je 100 US-Dollar zugekauft werden. Vorteil ist, daß für den Trans-Brasil-Airpass kein Transatlantikflug benötigt wird.

Zur Zeit ist es bei Kurzaufenthalten in Brasilien zwischen drei und sechs Wochen sehr ratsam einen der Airpässe zu kaufen, da die Inlandsflüge im Frühjahr 1992 dem europäischen Preisniveau angepaßt wurden. Die Flugstrecke Rio de Janeiro – Manaus kostet derzeit 1245 DM, Rio – Belem do Para 1130 DM oder Rio – Salvador 720 DM. Somit ist ein Airpaß meist schon bei der ersten Flugstrecke lohnenswert.

Varig/Cruzeiro ist in 6000 Frankfurt, Am Hauptbahnhof 16, Telefon 069/271020 zu erreichen. Trans-Brasil (Sasbo) befindet sich in 6072 Dreieich, Eisenbahnstr. 204, Tel 06103/64057.

Kolumbien: Mit AVIANCA läßt sich über den »Dicover Columbia-« beziehungsweise »Conozco a Columbia«-Airpass 30 Tage lang Kolumbien entdecken. Bedingung: der Transatlantikflug nach Kolumbien muß mit AVIANCA getätigt werden. Sonst muß ein Aufschlag von 325 US-Dollar in Kauf genommen werden, der diesen Airpaß dann völlig uninteressant macht. Die zehn Coupons für das Streckennetz von AVIANCA in Kolumbien belasten den Geldbeutel mit nur 224 Dollar, aber wie gesagt, nur dann, wenn auch mit AVIANCA von Europa aus nach Kolumbien eingereist wird; zum Umsteigen darf der gleiche Flughafen nochmals angeflogen werden. Einmal ausgestellte Coupons können leider nicht mehr umgeschrieben werden. Also auch hier gilt, sich rechtzeitig über die Flugstrecke Gedanken zu machen.

Der kleine kolumbianische Airpaß für eine Woche mit fünf Flugcoupons kostet 112 Dollar und gilt nicht vom 1. Juni bis 31. August, nicht im Dezember und nicht für den Anflug auf San Andres und die Grenzstadt Leticia. Für diese beiden Städte wird ein Zuschlag von 78 Dollar fällig. Die AVIANCA ist in Frankfurt unter Telefon 069/75809943 oder 6905386 zu erreichen.

Chile: LanChile bietet je nach Region inzwischen fünf verschiedene Airpässe mit einer Gültigkeitsdauer von 21 Tagen an. Der »Continental Chile 1« gilt für Nord- (1A) oder Südchile (1B) und kostet je 250 Dollar. Wer das gesamte Festland Chiles ohne die Osterinsel bereisen möchte, benötigt den »Continental Chile 2« zu 450 Dollar.

Wer dagegen nur die Osterinsel besuchen möchte, muß sich den »Pacifico 1« für 812 Dollar kaufen, der für die Strecke Santiago-Mataveri-Santiago gilt und ausschließlich fest gebucht werden kann. Inzwischen kostet das reguläre Flugticket für diese Strecke

1400 DM. Allerdings soll es nach wie vor dasselbe Flugticket in Santiago wesentlich günstiger geben. Bitte unbedingt vorher abchecken. Übrigens kostet ein Flugticket von Frankfurt über Rio de Janeiro, Santiago und Osterinsel nach Tahiti 2400 DM. Den Taschenrechner anzuschalten und Preise zu vergleichen lohnt sich hier besonders.

Der »Pacifico 2« schließlich gilt für Nordchile und die Osterinsel (2A) oder für Südchile und die Osterinsel (2B). 1000 Dollar müssen dafür schon hingeblättert werden.

Der »Pacificio 3« umschließt das gesamte Streckennetz von LanChile. Für 1200 Dollar darf das gesamte chilenische Festland und die Osterinsel beflogen werden. Wahrlich ein starker Preis für einen dreiwöchigen Aufenthalt und sicherlich nicht mehr lohnenswert.

Umbuchungen sind auch nach Reiseantritt erlaubt, kosten aber 30 Dollar pro Umbuchung. Strecke und Städtekombination frei wählbar. Der Flug auf die Osterinsel ist nur im Anschluß an einen interkontinentalen Flug mit LanChile erlaubt. Falls der Airpaß nicht benötigt wird, kann er vor Reiseantritt zurückgegeben werden. Der Airpaß wird in Form von MCO bei LanChile ausgegeben, Rathenauplatz 2-8 in 6000 Frankfurt, Telefon 069/1310791. MCO können in jedem LanChile-Büro in Flugcoupons umgetauscht werden.

Peru: Mit dem »Tumi-Peru«-Airpass bietet AeroPeru in 45 Tagen drei Städte (drei Coupons) in Peru für etwa 228 DM an. Die Anreise kann mit einer Airline nach Wahl geschehen. Jeder weitere Flug kostet dann noch etwa 62 DM Aufschlag. Beim Kauf des Airpasses muß die Streckenführung unbedingt im voraus festgelegt werden.

Daneben gibt es die peruanischen Fluglinie Faucett, die ebenfalls einen Airpaß anbietet. Vier Coupons für 60 Tage werden zu etwa 279 DM angeboten. Für einen Aufpreis von 70 Dollar kann im gleichen Zeitraum unbegrenzt auf dem Streckennetz von Faucett geflogen werden. Kühle Rechner können aber auf einen Airpaß für Peru verzichten, vorausgesetzt, sie sind mit AVIANCA von Europa nach Peru (Lima) geflogen. Jede weitere Strecke mit AVIANCA in Peru gibt's dann für nur 25 Dollar ohne Zeitlimit (bitte immer vorher bei AVIANCA anfragen, da sich die Voraussetzungen ständig ändern). AeroPeru befindet sich in 6000 Frankfurt, Schumannstr. 41, Telefon 069/748644.

Venezuela: Die Zeichen für den Airpaß in Venezuela stehen auf Sturm. Die Airlines ziehen ihre im Angebot befindlichen Airpässe gerne wieder zurück und warten mit neuen Angeboten und Kombinationen auf. Es kann also nie gesagt werden, ob es gerade in Venezuela einen Airpaß gibt oder nicht. 1991 zum Beispiel gab es einen Airpaß von VIASA mit einer Gültigkeitsdauer von zehn Tagen, der das gesamte Streckennetz inklusive der Karibikinsel Aruba und Bonaire beinhaltete. Bei einem Preis von 185 Dollar war dies auf jeden Fall lohnenswert, wenn die beiden Karibikinseln miteinander kombiniert wurden. Diese Zeiten sind momentan vorbei.

Dafür bietet Aero Postal zur Zeit einen Airpaß für Venezuela an, der allerdings nur in Venezuela zu kaufen ist. Sieben Tage gibt's für 280 Dollar und 14 Tage für 495 Dollar. Aber aufgepaßt. Bei diesen Preisen ist ein Airpaß in Venezuela nicht unbedingt lohnenswert, da die Einzelstrecken unter Umständen günstiger sind. Also immer wieder nachfragen. VIASA ist in Frankfurt telefonisch unter 069/71732728 zu erreichen.

Karibik und Mexiko: Die LIAT-Rundreisetickets sind der Knüller für alle Karibikfans. Dabei lassen sich folgende Inseln miteinander kombinieren: Puerto Rico, St. Thomas, St. Croix, Tortola, St. Kitts, St. Martin, Anguilla, Barbuda, Nevis, Antigua, Montserrat, Guadeloupe, Dominica, Martinique, St. Lucia, St. Vincent, Barbados, Grenada, Mustique und Trinidad.

Der »Super Explorer«-Airpass von LIAT (Eastern und Eastern Express), der ganzjährig für jeweils 30 Tage gilt und eine unbegrenzte Anzahl von Flügen zwischen den genannten karibischen Inseln erlaubt, wird für 660 DM angeboten. Sicherlich bei der Anzahl der Inseln ein Anreiz einmal ein kostengünstiges Inselhüpfen für einen Monat durchzuführen und sich einen Hauch des Jet-Sets um die Nase wehen zu lassen. Wahrscheinlich das zur Zeit beste Angebot unter allen Airpässen.

Wem dies zu stressig erscheint kann aber auch den »Explorer«-Airpaß mit nur drei Stops innerhalb 21 Tagen zu 296 DM wählen. Jede weitere Strecke ist für 108 DM Aufschlag zu haben.

Die BWIA bietet den »Intra-Caribbean«-Airpaß ebenfalls für 30 Tagen mit einer unbegrenzten Zahl von Stops an. Für 646 DM können Trinidad und Tobago, San Juan, Antigua, Barbados, Jamaica und Curaçao sowie St. Kitts, St. Maarten und St. Lucia angeflogen werden.

Der »ABC«-Airpaß von ALM gilt nur für die Karibikinseln Aruba, Bonaire und Curaçao und hat eine Gültigkeit von bis zu zwölf Tagen. Der Preis für den kleinsten der karibischen Airpässe liegt bei 200 DM.

Bei dem Karibik-Airpaß der LIAT (der BWIA und ALM nur erster Flug) ist zu beachten, daß alle Flüge fest gebucht werden müssen und der Airpaß nur in Verbindung mit einem Transatlantikflug gültig ist. Nach Ticketausstellung ist außerdem keine Umbuchung mehr möglich. Es ist zudem nur ein Stopover pro Insel erlaubt, aber eine Insel kann als Umsteigeort mehrmals angeflogen werden. Für Kinder gibt es keine weiteren Ermäßigungen und nicht genutzte Flugcoupons können nicht zurückgegeben werden. Bearbeitungsgebühr bei Nur-Rundreise mit den Airpässen liegt derzeit bei 50 DM pro Person. Weitere Detailinformationen bei Caribbean Holidays, Arnulfstr. 44 in 8000 München 2, Telefon 089/553434.

Für Mexiko gibt die Mexicana zwei Airpässe mit einer Gültigkeitsdauer von 21 Tagen und vier Flugcoupons je nach Kombination zu 290 DM oder 520 DM heraus. Auskünfte erteilt Mexicana, 6072 Dreieich, Eisenbahnstr. 204, Telefon 06103/64058.

*Airpässe Südamerika (Stand: zweites Halbjahr 1992)*

| Land<br>Airpaß | Dauer/Tage | Stops | Preis | Bemerkungen |
|---|---|---|---|---|
| Argentinien | | | | |
| Visit Argentina | 30 | 4 | 359 U$ | |
| | | 6 | 409 U$ | |
| | | 8 | 459 U$ | |

| | | | | |
|---|---|---|---|---|
| Brasilien | | | | |
| Brasil-Airpaß | 21 | 5 | 440 U$ (682 DM) | Varig, jede weit. Strecke 100$ |
| | | 9 | 860 U$ (1333 DM) | |
| Brasil-Airpaß | 21 | 5 | 440 U$ (682 DM) | Trans-Brasil, jede weit. Strecke 100 U$ |
| | | 9 | 860 U$ (1333 DM) | |
| Chile | | | | |
| Continental 1 | 21 | | 250 U$ (388 DM) | Nord- oder Südchile |
| Continental 2 | 21 | | 450 U$ (775 DM) | Festland Chile gesamt |
| Pacifico I | | | 812 U$ (1259 DM) | Rapa Nui (Osterinsel) |
| Pacifico II | 21 | | 1000 U$ (1555 DM) | Nord- oder Südchile + Osterinsel |
| Pacifico III | 21 | | 1200 U$ (1860 DM) | Gesamtchile incl. Osterinsel |
| Peru | | | | |
| Tumi-Peru | 45 | 3 | 228 DM | AeroPeru, Zusatzstrecke je 40$ |
| Faucett | 60 | 4 | 180 U$ | |
| | 60 | U | 250 U$ | |
| Kolumbien | | | | |
| Conozca a Colombia | 30 | 10 | 224 U$ | AVIANCA-Transatlantikflug Voraussetzung |
| | 7 | | 112 U$ | nicht San Andres und Leticia |
| Venezuela | | | | |
| Airpaß | 7 | U | 280 U$ | auch Aruba und Bonaire mit Aero Postal |
| | 14 | U | 495 U$ | |
| Karibik | | | | |
| Explorer Paß | 21 | 3 | 296 DM | Liat, je weit. Strecke 108,- DM |
| Super Explorer Paß | 30 | U | 660 DM | LIAT |
| Karibik | | | | |
| Intra-Caribbean Paß | 30 | U | 646 DM | BWIA; Tobago & Trinidad |

| | | | | |
|---|---|---|---|---|
| Karibik | | | | |
| Abc-Paß | 6/12 | 3 | 200 DM | Alm (Aruba, Bonaire, Curaçao) |
| Mexiko | | | | |
| Airpaß I | 21 | 4 | 290 DM | Mexicana |
| II | 21 | 4 | 520 DM | |
| Mexiko | | | | |
| Maya-Airpaß | | | | AeroCaribe |
| Gesamtamerika | | | | |
| All America Airpaß | 35 | 10 | 770 DM (in Form von Flugzonen) | 120 Zielorte in Nord- und Südamerika und Karibik* |

U = Unbegrenzt

* (jede weitere Zone 99 DM, Kinder bis elf Jahre Ermäßigung von 33%; Gesamtamerika ist in Raster eingeteilt. Jedes Raster ist eine Flugzone. Zehn Flugzonen sind relativ schnell abgeflogen, zum Beispiel von Lima nach Rio de Janeiro, von Miami nach Belém, von Quito zur Galapagos und zurück sind es genau zehn Flugzonen und damit ist der Paß schon ausgereizt. Die Osterinsel und Hawaii kann außerdem nicht angeflogen werden. Gegenüber den nationalen Airpässen ist der All America Airpaß durchweg zu teuer.

Im Zweifelsfall gelten die Dollarpreise, der angewandte Umrechnungskurs betrug 1,55 DM.

**Afrika**

Auch in Afrika, lange Zeit ohne jegliches Airpaßangebot, wurden nun die ersten Angebote von Airpässen in Form von Flugcoupons angeboten. Südafrika und Madagaskar sind die ersten Reiseländer, die mit einem Airpaß aufwarten können. Nach Madagaskar kann nur ab Zürich geflogen werden, da noch keine Direktverbindungen von Deutschland aus bestehen. Der Flug nach Antananarivo mit Air Madagaskar kostet derzeit 2200 DM.

*Airpässe Afrika*

| Land<br>Airpaß | Dauer/Tage | Stops | Preis | Bemerkungen |
|---|---|---|---|---|
| Südafrika | | | | |
| Airpaß | 7 | 5 | 400 DM | SAS, jeder weitere Coupon 60 DM; |
| | 28 | 8 | 580 DM | |
| Flitestar-Paß | | 4 | 525 DM | |
| Madagaskar | | | | |
| Airpaß | 30 | U | 750 DM | Air Madagaskar |

**Asien**

Philippinen: Erst seit kurzem bietet die Philippine Airlines für die Philippinsche Inselwelt einen Airpaß in Couponform an, vorausgesetzt die Anreise zu den Philippinen wurde mit Philippine Airlines gemacht. Durchaus kein Nachteil, zumal die Flugpreise der Gesellschaft nach Asien derzeit zu den günstigsten gehören. Vier Coupons für die Philippinen schlagen derzeit mit 98 Dollar, acht Coupons mit 128 Dollar zubuche. Sicherlich ein wirklich preiswertes Angebot für die Inselwelt.

Papua-Neuguinea: Wer Papua-Neuguinea mit dem Flugzeug entdecken möchte, dem kann nun mit dem »Visit Papua Niuguini Pass« von Air Niuguini geholfen werden, der gegenüber den Einzelstrecken eine etwa 40 prozentige Diskontierung darstellt. Der Airpaß kostet mit vier Flugcoupons 299 Dollar. Jede weiter Flugstrecke muß zusätzlich mit 50 Dollar erkauft werden. Ebenfalls ein interessantes Angebot.

Indien: Indien bietet eine ganze Anzahl von Airpässen an, wobei alle von Indian Airlines ausgegeben werden. Der bedeutendste Airpaß ist der »Discover India«, der für eine unbegrenzte Anzahl von Inland-Flügen, innerhalb von 21 Tagen, ohne weitere Beschränkungen gültig ist. Im Streckennetz sind auch die Andamanen enthalten, wozu es aber keines Special Permits bedarf. Der »Discover India« kostet 400 Dollar und ist in ausländischer Währung zu zahlen.

Die wichtigsten Reisepapiere und Geldmittel auf einer Fernreise: Impfpaß, Reisepaß, Int. Führerschein, Flugticket, Airpaß, Travellerschecks, Geld und Kreditkarte.

Unterkunftsmöglichkeiten: Hotel in Neuseeland, ...

**...herrliche Fazenda zum Ausspannen in Brasilien,...**

**...Buschbungalows am Paradise Pearl Beach nach einem Monsumregen auf Ko Phi Phi, Thailand,...**

**...Biwaklager mitten in der Wüste, Ägypten.**

**Auch in der Ferne läßt's sich leben: Restaurants auf einer Freßmeile in Sydney, Australien,...**

**...auf dem Ver-o-peso in Belém, Brasilien,...**

**...Supermarkt in Riobamba, Ecuador,...**

**Berittene Polizeikontrollen in Ägypten.**

**Grenzübertritt – grüne Grenze ohne Kontrolle zwischen Venezuela und Kolumbien; Ausreise- oder Einreisestempel gibt's bei der D.A.S. im Ort vor oder nach der Grenze.**

**Fremde Länder, fremde Sitten: Großer Palast in Bangkok, Thailand,...**

...Wächter vor dem Großen Palast,...

...Kek Lok Si-Kloster auf der Opiuminsel Pinang, Malaysia.

Daneben existieren vier Airpässe mit dem Namen »Indian Wonderfare«, die sich wahlweise auf Ost-, West-, Nord- und Südindien beziehen. Alle vier Airpässe garantieren in der jeweiligen Region eine unbegrenzte Anzahl von Flügen bei einem Preis von 200 Dollar. Die Airpässe sind jeweils sieben Tage gültig. Jeder Flughafen darf nur einmal eingeflogen werden, ausgenommen zu Transfers oder Anschlußverbindungen. Falls Port Blair angeflogen werden möchte, müssen beim »India Wonderfare-Süd und »«-Ost« je 100 Dollar, das wären also insgesamt jeweils 300 Dollar, über den Tresen geschoben werden.

Als airpaßähnlich ist die »21 Days South India Excursion« zu betrachten. Wer nicht länger als 21 Tage in die Region von Madras, Tiruchchirappalli, Madurai, Trivandrum, Cochin, Coimbatore und Bangalore fliegt, erhält einen 30 prozentigen Discount. Alle Airpässe sind über gute Reisebüros oder direkt bei Indian Airlines, Telefon 069/235423 erhältlich. Weitere Auskünfte gibt es auch beim Indischen Fremdenverkehrsamt, Kaiserstr. 77/III, 6000 Frankfurt.

Indonesien: Totgeglaubte leben länger. Der indonesische Airpaß »Visit Indonesia« (VIP) von Garuda Indonesia und Merpati Nunsantara wird seit 1991 wieder angeboten. Diesmal ist er gleich in drei Versionen zu haben. Der VIP 1 gilt für 20 Tage, kostet 350 Dollar und es dürfen vier von 35 Städten im Garuda-Flugnetz angeflogen werden. Für einen dreißigtägigen Aufenthalt eignet sich der VIP 2 zu 500 Dollar. Mit ihm können sechs Städte angeflogen werden. 60 Tage gilt der VIP 3 und ist mit 600 Dollar vielleicht der günstigste Airpaß. Außerdem beinhaltet er zehn Coupons.

Diese neuen Airpässe sind für Indonesienreisende aufgrund der geographischen Lage äußerst interessant, zumal sie einen erheblichen Preisvorteil gegenüber den regulären »Domestic«-Flügen bieten, vorausgesetzt man flog nicht mit Garuda nach Indonesien. Der normale Flug von Medan via Jakarta, Biak und Ujung Pandang nach Denpasar würde zum Beispiel 722 Dollar kosten, mit dem VIP 1 sind jedoch nur 350 Dollar zu bezahlen. Preisersparnis somit mindestens 500 DM (beim VIP 3 sogar 1000 DM). Wer allerdings mit Garuda nach Indonesien fliegt, sollte überlegen, ob der Durchgangstarif für ihn nicht günstiger wird (und er somit kein Airpaß benötigt). Außerdem wird bei einer Anreise mit Garuda oder einer Vertragsairline jeder weitere Inlandsflug nur mit 50 Prozent angesetzt. Diese Variante wäre dann gegenüber dem Airpaß billiger. Die Airpässe werden als MCO ausgestellt und können bei Garuda Indonesia in Frankfurt, Telefon 069/2380629 oder Telefon 069/23606-32 gekauft werden. Am besten ist es, sich vor einer Reise nach Indonesien ausführlich über die günstigen Flugkonditionen von Garuda zu informieren.

Thailand: Auch Thailand hat im Airpaßbereich nachgezogen und ist den ständig steigenden Kundeninteresse nachgekommen. Seit 1992 gibt es den »Discover Thailand«-Airpaß mit einer Gültigkeit von 60 Tagen, der ab mindestens vier Coupons ausgestellt wird. Vier Coupons kosten 239 Dollar. Jeder weitere Coupon (bis zu maximal vier Coupons) ist für 50 Dollar zu haben.

*Airpässe Asien*

| Land / Airpaß | Dauer/Tage | Stops | Preis | Bemerkungen |
|---|---|---|---|---|
| Philippinen | | | | |
| Airpaß | | 4 | 98 $ | |
| | | 8 | 128 $ | |
| Papua-Neuguinea | | | | |
| Airpaß | | 4 | 299 $ | weitere Strecke 50 $ |
| Indien | | | | |
| Discover India | 21 | U | 400 $ | ganz Indien |
| Indian Wonderfare | | | | |
| – Ostindien | 7 | U | 200 $ | Port Plair 100 $ Aufpreis |
| – Südindien | 7 | U | 200 $ | |
| – Westindien | 7 | U | 200 $ | |
| – Nordindien | 7 | U | 200 $ | |
| South India Excursion | 21 | | | 30 Prozent Discount |
| Indonesien | | | | |
| Visit Indonesia | | | | |
| – VIP 1 | 20 | 4 | 350 $ | |

| | | | |
|---|---|---|---|
| - VIP 2 | 30 | 6 | 500 $ |
| - VIP 3 | 60 | 10 | 600 $ |
| Thailand | | | |
| Dicover Thailand | 60 | 4 | 239 $ |
| | | 5 | 289 $ |
| | | 6 | 339 $ |
| | | 7 | 389 $ |
| | | 8 | 439 $ |

U = unbegrenzt, aber jeder Zielflughafen darf nur einmal angeflogen werden.

**Australien und Neuseeland**

Australien: Einen wahren Airpaß-Dschungel gibt es für die größte Insel der Welt. Selbst Spezialisten wissen oft nicht mehr, was eigentlich Sache ist. Deshalb kann dies hier nur ein Versuch sein, das vielfältige Airpaß- und Discountangebot Australien und Neuseelands aufzureißen. Allein East-West Airlines hält bis zu fünf »Discover Australia Airpässe« mit einem variablen Preisgefüge (je nach Reisezeit und -saison) bereit. Interessant, daß sich die Airpaß-Kombinationen auf die Ostküste Australiens konzentrieren. Eine unbegrenzte Anzahl von Flügen auf dem Streckennetz von East-West Airlines bietet der »System Airpass« (ausgenommen Norfolk Island, Hobart-Devenport nur samstags und sonntags). Bis 31.03.92 kostete der »System Airpass« für 21 Tage ganze 1100 $A.

Preislich günstiger ist der »Northern Airpass«. Er deckt Sydney und alle Flugstrecken nördlich von Sydney (ausgenommen Ayer Rocks, Alice Springs und Norfolk Island) ab und kostet für 21 Tage nur 660 $A. Für einen Aufschlag von 280 $A (ow) gibt's zudem ab Cairns eine Trans-Continental-Option für den Ayers Rock. Die Red Center Option von Sydney nach Ayer Rocks oder von Alice Springs nach Sydney bietet sich für 299 $A (ow) als Alternative an. Beide Optionen gelten nur in Verbindung mit dem »Southern Airpass« oder »Northern Airpass«. Sie sind preislich keinesfalls attraktiv, denn der »System Airpass«, der alle Strecken beinhaltet, wäre dann günstiger.

Das Gegenstück zum »Northern Airpass« ist der »Southern Airpass«. Er deckt alle Strecken von East-West Airlines südlich von Sydney ab und gilt auch für Tamworth (Hobart-Devonport nur samstags und sonntags möglich). Der »Southern Airpass«, der ebenfalls mit einer Red Center Option angeboten wird, kostet 550 $A.

Für vierzehn Tage sind eine beliebige Anzahl von Flügen auf dem Streckennetz von East-West Airlines an der Ostküste, inklusive Ayer Rocks, Alice Springs und Tasmanien, mit dem »Eastside Airpass« im Angebot. Die Reisekasse wird dabei um 799 $A erleichtert. Ein stolzer Preis.

Mit dem »Sun Airpass« kann sich der Airpaßbesitzer ganze 60 Tage Zeit lassen. Geboten werden ein Rundflug von Sydney aus über die Gold Coast, Brisbane, Cairns zum Ayer Rock, via Alice Spring wieder nach Sydney zurück, ebenfalls zu 799 $A.

Alle genannten Preisbeispiele galten bis zum 31.03.92 und sollen lediglich zur Orientierung dienen. Die Airpässe müssen vor Ankunft in Australien durch einen internationalen IATA-Carrier oder über Qantas gekauft werden, da in Australien keine MCOs akzeptiert werden. Informationsbroschüren und detailierte Auskünfte sind bei East-West Airlines, Luginsland 1, 6000 Frankfurt, Telefon 069/284326 oder über Ansett Australia Telefon 069/282225 und 069/288954 zu erhalten.

East-West Airlines und Ansett Australia haben außerdem einen gemeinsamen Airpaß auf den Markt geworfen. Die neue Kreation heißt »Explore Australia Airpass« und baut auf dem Discountprinzip auf. Mit der Anzahl der Flugcoupons erhöht sich der Discount. So wird der Flugspaß bei einer hohen Anzahl von Coupons immer günstiger. Bis zu maximal 40 Prozent des normalen Economytarifes kostet dann der einzelne Coupon. Der »Explore Australia Airpass« gilt ganze 60 Tage auf dem Streckennetz von Kendell, Ansett, East-West und Aeropelican in Australien und umfaßt mindestens drei Coupons. Nach oben sind keine Grenzen gesetzt. Ab acht Coupons gibt es jedoch keinen weiteren Discount. Hier ein paar Orientierungsbeispiele: ein Airpaß mit drei bis vier Flugcoupons wirft einen Discount von 30 Prozent des normalen Economytarifes jeder einzelnen Flugstrecke aus, für fünf bis sieben Coupons sind es bereits 35 Prozent. 40 Prozent gibt's dann ab acht und mehr Coupons. Deshalb ist eigentlich diese gemeinsame Airpaß-Kreation der beiden Airlines nur dann interessant, wenn acht Flugcoupons und mehr genutzt werden und auf ausgefallenen Strecken mit Aeropelican oder Kendell geflogen wird. Ansonsten heißt es Taschenrechner anwerfen und nachrechnen, ob je nach Interessenlage nicht doch die Airpässe von East-West günstiger sind. Auskünfte bei Ansett/East-West Airlines, Luginsland 1, 6000 Frankfurt, Telefon 069/282225 oder 069/284326.

Wem das noch nicht genügt, kann noch tiefer in den Airpaß-Dschungel von Australien vordringen, sollte aber nun seinen Taschenrechner sowie sämtliche Infobroschüren mit Preisen für die einzelnen Strecken sämtlicher Airlines zum Vergleich bereitlegen. Dann kann es losgehen. Australian Airlines gibt für sein Streckennetz den »Australien Airpass« heraus, der ebenfalls nach dem gleichen Discountprinzip funktioniert wie der »Explorer Australia Airpass« von Ansett/East-West (siehe oben). Daneben hält Australian Airlines den »Experience Australia Airpass« mit mindestens 15 Variationen für Airpaß-Süchtige zwischen 330 und 935 $A bereit. Alle Airpaßvariationen von Australian Airlines sollten aber an dem »System Airpass« zu 1100 $A gemessen werden, da er ein unbegrenztes Fliegen auf dem Streckennetz von East-West zuläßt. Der »Explorer Australia« gilt von fünf bis zu 90 Tagen. Wer es trotzdem wagen möchte, erhält Beratung und Infosbroschüren bei Australien Airlines, Neue Mainzer Str. 22, 6000 Frankfurt, Telefon 069/233204.

Die Australische Airpaßwelt hält aber noch viele weitere Möglichkeiten bereit. Das oben Geschilderte ist nur die Spitze des Möglichen. Der ständige Wechsel zwischen Coupons, Rabattprinzipien und Supersondertarifen ist schier unermeßlich. Ansett Australia Airlines, Ansett New Zealand, East-West, Qantas, Ansett Express, Ansett W.A., Kendell Airlines, Aeropelican und Flight West Airlines halten die Besucher in Atem und sorgen für den unübersichtlichen Airpaßdschungel. Schon sind der »South Pacifik Airpass« von Qantas und Air Pacific, die »Down-Under Discount Deals« mit einem bis zu 55 prozentigen Rabatt für Neuseeland und Australien, der »See Austalia Airfare« von Ansett Australia Airlines, »Visit Australia Fare« von East-West, sowie die »Super

Saver Fares« von Ansett Australia Airlines und East-West hinzugekommen. Wie gesagt, selbst ein australischer Flugprofi blickt da nicht mehr durch. Faustregel: Durchfragen!

Neuseeland: Auch in Neuseeland sind gleich mehrere Airpässe oder airpaßähnliche Alternativen im Umlauf. Dem Airpaß ähnlich ist der »See New Zealand«-Tarif von Air New Zealand, der bis zu 30 Prozent Discount bei Economy-Tickets gewährt. Nähere Auskünfte gibt Air New Zealand, Rathenauplatz 1a, 6000 Frankfurt, Telefon 069/291897.

Die Ansett New Zealand schickt weiterhin ihre Angebote ins Rennen. Der »New Zealand Airpass« von Ansett gilt 60 Tage und ist fünffach gestaffelt. Die Airpässe umfassen drei Coupons zu 399 NZ$, vier Coupons zu 523 NZ$, fünf Coupons zu 633 NZ$, sechs Flugcoupons zu 732 NZ$, sieben Flugcoupons zu 820 NZ$, acht Flugcoupons zu 897 NZ$. Sie sehen selbst. Je mehr Flugcoupons geordert werden, desto billiger wird der Einzelcoupon. Weitere Informationen gibt es bei Ansett, Air New Zealand in Frankfurt, Telefon 069/282225 oder 288254. Der »New Zealand Airpass« von Ansett kann laut Auskunft auch nach Ankunft in Neuseeland gekauft werden, wenn ein internationales Rückflugticket vorgelegt wird. Bitte vorher nochmals überprüfen.

Der »Kiwi-Airpass« von Mount Cook Airline mit einer Gültigkeitsdauer von 30 Tagen stellt eine weitere Alternative dar. Er gilt für eine beliebige Anzahl von Flügen innerhalb des Streckennetzes von Mount Cook Airline in Neuseeland. Jede Strecke darf allerdings nur einmal in jede Richtung beflogen werden. Der »Kiwi-Airpass« reißt zwar ein Loch von 649 NZ$ in die Reisekasse, dafür bedient die Mount Cook Airline Regionen, die die anderen beiden Airlines aussparen. Der »Kiwi Super Airpass« ist eine Erweiterung, der die Flüge mit gebuchten Übernachtungen kombiniert. Für sieben Tage sind für diesen »Super Airpass« 349 NZ$ zu bezahlen. Er ist der heiße Tip für Jet-Setter.

Auch in Neuseeland kooperieren inzwischen die ersten Fluggesellschaften. Air New Zealand und Mount Cook Airline schicken ihren »Freedom Pass« ins Rennen. Diesen Airpaß gibt es mit vier Coupons zu 395 NZ$, mit sechs Coupons zu 550 NZ$. Für Neuseeland das interessanteste Airpaßangebot, da zwei verschiedene Streckennetze sich äußerst günstig kombinieren lassen. Zusätzlich gewährt die Mount Cook Landline bei Busfahrten einen 20 prozentigen Discount. Leider wird der »Freedom Airpass« in Europa nicht angeboten. Er muß vor der Einreise entweder in den USA, in Australien oder Südostasien gekauft werden. Eine weitere Besonderheit ist, daß die Gültigkeit des »Freedom Passes« an die Gültigkeit des internationalen Flugtickets zur Ein- und Ausreise nach Neuseeland gekoppelt ist. Detailierte Auskünfte sind über Air New Zealand oder Mount Cook Line in Frankfurt, Telefon 069/291897 oder 2302421 zu erhalten.

Wer sich einen Airpaß für Neuseeland zulegen möchte, sollte sich überlegen, ob es sich lohnt. Auf dem Landwege wird in Neuseeland wirklich mehr erlebt. Die Entfernungen sind zudem relativ gering (Auckland-Wellington 660 Kilometer). Wer trotzdem einmal eine Strecke fliegen möchte, braucht nicht unbedingt einen Airpaß. Die verschiedenen Airlines bieten auf den einzelnen Strecken größzügige Sondertarife (die Ansett mit dem »Discover New Zealand Fare« 20 Prozent und mit dem »See New Zealand Fare« sogar 30 Prozent). Der Flug von Auckland nach Invercargill, am Südzipfel der Insel, ist damit um 243 NZ$ zu haben. Der mittlere Umrechnungskurs schwankt um die 1:1, mithin können die Preisangaben in NZ$ äquivalent in DM betrachtet werden (+/- 0,10 DM).

*Airpässe Australien und Neuseeland*

| Land<br>Airpaß | Dauer/Tage | Stops | Preis | Bemerkungen |
|---|---|---|---|---|
| Australien | | | | |
| System Airpass | 21 | U | 1100 $A | nicht Norfolk Island |
| Northern AP | 21 | U | 660 $A | gilt nördlich von Sydney |
| Southern AP | 21 | U | 550 $A | gilt südlich von Sydney |
| Eastside AP | 14 | U | 799 $A | incl. Ayer Rocks, Alice Spring und Tasmanien |
| Sun Airpaß | 60 | U | 799 $A | Gold Cost, Cairns und Ayer Rocks |
| -› Streckennetz der East-West Airlines | | | | |
| Explorer | 60 | 3-4 | | 30 Prozent Discount |

| | | | | |
|---|---|---|---|---|
| Australia AP | | 5-7 | | 35 Prozent Discount |
| | | ab 8 | | 40 Prozent Discount |
| -› Streckennetz der Ansett, East-West Airlines | | | | |
| Australia AP | 60 | 3-4 | | 30 Prozent Discount |
| | | 5-7 | | 35 Prozent Discount |
| | | ab 8 | | 40 Prozent Discount |
| Experience Australia AP | 5-90 | | | Infobroschüre anfordern! |
| -› Streckennetz der Australian Airlines | | | | |
| Neuseeland | | | | |
| New Zealand AP | 60 | 4 | 523 NZ $ | Ansett NZ |
| | | 5 | 633 NZ $ | |
| | | 6 | 732 NZ $ | |
| | | 7 | 820 NZ $ | |
| | | 8 | 897 NZ $ | |
| Kiwi Airpass | 30 | U | 849 NZ $ | Mount Cook Line |
| Freedom Pass | wie int. Ticket | 4 | 395 NZ $ | Air New Zealand/Mount Cook Line, nicht in Europa erhältlich. |

U = unbegrenzt, aber jeder Zielflughafen darf nur einmal angeflogen werden. Alle Airpässe gelten nur für Personen, die nicht ihren Wohnsitz in Australien beziehungsweise Neuseeland haben. Die Airpässe können zudem nur außerhalb des jeweiligen Reiselandes, bis auf die genannten Ausnahmen, erworben werden. In der Regel wird zur Ausstellung ein Round-the-world, open jaw oder ein One way-Ticket nach/via Australien/Neuseeland verlangt. In einigen Fällen wird dazu sogar ein IATA-Ticket benötigt. Der Umrechnungskurs ist aktuell beim Airpaßkauf zu erfragen.

**Melanesien, Mikronesien und Polynesien**

Eine logische Folge weit verstreuten Inseln in den Weiten des Pazifiks ist die entsprechende Vielzahl verschiedener Airpässe. Der pazifische Raum, im Schnittpunkt japanischer und us-amerikanischer Interessen, derzeit mitten in einer äußerst dynamischen Entwicklung befindlich, macht es notwendig, vor der Entscheidung über den Kauf eines Airpasses, sich mit einem sehr guten Reisebüro oder den hier angegebenen Informationsstellen in Verbindung zu setzen. Zur Zeit werden folgende Airpässe angeboten:

Fiji, Tonga und Vanuatu (Melanesien): Für die Fiji-Inseln bietet Fiji Air den »Fiji Island« Airpaß an. Für 180 Fiji$ (etwa 1750 DM) kann man zwei Wochen lang zwischen Suva, Levuka, Savusavu sowie Kadavu und Taveuni Insel-Hüpfen betreiben.

Von Air Pacific werden zwei »Südpazifik Entdecker-Pässe« angeboten. Für die Kombination Fiji – Tonga – Westsamoa – Vanuatu reicht der »Südpazifik Entdecker-Paß 1«. Die Reise kann von jedem Zielort aus beginnen. Die Flüge müssen immer über Nadi und Suva erfolgen. Der Airpaß ist für eine beliebige Anzahl von Flügen innerhalb von 30 Tagen gültig. Jedes Ziel darf nur einmal angeflogen werden. Für den Inselhüpferspaß müssen derzeit 449 Fiji$ auf den Counter geblättert werden. Unter gleichen Bedingungen ist der »Südpazifik Entdecker-Paß 2« zu haben. Er kostet 549 Fiji$ und schließt die Salomonen mit ein. Für ein Mehr von 182 DM die Salomonen inklusive zu haben, macht diesen Airpaß sicherlich interessant. Zudem läßt sich der »Discover Fiji« Airpaß jeweils mit den beiden »Südpazifik Entdecker-Pässen« gegen entsprechenden Aufpreis kombinieren. Anfragen über Fiji-Air sind an die Guillottstr. 30, 6000 Frankfurt, Telefon 069/729092 zu richten.

Fiji, Vanuatu und Neukaledonien (Melanesien): Inzwischen gibt es auch einen neuen Triangle Paß von Air Pacific und Air Caledonia zwischen Fiji, Vanuatu und Neukaledonien. Der Preis liegt bei 875 DM.

Samoa, Fiji, Tonga und Cookinseln (Melanesien): Auf ihrem Streckennetz von Sydney über Samoa (Apia) nach Fiji (Nadi oder Suva), Rarotonga und Tonga nach Auckland bietet die Polynesian Airlines den »Polypaß« für eine beliebige Anzahl von Flügen. Jeder Zielflughafen darf nur einmal angeflogen werden. 30 Tage lang können auf dieser Streckenführung für (1549 DM) 999 Dollar Inseln kombiniert werden. Zusätzlich erlaubt der Polypaß je einen Roundtrip von und nach Sydney beziehungsweise Auckland. Allerdings gilt der Paß nicht im Dezember und Januar. Detailierte Auskünfte gibt es über Ansett, Polynesian Airlines in Frankfurt, Telefon 069/282225.

Salomonen (Melanesien): Die Salomon Airlines gibt ebenfalls einen Pazifik Entdecker-Paß heraus. Zwischen Brisbane, Cairns, Honiara (Salomonen), Vanuatu, Papua Neuguinea, Fiji und Neuseeland kosten zwei Coupons 399 US-Dollar, drei Coupons 499 US-Dollar und vier Coupons 599 US-Dollar für eine Gültigkeit von 30 Tagen. Ab Neuseeland und Australien wird ein Zuschlag von 100 US-Dollar fällig.

Innerhalb der Salomonen gibt's den »Salomons Fare-Paß«, bestehend aus vier Coupons zu 199 US-Dollar. Damit kann innerhalb von 30 Tagen über die Inselgruppe gejettet werden. Jeder weitere Coupon kostet 50 US-Dollar. Weitere Infos bei Salomon Airline, Guiolettstr. 30, 6000 Frankfurt, Telefon 069/172260.

Westsamoa, Tonga und Fiji (Melanesien): Der »Southpacific Triangle Paß«, zwischen Fiji, Tonga und Westsamoa mit vier Flugcoupons und einer Gültigkeistdauer von einem ganzen Jahr, ist derzeit zu 459 US-Dollar (767 DM) zu haben. Mit ihm lassen sich Nadi oder Suva mit Apia (Western Samoa) und Tonga kombinieren. Infos wieder über Ansett, Telefon 069/282225.

Mikronesien: Continental hat zwei Airpässe für Mikronesien im Angebot. »Mikronesien I« und »Mikronesien II« gelten jeweils für 30 Tage für eine beliebige Zahl von Inselflügen innerhalb des jeweiligen Streckennetzes. »Mikronesien I« umfaßt Guam, Saipan, Truk, Yap, Rota und Palau zu einem Preis von 550 Dollar. »Mikronesien II« ist für einen Zuschlag von 100 Dollar erhältlich. Er schließt zusätzlich Ponape ein. Grundsätzlich startet man mit den Airpässen von Guam aus. Allerdings muß beim Kauf der Mikronesien-Airpässe kühl gerechnet werden. Wer zum Beispiel über die USA via Guam nach Manila fliegt, sollte sich ausrechnen lassen, ob der Durchgangstarif nicht weitaus günstiger ist. Zudem sind beim Routing die meisten Insel schon im Durchgangstarif enthalten, so daß der Kauf eines Airpasses nicht notwendig wird. Diesen lohnenden Preisvorteil des Durchgangstickets können Sie aber nicht nutzen, wenn Sie von Australien aus in dieses Inselgebiet einreisen. Ausführliche Beratung und weitere Infos gibt's auch bei Global Tours, Guiollettstr. 30, 6000 Frankfurt, Telefon 069/7240405 oder 06102/33006.

Air Rarotonga oder Avaiki Air bieten für die Cook-Inseln einen »Island Hopper Pass« an. Zwei kombinierte Inseln kosten dabei 370 DM, fünf Inseln 920 DM.

Polynesien: Um das Bild der Südsee-Airpässe abzurunden, noch einen Blick auf Polynesien. Air Tahiti bietet zusammen mit Air Moorea vier Airpässe für Französisch-Polynesien an. Ursprünglich war die UTA der Generalagent für Air Tahiti in der Bundesrepublik. Aber weder Air Tahiti noch UTA sind heute in Deutschland zu finden. Die UTA ging inzwischen in der Air France auf. So können die Airpässe nur noch bei der Airline gekauft werden, mit der auch nach Tahiti eingereist wird.

Alle Airpässe gelten für eine beliebige Anzahl von Flügen innerhalb von 28 Tagen in Französisch-Polynesien. Die klassische Rundreise ab Tahiti bietet der Airpaß »Französisch-Polynesien 1« mit den Inseln Moorea, Raiatea, Huahine,und Bora-Bora zu derzeit 29.000 CFP (480 DM). Für 43.500 CFP (710 DM) erhält der Südseesüchtige zusätzlich Rangiroa und Manihi/Tuamotu-Inseln (»Französisch-Polynesien 2«). Eine Verbindung beider Airpässe ist der »Französisch-Polynesien 3«, der außerdem einen weiteren Stop in Papeete (Tahiti) gestattet. Dafür sind 48.500 CFP (790 DM) über den Tresen zu schieben. Den »Französisch-Polynesien 4« benötigt, wer viel lieber die Australinseln (Rurutu) mit den Tubuai-Inseln kombinieren möchte. Für diese Variante werden für 28 Tage ebenfalls 48.500 CPF (790 DM) fällig. Pro Insel ist jeweils nur ein Stopover erlaubt. Die Route kann frei gewählt werden und der erste Flug ist per Reservierung festzulegen. Auskünfte gibt derzeit jedes Air France-Büro. Am 15.08.1992 betrug der gültige Umrechnungskurs 1:0,016 CPF).

Alle Airpässe können über ein gutes Reisebüro nach Wahl ohne Gebühr bestellt werden. Wichtig ist, daß die Airpässe gemäß Reisekonditionen und Gültigkeit schon vor Antritt der Reise gekauft werden. Sie gelten oft nur zusammen mit einem internationalen Anflug, der frei gewählt werden kann. Nur selten werden internationale Anflüge (etwa Polynesien) vorgegeben. Da Airpässe einer ständigen Änderung, Weiterentwicklung und Anpassung

(Kursschwankungen des Dollars, weltweite Auswirkungen von Krisen etc.) unterliegen, ist vor jeder Reise in das jeweilige Zielgebiet die Kondition und der Preis des Airpasses nochmals abzufragen.

*Airpässe Südsee*

| Land<br>Airpaß | Dauer/Tage | Stops | Preis | Bemerkungen |
|---|---|---|---|---|
| Melanesien | | | | |
| Discover Fiji | 30 | U | 180 $ | Suva, Levuka, Savusavu, Kadavu, Taveuni (by Fiji Air) |
| Entdecker 1 | 30 | U | 499 $ (774 DM) | Fiji, Tonga, Westsamoa, Vanuatu |
| Entdecker 2 | 30 | U | 599 $ (928 DM) | + Salomonen (by Air Pacific) |
| Polypaß | 30 | U | 999 $ (1548 DM) | incl. Samoa,Fiji, Rarotonga, Tonga (by Polynesien Airline) |
| Southpacific Triangle | 1 Jahr | 4 | 459 $ (767 DM) | Fiji, Westsamoa, Tonga |
| Pazifik Entdeckerpaß | 30 | 2 | 399 $ | Salomonen, Fiji, Papua, Nandi, Vanuatu |
| | | 4 | 599 $ | wie oben |
| Discover Salomon Fare | 30 | 4 | 199 $ | weitere Coupons je 50 US $ |
| Mikronesien | | | | |
| Mikronesien 1 | 21 | U | 550 $ (852 DM) | ab Guam, Saipan, Truk, Yap, Rota, Palau |
| Mikronesien 2 | 21 | U | 650 $ (1008 DM) | + Ponape |
| Achtung: Durchgangstarif via USA kann günstiger sein. | | | | |
| Polynesien | | | | |
| Polynesien 1 | 28 | U | 480 DM | ab Tahiti, Moorea, Huahine, Raiatea, Bora-Bora |
| Polynesien 2 | 28 | U | 710 DM | + Rangiroa, Mahini |
| Polynesien 3 | 28 | U | 790 DM | Polynesien 1 + 2 |
| Polynesien 4 | 28 | U | 790 DM | +Austral-/Tubuaiinseln |
| (aber: jeweils nur ein Stopover mit Air Tahiti/Moorea) | | | | |

| | | | | |
|---|---|---|---|---|
| Cookinseln | | | | |
| Island Hopper | 2 Inseln | 370 DM | für Cookinseln | |
| | 5 Inseln | 920 DM | | |

U = unbegrenzt, aber es darf jeder Zielflughafen nur einmal angeflogen werden. Kurs 1 $ entspricht 1,55 DM.

**Nordamerika**

*Airpässe Nordamerika*

| Land<br>Airpaß | Dauer/Tage | Stops | Preis | Bemerkungen |
|---|---|---|---|---|
| USA | | | | |
| Visit USA Tarif | 60 | 3 | 549/599* DM | Nebensaison Sept.-Juni,<br>* Hauptsaison Juli-August |
| | | 4 | 724/776* DM | |
| | | 5 | 897/948* DM | |
| | | 6 | 948/1000* DM | |
| | | 7 | 1000/1052* DM | |
| | | 8 | 1052/1150* DM | |
| | | 9 | 1104/1202* DM | |
| | | 10 | 1156/1254* DM | |
| Visit USA | | 4 | 515 DM | American West Airlines, |
| Entdecker-Tarif (VUSA) | | 5 | 615 DM | Flug in die USA muß mit SIA |
| | | 6 | 715 DM | gemacht werden (jeder weitere |
| | | 7 | 815 DM | Coupon 100 DM) |
| | | – | – | – |
| | | – | – | – |
| | | 12 | 1315 DM | (wie oben) |

Weitere Airpässe werden ständig von den verschiedensten Fluggesellschaften neu angeboten. Sich ausführlich zu informieren, zahlt sich immer aus.

## 5.4 Frachtschiffe, Segelschiffe und Yachten

Die Zeiten, in denen das Abenteuer eines Weltenbummlers auf einem Schiff zum Nulltarif begann, gehören schon längst der Vergangenheit an. »Hand gegen Koje«, nur um günstig in die Ferne zu kommen, ist heutzutage die Ausnahme. Üblich hingegen ist diese Praxis, um als Segelbegeisterter billig an einen Privat-Törn zu kommen. Auf Frachtschiffreisen ist dies jedoch zur Seltenheit geworden. Zwar tauchen immer wieder Berichte in den Reisemagazinen auf, aber sie sind mit Vorsicht zu genießen. Meist sind es männliche Personen, die bereits das notwendige Fahrtenbuch haben. Damit werden deren Chancen auf einem Schiff anzuheuern wesentlich erhöht. Wer statt dem Flugzeug mit dem Frachtschiff in das Land seiner Träume anreisen möchte, reist in der Regel als Gast auf einem Frachtschiff und muß dafür verhältnismäßig tief in die Tasche greifen. Frachtschiffpassagen sind relativ teuer. Wer sich näher für den Trip auf Frachtschiffen um die Welt informieren möchte, kann bei folgenden Reedereien anfragen:

- Hamburg-Süd, Ost-West-Str. 59, 2000 Hamburg 11, Telefon 040/3705591
- Int. Frachtschiffreisen, Friedrich-Storck-Weg 18a, 5600 Wuppertal, Telefon 0202/452379
- Fachagentur für Frachtschiffreisen, Strandallee 110, 2409 Scharbeutz, Telefon 04503/73675
- Frachtschiff Touristik Zylmann, Exhöfter Damm 12, 2341 Maasholm, Telefon 04642/6767
- Navis-Consult, Alter Postweg 70, 2800 Bremen, Telefon 0421/445606
- Margis, Stahltwiete 11, 2000 Hamburg 50, Telefon 040/8512860
- Reederei NSB, Violenstr. 22, 2800 Bremen, Telefon 0421/321668
- Costa, Zeil 107, 6000 Frankfurt 1, Telefon 069/20911
- Y.C.W. Frachtschiffreisen, Elisabethstr 43, 4000 Düsseldorf, Telefon 0211/383831.

*Mitsegler-Agenturen*

Sie vermitteln weltweit Segeltörns und Mitsegelgelegenheiten gegen Kostenbeteiligung:

- Agentur für Mitsegler, Kreuzhofstr. 10, 8000 München, Telefon 089/7594801
- Bootsbörse Köhler, Postfach 765, 2940 Wilhelmshaven.

*Expeditionskreuzfahrten*
Wer einmal mit einem Eisbrecher oder in extremen Küstengewässer (Alaska, Kap Horn, Antarktis, Nordpol etc.) fahren möchte, muß sich an folgende Agenturen wenden:

- Immaris Perestroika Sailing (Dampfeisbrecher »Krasin«, Deichstr. 11, 2000 Hamburg, Telefon 040/371736
- Polar Schiffahrts Consulting (Arktis, Alaska, Antarktis), Stettinstr. 20, 2000 Wedel, Telefon 04103/85777
- Cape Horn Expeditions (Kap Horn, Antarktis, Arktis), Hohenzollernstr. 26, 8000 München, Telefon 089/5234576.

*Großsegler*

- Sea Cloud Reisen (Sea Cloud), Vorsetzen 50, 2000 Hamburg, Telefon 040/3690272
- Tall-Ship-Friends e. V., Meierndorfer Straße 74a, 2000 Hamburg 73, Telefon 040/2194619
- Heuerzentrale für Traditionssegler, Birgit Wulff, Bohlberg 37, 2390 Flensburg, Telefon 0461/30387.

## 5.5 Cash, Cards and Cheques

Auf Reisen ideal ist die inzwischen klassische Kombination von Bargeld (Cash), Travellerschecks (Cheques) und Kreditkarte (Card). Dabei ist von entscheidender Bedeutung für welche Art von Schecks und für welche Kreditkarte sich der Weltenbummler entscheidet, um den effektivsten Nutzen daraus zu ziehen.

**Cash (Bargeld)**
Bargeld ist als Basis grundsätzlich notwendig, vor allem in nicht industrialisierten oder den hochinflationären Ländern. Mit Bargeld kommt der Reisende immer weiter. Das Risiko jedoch, durch Verlust oder Diebstahl sein gesamtes Geld zu verlieren ist zu hoch. Deshalb sollte man sein Reisekapital splitten. Vom mitgeführten Gesamtbudget aus Travellerschecks und Bargeld, sollte das Bargeld nie mehr als die Hälfte ausmachen. Vor allem kleine Dollarnoten sind sehr nützlich, besonders kurz vor Verlassen eines

Landes, auf Flughäfen, um noch eine etwaige Flughafensteuer zu begleichen, im Flugzeug und gleich bei der Einreise in ein Land. Überhaupt eignet sich der Dollar nach wie vor als hervorragende Bargeldwährung. Er ist weltweit bekannt und akzeptiert. In einigen Ländern ist der Dollar sogar zu einer Art Ersatzwährung aufgestiegen. Deutsche Mark und der französische Franc werden zwar beliebter, aber beim Umtausch notieren sie nach wie vor mit Verlusten hinter dem Dollar. Französische Francs und englische Pfund notieren in den jeweiligen ehemaligen Kolonien Frankreichs und England nach wie vor vorteilhaft.

Bargeld in Fremdwährung, insbesondere US-Dollarnoten gibt es normalerweise bei allen Banken, Sparkassen und Hauptpostämtern. Vergleiche zwischen den Geldinstituten lohnen sich vor allem dann, wenn eine größere Geldsumme umgetauscht werden soll.

**Cheques (Reiseschecks)**
Reiseschecks werden in verschiedenen Währungen und Nennwerten von Geldinstituten, Postämtern oder den jeweiligen Repräsentanten ausgegeben. Sie bieten den Vorteil der größten Sicherheit. Vorausgesetzt, der Käufer hat die Nummernserie notiert und führt seine Quittung mit. Bei Verlust oder Diebstahl werden ihm dann die Reiseschecks im nächsten Büro der Organisation, allerdings oft in großen Notierungen, ersetzt. Es sollten keine all zu große Notierungen von Reiseschecks eingekauft werden (500 US-Dollar werden zum Beispiel in Südamerika nicht akzeptiert).

Reiseschecks sollten mindestens die Hälfte des mitgeführten Budgets ausmachen. In einigen Ländern (USA, Kanada, Australien etc.) ist nahezu alles auch mit Reiseschecks zahlbar und in der Regel spesenfrei. Auch Travellerschecks in Dollar-Währung haben weltweit die beste Akzeptanz.

Die weltweit bekanntesten und gängigsten Reiseschecks sind:

- American Express, Telefon 069/720016 und
- Thomas Cook.

American Express Reiseschecks gibt es in folgenden Währungen:

| | |
|---|---|
| 1. Kanadische Dollar | 5. Schweizer Franken |
| 2. Französische Francs | 6. Japanische Yen |
| 3. Englische Pfund | 7. US-Dollar |
| 4. Deutsche Mark | 8. Saudische Riyal |

American Express Reiseschecks können für Süd- und Mittelamerika, für die USA und Kanada, für Afrika und die arabischen Länder, für Asien sowie für den pazifischen Raum, inklusive Neuseeland und Australien, empfohlen werden.

Thomas Cook Reiseschecks gibt es in folgenden Währungen:

| | |
|---|---|
| 1. Kanadische Dollar | 7. US-Dollar |
| 2. Französische Francs | 8. Holländische Gulden |
| 3. Englische Pfund | 9. Australische Dollar |
| 4. Deutsche Mark | 10. Hongkong Dollar |
| 5. Schweizer Franken | 11. Spanische Peseten |
| 6. Japanische Yen | 12. ECU (Europäische Währungseinheit) |

Thomas Cook-Reiseschecks können für Neuseeland, Australien, Hongkong, Malaysia, Singapur, Thailand, Indonesien, Kanada, Suriname und Curaçao empfohlen werden.

Sind Reiseschecks in der Landeswährung erhältlich, sollten diese bevorzugt gekauft werden, da sie beim Umtausch in Bargeld grundsätzlich besser notieren. Ansonsten ist auf die US-Dollar-Währung zurückzugreifen, insbesondere in den USA, sowie in Mittel- und Südamerika.
Beim Kauf von Travellerschecks von American Express und Thomas Cook sind die Schecks sofort in der vorgesehenen Rubrik oben links zu unterschreiben, sonst erfolgt bei Verlust oder Diebstahl keine Ersatzleistung. Bei der Einlösung werden die Reiseschecks unten links ein zweites Mal signiert, damit sie ihre Gültigkeit erhalten. Der Reisepaß sollte dabei bereitgehalten werden, damit die Identität des Einlösers bei Bedarf überprüft werden kann. Zeitweise wird auch der Kaufnachweis (Record of Purchase)

verlangt. Zur eigenen Sicherheit sollte der Kaufnachweis zudem immer getrennt von den Schecks aufbewahrt werden. Travellerschecks sollten außerdem nie im Hotelzimmer, im Gepäck oder Kraftfahrzeug zurückgelassen werden. Sie haben kein Verfallsdatum und können jederzeit in Bargeld umgetauscht werden.

Travellerschecks von American Express und Thomas Cook gibt es in folgenden Nennungen:

| | |
|---|---|
| ○ Australische Dollar | 20, 50, 100 und 200 $A |
| ○ Deutsche Mark | 50, 100, 200 und 500 DM |
| ○ Europäische Währungseinheit | 50 und 100 ECU |
| ○ Französische Francs | 200, 500 und 1000 FF |
| ○ Hongkong Dollar | 200, 500 und 1000 HK$ |
| ○ Japaniache Yen | 5000, 10000, 20000 und 50000 JPY |
| ○ Kanadische Dollar | 20, 50 und 100 CAD$ |
| ○ Niederländische Gulden | 100, 200 und 500 NLG |
| ○ Pfund Sterling | 10, 20, 50 und 100 GBP |
| ○ Saudische Riyal | 50, 100, 500 und 1000 SAR |
| ○ US-Dollar | 20, 50, 100, 500 und 1000 US$ |
| ○ Schweizer Franken | 50, 100, 200 und 500 CHF |

Übrigens können Sie Reiseschecks auch telefonisch bei den jeweiligen Repräsentanten oder beim Reisescheck-Versand-Service der Postbank in Saarbrücken unter Telefon 0681/401275 rund um die Uhr bestellen. Wer bis 15 Uhr unter der Telefaxnr. 0681/399263 bestellt, erhält die Reiseschecks bereits am nächsten Tag überstellt.

**Card (Kreditkarte)**
Die Kreditkarte gewinnt nicht nur an Bedeutung, sondern sie ist gleichzeitig Versicherung, Bankkonto und somit Garantie Ihrer Liquidität zugleich. Falls Sie bei der Einreise Geldmittel vorweisen müssen, ist es weltweit ausreichend, eine gültige Kreditkarte vorzuzeigen. Außerdem brauchen Sie weltweit die Kreditkarte, um Autos zu mieten, ohne hohe Kautionssummen hinterlegen zum müssen (in Süd- und Nordamerika sogar Grundvorausset-

zung). Mit der Kreditkarte kann nicht nur bezahlt, sondern mit ihr kann auch Bargeld am Geldautomaten gezogen und neue Travellerschecks gekauft werden. Sie ist somit Grundlage einer längeren Fern- und Weltreise und garantiert, daß nicht das gesamte Bar- und Scheckgeld von Anfang an mitgeführt werden muß. Es wird klar, daß die Kreditkarte das Risiko des Bargeld-Diebstahls erheblich mindert, wenn nicht gar vollständig eindämmt.

Wer sich für eine Kreditkarte entscheidet, sollte bei Vertragsabschluß auf einige wichtige Punkte achten, die die Kreditkarten voneinander unterscheiden. Vor Belastung Ihres Kontos, mit den von Ihnen während der Reise ausgegebenen Geld-Summen, sollten Sie sich Ihre Auszüge, mit genauer Aufstellung der zur Buchung anstehenden Beträge, zur Prüfung zuschicken lassen. Schnell können Sie anhand der Aufstellung etwaige Manipulationen, Doppelbelastungen oder falsche Beträge erkennen und ersparen sich so umständliche und nicht immer mögliche Reklamationen. Die Belastung Ihres Kontos erfolgt dann erst nach Ihrer Überprüfung.

Die bekanntesten Kreditkarten (Marktführer) sind:

- ○ Aerican Express
- ○ DinersClub
- ○ Eurocard/Mastercard
- ○ VISA.

In den letzten Jahren wurde immer wieder das Für und Wider der Kreditkarte publiziert. Tatsächlich bietet eine Kreditkarte sowohl Vor- als auch Nachteile, wobei die Vorteile für einen Kreditkartenbesitzer überwiegen.

Zweifelsohne sind ein grundsätzlicher Nachteil des Plastikgeldes die höheren Preise bei den Akzeptanzstellen, die durch die Provision von bis zu 5,5 Prozent (und auch mehr) verursacht werden. Diesen Nachteil bekommt aber erst einmal der Nichtkreditkartenbesitzer zu spüren. Denn die Akzeptanzstellen, die oft nur aufgrund der weltweiten Public-Relation-Wirkung einer Kreditorganisation angehören, versuchen Kreditkarten-Kunden durch Rabatt-Offerten bis zu 10 Prozent und mehr zu einer Barzahlung zu annimieren. Ihre damit um bis zu 10 Prozent verringerten

Einnahmen machen sie durch eine entsprechende Verteuerung ihrer Ware wieder wett. Zahlen tut dies somit letztendlich der Bargeldkäufer, dem solch ein Skonto nicht angeboten wird. Ein weiterer Nachteil der Kreditkarten sind die hohen Überziehungszinsen. Speziell bei den Goldkarten werden durch deren Exquisität, gekoppelt mit Versicherungs- und sonstigen Zusatzleistungen, Kunden gefangen. Doch gerade diese Goldkarten entpuppen sich für die Kreditkartenorganisationen aufgrund der Eitelkeit potentieller Kunden als wahre Goldminen, die aber für den eingefangenen Kunden keinen materiellen Nutzwert besitzen und sich deshalb überhaupt nicht lohnen.

Lohnenswert ist immerhin eine ganz normale Standardkarte, falls diese von der richtigen Kreditkartenorganisation stammt. Der Vorteil spiegelt sich in der einmaligen monatlichen Abbuchung, den geringeren Kontogebühren, dem kostenlosen Darlehen zwischen Kauf und Kontobelastung, das sich bei einem Kauf im außereuropäischen Ausland vorteilhaft auswirkt, und den Guthabenzinsen. Diese Vorteile wiegen eigentlich insgesamt die Nachteile einer Kreditkarte auf.

**VISA und Diners Club**

Auf die Kreditkarten von VISA (Marktführer in Frankreich und in den USA, Kanada, Australien und Neuseeland uneingeschränkt akzeptiert) und Diners Club (Pionier unter den Kreditkarten – New York 1950) wird hier ebenfalls eingegangen, gleichwohl sie bei einer längeren Welt- oder Fernreise außerhalb Europas für die Geldbeschaffung völlig untauglich sind.

Allein die Kritik von VISA-Kunden sei Beispiel genug, die Problematik dieser Karte im weltweiten Einsatz herauszustreichen. Kunden beschwerten sich zunehmend über die VISA-Organisation, »«...die nicht imstande war, eine Visa-Ersatzkarte in die USA zu schicken, trotz vollmundiger Versprechen beim Kauf der Karte.« (Zitat von Sigmund Keiditsch und Uschi Klug aus Berlin im Spiegel 26/1992). VISA ist zudem eine internationale Non-Profit-Organisation für Banken, da die VISA-Organisation nur Lizenzen vergibt. Konditionen, Ausgabe und Berechnung bestimmt das ausgebende Geldinstitut selbst, was zumeist ein

Nachteil für den Kunden ist. Zwar kann VISA weltweit die meisten Akzeptanzstellen aufweisen, aber sie konzentrieren sich hauptsächlich auf die USA und Europa (Fernreisenden nach Nordamerika kann durchaus zur VISA-Kreidtkarte geraten werden). Selbst im Massengeschäft ist VISA in der Bundesrepublik nicht die N 1. Zusätzlich ist diese Karte wegen der hohen Auszahlungsgebühren im Ausland (4 Prozent) und dem mangelhaften Bargeldservice außerhalb Europas und der USA generell nicht zu empfehlen.

Bei Diners ist der Jahresbeitrag mit 150 DM zu hoch. Gegen Diners spricht auch die geringe Dichte des Akzeptanznetzes, mithin schneidet die Diners Club Kreditkarte am schlechtesten ab. Sie ist die Karte mit dem meisten Schnickschnack-Service wie Helikopter-, Chauffeur-, Lounges und Konzertkartenservice. In Notsituationen hilft sie fast nirgendwo, die VISA Card (mit Akzeptanzschwerpunkt Nordamerika/Europa) nur bedingt weiter.

Zwar bietet VISA flexible Zahlungs-Möglichkeiten der getätigten Ausgaben, allerdings nur gegen Kreditzinsen in Höhe von derzeit 14,71 Prozent. Die VISA bietet in Kooperation mit Versicherungen, Bausparkassen und Automobilclubs zwar die Kreditkarte inzwischen zu den günstigsten Jahresbeiträgen, aber da auf der Karte das Logo des Lizenznehmers plakativ in Verbindung mit dessen Erwartungshaltung im Vordergrund stehen, wird in aller Regel eine derartige Kreditkarte im außereuropäischen Ausland, insbesondere abseits der Hauptstädte, nicht als VISA-Kreditkarte erkannt beziehungsweise anerkannt. Auch die meisten Fluggesellschaften außerhalb Europas und Nordamerikas führen die VISA- oder Diners Kreditkarte nicht.

Es empfiehlt sich deshalb als Grundregel bei einer Welt- oder Fernreise über mehrere Monate sich für eine echte Kreditkarte und nicht für eine sogn. »Co-branded«-Kreditkarte (Massenlizenz- und Billigkarte) von VISA (zum Beispiel von ADAC, BHW, DKV, TUI, Audi, Sixt, Mövenpick, DTA, Bertelsmann, HUK oder KKB) zu entscheiden.

### American Express und Euro-/Mastercard

American Express (Individualkarte) und Eurocard (außerhalb Europas Mastercard/Bankcard oder Credicard) sind im Ausland weltweit effizienter und akzeptierter. Die American Express Karte ist weltweit, trotz des kleineren Kundenstammes, sogar die bekannteste. Ich persönlich empfehle, sich für eine der beiden zu entscheiden. Ideal ist aber die Kombination von beiden Kreditkarten.

Die Eurocard ist ein Produkt der Gesellschaft für Zahlungssysteme (GZS) in Frankfurt und den Gemeinschaftsorganisationen der deutschen Kreditwirtschaft, die wiederum auf dem internationalen Sektor mit Mastercard (USA), Access (Großbritanien) und anderen zusammenarbeiten.

Bei der Eurocard/Mastercard kann es passieren, daß nur in der Landeswährung oder in Reiseschecks ausgezahlt wird und nicht in Dollars. Es gibt Länder, in denen fast alles mit der American Express Karte (zum Beispiel Brasilien), sogar Bleistifte, bezahlt werden kann. Sind diese Länder auch noch hochinflationär, dann lohnt sich der Einsatz der Kreditkarte doppelt.

Die Eurocard/Mastercard hat sich besonders als »Versorgungskarte« hervorgetan. Fast in jedem Restaurant und Geschäft sowie an Tankstellen rund um den Erdball wird die Eurocard/Mastercard akzeptiert. Bus und Bahntickets können oft mit ihr gezahlt werden. Die Akzeptanz liegt in Asien und Ozeanien bei 3,2 Millionen, in der USA bei 2,8 Millionen, in Canada bei 500.000, in Lateinamerika bei 400.000 und in Afrika und dem Mittleren Osten bei 140.000 Stellen.

Es genügt also bei der Auswahl Ihrer Kreditkarte nicht, allein auf die Dichte des Akzeptantennetzes im Ausland zu blicken, sondern um welche Art von Geschäften, Veranstaltern, Banken und so weiter es sich bei den Akzeptanten handelt und, ganz wichtig, bei wieviel Stellen außerhalb Europas Sie tatsächlich Bargeld in US-Dollars erhalten. Klar, daß die verschiedenen Anbieter mit der Dichte ihres Akzeptantennetzes werben. Deshalb aufgepaßt. Ein großes Akzeptantennetz bedeutet noch lange keinen guten Service. Aber auf einer Reise ist der Service ausschlaggebend.

Auf meinen Reisen stellte sich, trotz geringerer Akzeptanzstellen, die American Express Karte weltweit als bester Bargeldbeschaffer in US-Dollar-Währung heraus. Aber auch die Eurocard/

Mastercard hatte einige Vorzüge, die ich nicht missen wollte. Deshalb schätze ich es, beide Karten zur Verfügung zu haben. Am Beispiel der Reisegebiete »Südamerika« und »Nordamerika« läßt sich dieses Problem erklären. Wer mit American Express in den USA reist, hat denkbar schlechte Karten schnell Bargeld und gute Serviceleistungen zu erhalten. Mit der Eurocard/Mastercard dagegen, gibt es überhaupt keine Probleme. In Südamerika ist es genau umgekehrt. Da gibt es mit der American Express Karte alles, selten etwas mit der VISA und weniges mit der Eurocard/Mastercard. Deshalb ist es von Vorteil, sich rechtzeitig die Verzeichnisse der Kreditkarten-Repräsentanzen (Ausland) zu besorgen und sich über die Landesbedingungen der jeweiligen Karte zu erkundigen. Wer sich immer noch nicht entscheiden und sich nur eine Karte leisten will: für Fern- und insbesondere für Weltreisen ist die American Express Karte zu empfehlen.

Eurocard:
- ○ Internationales Verzeichnis für Akzeptanz und Bargeldservice, Taschenbuchformat, 22 Seiten.
- ○ International Travel Guide (in Englisch), Weltführer der Eurocard mit Adressen aller Repräsentanzbanken, Taschenbuchformat, 216 Seiten.

American Express:
- ○ Guide to Travel Service Offices (fünfsprachig), weltweites Verzeichnis der American Express-Büros und Repräsentanzen, Taschenbuchformat, 40 Seiten.

*Kreditkarten im Überblick (Stand: August 1992)*

| | Eurocard | Am. Express | Diners | VISA |
|---|---|---|---|---|
| Karteninhaber | | | | |
| - weltweit | 172 Mio. | 36 Mio. | 5 Mio. | 168 Mio. |
| - Deutschland | 3,3 Mio. | 1 Mio. | 0,4 Mio. | 0,7 Mio. |
| Aufnahmekriterien | einwandfreie Bonität bei der kontoführenden Stelle | einwandfreie Bonität, Jahres-einkommen 45.000 DM | einwandfreie Bonität, Jahres-einkommen 45.000 DM | einwandfreie Bonität, Bankauskunft |

| | | | | |
|---|---|---|---|---|
| Akzeptanzstellen | | | | |
| – Deutschland | 220.000 | 160.000 | 150.000 | 160.000 |
| – weltweit | 9,8 Mio. | 3,5 Mio. | 2,0 Mio. | 8,9 Mio. |
| in… Ländern | in 170 | in 170 | in 150 | in 160 |
| Jahresbeitrag | | | | 90 DM |
| – Privatkarte | 30 DM | 100 DM | 150 DM | Co-Brand |
| – Firmenkarte | 80 DM | 50-60 DM | | ab 33 DM |
| Bargeld-Service | | | | |
| – Ausland | 1000 US-$ innerhalb 7 Tagen bei 270.000 Stellen | 1000 US-$ innerhalb 21 Tagen, (200 US-$ BAR, 800 US-$ in Schecks) bei 35.000 Stellen gegen Vorlage pers. Schecks | 1000 US-$ alle 7 Tage bei 45.000 Stellen | täglich 150-250 US-$ je nach Lizenznehmer bei 350.000 Stellen max. 3 x pro Woche |
| American Express: | | | | |
| – Gebühren | 3% des Auszahlungsbetrages, umgerechnet mindestens ca. 10 DM | 200 $ frei! Rest 1 Prozent. Reisescheckprovision | 4% des Auszahlungsbetrages | umgerechnet mindestens ca. 10 DM |
| Ersatzkarte | ab 30 DM ca.7 Tage | gratis! 24 Std.-Service | gratis! ca. 2-3 Wo | 25 DM, ca. 2-3 Wo |
| Abrechnung (mon. in DM) | Lastschrift | Bezahlung der Monatsrechnung per Scheck, Überweisung oder Lastschrift. | | |
| Umrechnungskurs b. Fremdwährungsabrechnung | amtlicher Devisenbriefkurs + 1% Umrechnungsgebühr | Interbankkurs + 1% Provision | Devisenbriefkurs + 1% Provision | |
| Reiseunfall-Versicherung | bei Buchung mit der Karte für alle öffentlichen Verkehrsmittel inklusive Leihwagen (ausgenommen Diners Club) | | | |
| | 500.000 DM | 400.000 DM | 600.000 DM | 500.000 DM |

| | | | | |
|---|---|---|---|---|
| Adresse/Auskunft | alle Banken + Sparkassen + Eurocard, Theodor-Heuß-Allee 80, 6000 Frankfurt, Tel. 069/7933-0. | Am. Express, Postfach 110101, 6000 Frankfurt, Tel. 069/720016. | Diners Club, Postfach 160231, 6000 Frankfurt, Tel. 069/26030. | VISA Card, Ludwig-Landmannstraße 405, 6000 Frankfurt, Tel. 79201-333. |

Beim Verwenden einer Kreditkarte muß vor allem im außereuropäischen Ausland unbedingt darauf geachtet werden, daß der Betrag in Landeswährung ausgestellt wird. Es ist vor dem Signieren des Betrages zu prüfen, ob hinter der Summe die richtige Währungsbezeichnung steht, sonst könnten im nachhinein ohne Probleme Dollar oder DM eingetragen werden. Außerdem sollte man von jedem Beleg persönlich das Kohlepapier (soweit noch in Verwendung) herausgerissen und vernichtet werden. Gerissene Plastikgeld-Ganoven können sonst das Kohlepapier verwenden, um noch einmal einen Kartenbeleg in beliebiger Höhe (vor allem in Asien) auszustellen. Die Kreditkarte sollte zudem so wenig wie möglich aus der Hand gegeben werden. Zu schnell können Duplikate der Karte angefertigt werden. Solche Betrügereien führen dann zu einer Belastung Ihres Kontos. Als Grundregel gilt, daß Nachbelastungen immer ausgewiesen werden müssen. Nachbelastungen gelten außerdem grundsätzlich nicht als Beweis, daß der Karteninhaber die Leistung auch tatsächlich in Anspruch genommen hat; deshalb Ungereimtheiten immer sofort reklamieren.

Bei Benutzung der American Express Karte ist eine Besonderheit zu beachten. Wer Bargeld und Reiseschecks ziehen möchte, muß einen persönlichen Scheck vorlegen. Das kann ein Euroscheck (ohne Scheckkarte) oder jede andere gültige Scheckart sein. Nur in wenigen Ausnahmefällen, stellen die Repräsentanzen dem Kunden einen Scheck zur Verfügung.

Kommt die Kreditkarte durch Diebstahl, Verlust oder auf sonstige Weise abhanden, muß der Karteninhaber sofort das jeweilige Kreditkarteninstitut verständigen, das dann die Kartennummer sperrt. Bis zum Zeitpunkt der Benachrichtigung haftet der Karteninhaber bis maximal 100 DM. Nach Benachrichtigung über

Verlust oder Diebstahl haftet die Kartengesellschaft voll für alle weiteren Schäden.

Wer ausschließlich nach Nordamerika reist, sollte auf jeden Fall eine Kreditkarte besitzen und mitführen, da Schecks und selbst größere Summen in Bargeld selten akzeptiert werden (Sicherheitsfaktor bei Tankstellen etc.). Außerdem ist die richtige Kreditkarte weltweit jederzeit für eine Mietwagenkaution gut.

## 5.6 Versicherungen

Ohne Versicherung läuft im Krankheitsfalle auf einer Fern- oder Weltreise nichts. Eine normale Krankenversicherung reicht für das außereuropäische Ausland nicht aus. Die normale Krankenversicherung daheim muß selbstverständlich auch bei längerer Abwesenheit bestehen bleiben, damit im Krankheitsfall die Kosten auch nach der Rückkehr gedeckt sind. Dies klingt vielleicht albern, aber mir selbst sind schon vermeintliche Schlauberger begegnet, die auf diese Weise Geld sparen wollten. Am günstigsten ist natürlich eine Versicherung bei den allgemeinen Ortskrankenkassen auf Studententarifbasis. Eine erneute Immatrikulation, falls möglich, sollte bei Nichtstudenten deshalb rechtzeitig arrangiert werden. Zulassungsbedingungen müssen in bestimmten Fachbereichen wie Philosophie und Literaturwissenschaften nicht beachtet werden. Ein guter Freund meldet einen rechtzeitig zum nächsten Semester per Vollmacht zurück und zahlt die fälligen Beiträge für das Studentenwerk.

Wer nicht das Glück hat, zu diesem Kreis zu gehören, bespricht die Situation am besten mit seiner Krankenkasse. Jede Krankenkasse hält einen besonderen Tarif für freischaffende Berufe (Künstler), Arbeitslose und so weiter bereit. Insider bewerben sich zu einem Abendkurs für den nächsthöheren Schulabschluß, erhalten einen entsprechend gültigen Schülerausweis und unterliegen somit einem günstigeren Versicherungstarif, vorausgesetzt die reguläre Arbeit wurde aufgegeben. Nach den ersten Kurswochen »verschwindet« der neue Schüler plötzlich auf eine Fern- oder Weltreise.

Viel wichtiger ist aber für die Dauer des Auslandsaufenthaltes eine Auslandsversicherung. Auf dem Versicherungsmarkt existieren zwischenzeitlich viele unterschiedliche Angebote, doch nicht jedes ist für dieses Vorhaben geeignet oder hält das, was es verspricht. Das Bundesverwaltungsamt in Köln gibt übrigens das Merkblatt Nr. 82 heraus, das sich ausschließlich mit Versicherungen bei Auslandsaufenthalten beschäftigt.

Für einen Auslandsaufenthalt sind grundsätzlich zwei Versicherungen notwendig:

- Reisekrankenversicherung
- Reisegepäckversicherung (mindestens 3000 DM bei zwei Personen).

Die Reisekrankenversicherung soll die Kosten für ärztliche Behandlung decken (einschließlich Operation, Medikamente, Röntgendiagnostik, Krankenhausaufenthalt und Krankentransport zur Heimat sowie Überführungskosten von Toten). Außerdem muß sie während der gesamten Reisezeit Gültigkeit haben, wobei verschiedene Versicherungen miteinander kombiniert werden können. Für die Abrechnung mit den Kassen ist eine detaillierte Rechnungs- und Quittungsvorlage notwendig. Nie versichert sind aktive Teilnahme bei Kriegsereignissen, Krankheitsfälle durch Trunkenheit, Geburt, Kuren und Vorerkrankungen. Auf den folgenden Seiten werden verschiedene Auslandsversicherungen vorgestellt. Anschließend folgt eine Empfehlung einer günstigen und effizienten Versicherungskombination.

Übrigens gelten die gesetzlichen Krankenkassen (AOK, Barmer, DAK) wie auch die privaten Krankenkassen nicht für das außereuropäische Ausland. Schon deshalb wird eine Auslandskrankenversicherung benötigt. Einige Privatkassen bieten aber preiswerte Zusatzversicherungen (ab 12 DM für zwei Monate) für das weltweite Ausland an, allerdings nur für eine begrenzte Zeit. Für eine etwa drei- bis viermonatige Fernreise sicherlich eine der günstigten Möglichkeiten zu einem Auslandsversicherungsschutz zu kommen. Nachfragen!

Personen über 70 Jahre werden gegen einen Zuschlag ebenfalls versichert.

**Auslandskrankenversicherung (weltweit)**

*Ausgewählte Auslandskrankenversicherungen im Vergleich (Stand: August 1992)*

| *(Beträge in DM)* | *Versicherungsdauer* 2 Mon. | 3 Mon. | 6 Mon. | 1 Jahr | *Bemerkungen* |
|---|---|---|---|---|---|
| ELVIA | 54,90 | 101,20 | 237,90 | - | nicht verlängerbar |
| Elvia | 149,- | - | - | - | * |
| VEREINTE VERS. | 74,40 | 167,40 | 324,50 | 949,- | verlängerbar |
| HANSE MERKUR | 11,- | 351,- | 702,- | 1429,- | bis max. 3 Jahre, A |
| CENTRAL | 28,- | 240,- | 360,- | 960,- | bis max. 2 Jahre, A |
| UKV | 36,- | 54,- | 396,- | 803,- | nicht verlängerbar, A |
| UKV spezial | 16 | - | - | - | für Urlaubsreisen |
| COLONIA | 108,- | 162,- | 324,- | 630,- | nicht verlängerbar, D |
| EUROPÄISCHE | 74,40 | 167,40 | 475,50 | 951,60 | A, T |

* ELVIA inklusive Reisegepäckversicherung bis 4000 DM, Reisehaftpflicht, Rücktransport und Reiseunfallversicherung

D = deutsche Staatsangehörigkeit oder Wohnsitz in Deutschland

A = gilt für die Länder, in der die Person weder Staatsangehörigkeit noch Wohnsitz unterhält

T = gilt auch für Touristen/Ausländer in Deutschland

*Anschriften der Versicherungsgesellschaften*

- CENTRAL Krankenversicherung AG, Hansaring 40-50, 5000 Köln 1, Telefon 0221/1636-329
- COLONIA Krankenversicherung AG, Elsa-Brändström-Straße 10-12, 5000 Köln 1, Telefon 0221/969904
- ELVIA-Reiseversicherungsgesellschaft/Europakrankenversicherungs AG, Postfach 800523, 8000 München 80, Telefon 089/62424-146/148
- Europäische Reiseversicherung AG, Vogelweidestr. 5, Postfach 202522, 8000 München 2, Service-Center Telefon 089/4166-800
- Hanse Merkur, Neue Rabenstr. 3-12, Postfach 302450, 2000 Hamburg 36, Telefon 040/ 4119-249; Euro-Service-Center Telefon 089/2607447
- HUK-Coburg, Postfach 1802, 8630 Coburg, Telefon 09561/96-0
- Union Krankenversicherung AG (UKV), Mainzer Straße 32-34, 6600 Saarbrücken 3, Telefon 0681/6872311

○ Vereinte Versicherungen, Fritz-Schäfflerstr., Postfach 202522, 8000 München, Telefon 089/6785-0

*ELVIA*
Für einen sechsmonatigen Trip bietet die ELVIA das beste Preis-Leistungsverhältnis an. Allerdings ist sie nach sechs Monaten nicht verlängerbar. Die ELVIA bietet unter anderem weltweit ein besonderes Versicherungspaket an. Das sogenannte »Langzeitpaket« gilt für eine zweimonatige Versicherungsdauer, kostet pro Person nur 149 DM und beinhaltet:
○ Reisegepäckversicherung bis 4000 DM
○ Reiseunfallversicherung
○ Reisehaftpflichtversicherung
○ Reisekrankenversicherung und
○ Beistandsleistung mit Rücktransport.

*UKV, Hanse Merkur und COLONIA*
Noch vor ein paar Jahren hatten ELVIA und die Europäische Reiseversicherung die besten Versicherungsangebote weltweit für Fern- und Weltreisen. Leider hat sich das Bild inzwischen stark geändert. Beiden Gesellschaften haben zwar nach wie vor interessante Angebote, werden aber von den Mitbewerbern unterboten. Insbesondere die UKV kann günstigere Offerten unterbreiten. Sie bietet (mit 16 DM) zusammen mit der Hanse Merkur (mit 11 DM) sogar den derzeit günstigsten vollständigen Versicherungsschutz für die ersten acht Wochen eines Auslandsaufenthaltes an. Auch die dreimonatige Versicherung zu 54 DM kann sich bei der UKV sehen lassen. COLONIA hat dagegen den derzeit günstigsten Auslandskranken-Versicherungsschutz bei einer Reisedauer von einem Jahr. Letztendlich mag jeder selbst entscheiden, wo und wie er sich versichern möchte. Aber aufgepaßt, hier kann viel Geld gespart werden.

*Mindestkonditionen*
Bei der Abrechnung sind grundsätzlich bei allen Versicherungen der Originalbeleg (Name des Patienten, Diagnose, Behandlungsdaten und Einzelleistungen), der Versicherungsschein sowie das Flugticket oder die Reisebestätigung vorzulegen.

Im Ausland sind mit der Versicherung die medizinische Behandlung bei Krankheit oder Unfall, bei einer Selbstbeteiligung von 50 DM bis 100 DM, sowie zu 100 Prozent der medizinisch angeordnete und notwendige Rücktransport (bis zu 20.000 DM) abgedeckt. Der Versicherungsschutz gilt während der Reise im In- und Ausland und endet mit Ablauf der Versicherung oder vor Ablauf, mit Beendigung der Reise oder mit der Einreise nach Deutschland.

**Reisegepäckversicherung (mindestens 3000 DM)**

*Ausgewählte Reisegepäckversicherungen im Vergleich (Stand: August 1992)*

| Versicherung | Versicherungsdauer | | | | Bemerkungen |
|---|---|---|---|---|---|
| | 2 Monate | 3 Monate | 6 Monate | 1 Jahr | |
| ELVIA | 63 DM | 78 DM | 105 DM | - | nicht verlängerbar |
| HANSE MERKUR | 72 DM | 84 DM | 107 DM | 120 DM | nicht verlängerbar |
| Europäische | 60 DM | 117 DM | 117 DM | 117 DM | |
| HUK-Coburg | - | - | 90 DM | 90 DM | verlängerbar |

Die Reisegepäckversicherung für zwei Personen bis zur Versicherungssumme von 3000 DM kostet bei der ELVIA für sechs Monate 105 DM. Sie umschließt alle notwendigen Leistungen, ist aber nach sechs Monaten nicht verlängerbar. Auch die HUK-Allgemeine bietet für eine halbjährige Reise eine Reisegepäckversicherung bereits für 90 DM an. Auch bei einem einjährigen Versicherungsschutz fährt der Reisende mit der HUK-Allgemeinen am günstigsten. Sie kostet für ein Jahr ebenfalls nur 90 DM. Für eine kürzere Fernreise von bis zu zwei Monaten hält die Europäische das günstigste Angebot mit 60 DM bereit.

*Versicherungsumfang*

Versichert sind in der Regel alle persönlichen Reisesachen, die am Körper getragen werden, Handgepäck und aufgegebenes Gepäck, Geschenke bis 500 DM, Fahrräder, Faltboote und so weiter. Versichert sind auch Ihr finanzieller Aufwand zur Wiederbeschaffung verlorengegangener Ausweispapiere, im eingeschränktem Maße Gegenstände, die im Fahrzeug aufbewahrt worden sind, Schmucksachen sowie Film- und Fotoapparate bis zu 50 Prozent der Versicherungssumme. Weltweit ist der Reisende vom Verlassen der Wohnung bis zur Rückkehr gegen Verlust, Beschädigung und Zerstörung sowie gegen Raub, Diebstahl, Einbruchdiebstahl und räuberische Erpressung versichert. Außerdem sind der Transportmittelunfall, sowie der Sturm-, Brand-, Blitzschlag- und Explosionsschaden abgedeckt.

Damit aber die Versicherung im Schadensfall auch wirklich einspringt, sind ein paar wesentliche Punkte peinlichst genau einzuhalten. Wird zum Beispiel Ihre Kamera gestohlen, verlangt die Versicherung von Ihnen:

- Kaufbeleg (Wert)
- Gehäusenummer der Kamera (Modell)
- Durchschlag/Original des Polizeiprotokolls über den Verlust (gilt für alle Habseligkeiten, nicht nur bei der Kamera)
- genau ausgefüllter Fragebogen (Diebstahlbogen) der Versicherung
- sofortige Schadensmeldung bei der Versicherung (24 Std.-Telefonservice, Nummer notieren!)

Kommen Ihnen mehrere Einzelstücke abhanden, wird von Ihnen eine genaue Auflistung aller gestohlenen Reiseutensilien im Wert von über 500 DM gefordert.

Fehlt irgendetwas oder ist etwas ungenau ausgefüllt, erlischt automatisch der Versicherungsschutz. Wichtig ist auch, daß bei Abschluß einer Reisegepäckversicherung auf die sogenannten »Zusatzklauseln« geachtet wird. Demnach darf die Höchstdauer einer Reise nicht überschritten werden. Außerdem sind nur Gegenstände versichert, die während einer Reise auch wirklich benötigt und verwendet werden. Fahrräder und Schlauchboote sind zudem während ihrer Benutzung nicht versichert.

Bei dem oben angeführten Kameradiebstahl muß die Kamera zusätzlich:

- bestimmungsgemäß getragen oder
- sicher verwahrt, mitgeführt oder
- in einem verschlossenen Behältnis oder bewachten Raum zurückgelassen worden sein.

Erstattet werden bei einem Diebstahl allerdings nur 50 Prozent der Versicherungssumme, also bei 3000 DM liegt der Anspruch bei maximal 1500 DM, abzüglich Zeitwert.

Die Versicherung zahlt nicht, wenn die Kamera oder das Gepäck:

- ○ sichtbar in einem verschlossenen PKW gelegen hat (auch auf einem bewachten Parkplatz),
- ○ auf dem Flughafen oder Bahnhof unbeaufsichtigt abgelegt worden ist oder man sich davon entfernt hat,
- ○ aus dem Hotel gestohlen wird, nachdem der Hotelschlüssel verloren wurde,
- ○ zum Beispiel im Restaurant (oder anderswo) neben sich gestellt worden und nicht ständig beaufsichtigt worden ist,
- ○ im Zugabteil oder in der Schiffskoje (oder anderswo) kurz zurückgelassen und ein Mitreisender gebeten worden ist, auf das Gepäck aufzupassen.

*All-Risk-Versicherung für die Fotoausrüstung*
Wem dieser allgemeine Schutz nicht ausreicht, zumal die Risiken für eine Kamera ja nur bis 50 Prozent abgedeckt sind, kann eine »All-Risk-Versicherung« für die Fotoausrüstung abschließen. Sie deckt die Kosten bei Diebstahl, Verlust und Bruch (inklusive Reparaturkosten). Die Versicherung hat eine maximale Gültigkeit von einem Jahr. Diese Versicherung wird angeboten von:

- ○ Northern Assurance Co., Blickensdorferstr. 15a, 6340 Baar, Telefon 042/310022, Schweiz
- ○ Lloyds Insurance Co., c/o Interbroke Ltd., Am Schanzengraben 23, 8002 Zürich, Telefon 01/2011325, Schweiz.

**Reiserücktrittskostenversicherung**
Diese Versicherung kommt eigentlich nur für Charterflüge in Frage. Charterflüge sind aufgrund der kurzen Gesamtreisedauer für Fern- oder Weltreisende völlig uninteressant. Deshalb ist diese Versicherung ein unnötiges Surplus.

**Versicherungsgeschäft**
Da sich in den letzten Jahren die Prämien im Versicherungsgeschäft für Auslandsreisende stark geändert haben und aufgrund der dynamischen Kostenentwicklung weiterhin mit Veränderun-

gen zu rechnen ist, sollten auf jeden Fall die bekannten Versicherungsgesellschaften kontaktiert werden. Insbesondere für mehrmonatige Reisen bieten die Gesellschaften individuelle Verträge an, die nicht immer in den herkömmlichen Policen aufgeführt sein müssen. Gute Reisebüros sollten außerdem jederzeit in der Lage sein, eingehend zu beraten. Aber aufgepaßt, die meisten Reisebüros haben nur bestimmte Versicherungen im Angebot, je nach Geschäftsabkommen, also nachfragen.

**Rettungsflüge im Notfall**

Vergewissern Sie sich, bevor Sie eine Auslandsversicherung abschließen, ob die Kosten für einen eventuellen Rettungsflug automatisch mitversichert sind. Einige Versicherungen schließen diese Kosten aus. Eine gute Auslands-Krankenversicherung sollte diesen Schutz aber beinhalten. Warum es wichtig ist, diesen Punkt zu beachten zeigt die Tatsache, daß 1989 ein Heimflug (Rettungsflug) aus Indonesien um die 82.000 DM und ein Rettungsflug von Miami nach Frankfurt 1992 bereits 115.000 DM gekostet hat. Hier eine Übersicht zu Organisationen, die für ihre Mitglieder Rettungsflüge durchführen:

- ○ Deutsche Flug-Ambulanz, Postfach 310 246, 4000 Düsseldorf, Notruf 0211/431717, Telefon 0211/450651; Geltungsbereich weltweit ohne Kostenbegrenzung. (Beitrag pro Jahr: Einzelperson 60 DM, Ehepaar 90 DM, Familie 120 DM, Senioren ab 70 Jahren 90 DM.)
- ○ Deutsche Rettungsflugwacht, Postfach 230 127, 7000 Stuttgart 23, Notruf 0711/701071, Telefon 0711/701070; Geltungsbereich weltweit ohne Kostenbegrenzung. (Beitrag pro Jahr: Einzelperson 48 DM, Familie 96 DM.)
- ○ Deutsches Rotes Kreuz, Friedrich-Ebert-Allee 71, 5300 Bonn 1, Notruf 0228/230023; Geltungsbereich weltweit, ohne Kostenbegrenzung. (Beitrag pro Jahr, der DRK-Beitrag beinhaltet: Einzelperson 36 DM, Familie 64 DM.)
- ○ S.O.S.-Flugrettung e.V., Postfach 23 03 23, 7000 Stuttgart 23, Telefon 0711/705555; Geltungsbereich weltweit.

## 5.7 Ausrüstung und Gepäck

Auf dem langen Weg zum Start einer Fern- oder Weltreise auf eigene Faust kommt der Ausrüstung und dem Gepäck naturgemäß eine besondere Beachtung zu. Nehmen Sie sich dazu alle Zeit, die Sie brauchen, wählen Sie Kleidung und Ausrüstung aus, die der zu erwartenden Witterungen angepaßt ist und die Sie persönlich am liebsten tragen. Gewiß ist das Für und Wider zu bestimmten Materialien eine Wissenschaft für sich. Das entscheidende Faktum bei der Auswahl und Zusammenstellung aber, ist der persönliche Anspruch, das Know-how und Ihre persönliche Abhärtung.

Das ideale Gepäck mit Ausrüstungsgegenständen umfaßt nicht mehr als ein ordentliches Handgepäck. Damit Sie es immer in direkter Nähe, ständig unter Kontrolle haben können, damit es kompakt, übersichtlich, leicht an Gewicht und zügig zu packen ist, wird es sich von ganz allein auf den notwendigsten Umfang beschränken. Zweifelsohne ist aller Anfang schwer, denn wer verzichtet schon auf liebgewonnene Zivilisationsallüren und den Firlefanz der vielgepriesenen Konsumgesellschaft. Außerdem sei gewarnt: Viel Gepäck zieht das unerwünschte Interesse manches zwielichtigen Zeitgenossen an.

Ein Handgepäck reicht allerdings nicht mehr aus, wenn der Reisende extreme Zonen bereist wie Eis- und Sandwüsten, Hochgebirge oder bei Tiefseetauchern; hier braucht man grundsätzlich Spezialausrüstung. Als Faustregel gilt, daß jedes getragene Kilo pro Kilometer immer schwerer zu wiegen scheint, in den Tropen sogar doppelt soviel. Die Zusammenstellung der Ausrüstungsgegenstände sollte sich also an folgenden Kriterien orientieren:

- Zweckmäßigkeit
- Umfang/Volumen (nach Geschmack, Niveau und Lebens-Philosophie)
- Packmaße.

Das Gepäckvolumen ist von Dauer und Ziel der Reise abhängig. Der Ausrüstungsmarkt ist im Laufe der letzten Jahre speziell für die unterschiedlichsten Typen von Reisefreaks qualitativ und quantitativ verbessert worden. Schaut sich der Laie die Fachkataloge an, wird er mit wissenschaftsähnlichen Fachtermini konfrontiert. Die Auswahl ist kaum noch überschaubar. Die Preise schossen eine Zeitlang in schwindelerregende Höhen. Inzwischen hat sich das Preis-Leistungs-Verhältnis wieder normalisiert. Für qualitativ hochwertige Produkte, ist eben einfach ein angemessener Preis zu zahlen. Trotzdem ist zu überlegen und zu untersuchen, ob namenlose Artikel oder unbekannte Firmenprodukte qualitativ nicht genauso hochwertig (wenigstens annähernd) und praktisch sind wie Markenartikel. Hier kann viel Geld gespart werden. Bedenken Sie immer, daß gerade auf einer längeren Reise Qualität einen hohen Stellenwert einnimmt. Lassen Sie sich auch nicht dazu verführen, sich unbedingt das Modernste und Farbenfroheste zulegen zu wollen. Grelle Farben fallen überall sofort auf, was in Notsituationen in abgelegenen Gebieten lebensrettend sein kann. Gefährlich kann es aber auch werden, wenn damit unerwünschte Personen angelockt werden. Mit solcher Ausrüstung haben Sie kaum eine Chance unentdeckt bleiben zu können. Deshalb mein Rat: Wählen Sie zeitlose und unauffällige Farben und funktionale Kleidung ohne modischen Schnickschnack und Design-Gags aus.

**Kleidung**

Funktionale Bekleidung, verschiedene Eigenschaften werden flexibel verknüpft, sind für Weltenbummler am geeignetsten. Dabei soll die Wärmeregulation des Körpers unterstützt werden, vor Witterung (Wind, Regen, Kälte) Schutz geboten, schnelles Trocknen und Strapazierfähigkeit gewährleistet sein. Zusätzlich muß sie leicht, angenehm zu tragen und die Bewegungsfreiheit darf nicht eingeschränkt sein.

An Material sind Kunstfasern, Baumwolle oder Mischgewebe aus Kunstfasern und einem Baumwollanteil an. Baumwolle ist äußerst bequem und hautfreundlich. Allerdings verliert sie bei Regen ihre wärmende Eigenschaft und hängt durch die aufgenommene Flüssigkeit wie ein Sack am Leib. Dadurch trocknet sie sehr langsam. Baumwolle oder Naturfaser empfehlen sich trotzdem bei kurz- oder langärmeligen Hemden.

Besser eignet sich Kleidung aus Fleece oder Mischgewebe. Fleece besteht zu 100 Prozent aus Polyester. Es trocknet schneller als Baumwolle, dämmt den Wärmeverlust im nassen Zustand ein, ist strapazierfähiger, leichter und atmungsaktiver. Mischgewebe setzen sich zu 35 Prozent aus Baumwolle und zu 65 Prozent aus Polyester zusammen. Ein qualitativ hochwertiges Mischgewebe ist das G 1000. Es hat den Vorteil, daß sich beide positive Eigenschaften von Kunst- und Naturfaser vereinigen. Es trocknet ebenfalls schneller als Baumwolle und ist sehr strapazierfähig, leichter und atmungsaktiv.

Wasserdichte Kleidung gegen Dschungelregen mitzunehmen, ist ein hoffnungsloses Unterfangen. Nicht nur, daß der Körper schwitzt und die Bekleidung schon nach kurzer Zeit innen genauso naß sein wird wie außen, auch der intensive tropische Platschregen wird dafür sorgen, daß angeblich wasserdichtes Material mittelfristig durchnäßt sein wird. Das beste ist, den Regen zu akzeptieren, á la Gene Kelly eine Dusche zu nehmen und nach dem Regen auf einen lauen Wind hoffen, der ruckzuck für trockene Kleider sorgt.

Interessanter dagegen für unseren Zweck sind windabweisende und strapazierfähige Kleidungsstücke, insbesondere Hosen. Auch hier eignet sich ein Mischgewebe. Zu der wasserabweisenden Eigenschaft kommt die angenehme Hautverträglichkeit hinzu. Das Mischgewebe trocknet schnell und läßt sich gut imprägnieren. Sie sind für warme und feuchte Gebiet sehr gut geeignet.

Die Unterwäsche sollte gerade so groß sein, daß sie nicht zwickt, kneift oder einengt und somit der Haut große Atmungsfläche bietet. Empfehlenswert ist spezielle Klimaunterwäsche. Unterwäsche kann farblich so ausgesucht werden, daß sie auch als T-shirt oder Badehosenersatz verwendet werden kann. Badehosen selbst sind wiederum ein guter Unterhosenersatz.

Abraten möchte ich auch davon, Kleidung auf Reserve zu kaufen, zum Beispiel eine Ersatzhose oder ein Ersatzhemd. Der Nachkauf ist oftmals wesentlich kostengünstiger. Was jeder Reisende letztendlich mitschleift, muß er selbst entscheiden, zumal er sich auf der Reise ja auch mit dem Gewicht herumplagen muß. Spätestens dann, wenn der Traveller andere Gleichgesinnte trifft, die ohne Probleme öffentliche Verkehrsmittel durch die oft vorhandenen Drehkreuze besteigen oder die ihr Gepäck als Handgepäck direkt in die Kabine des Flugzeuges mitnehmen, wird er freiwillig sein Gepäck reduzieren, um all dem Schwitzen und Plagen Abhilfe zu schaffen. Trotzdem laufen noch genügend Globetrottel aus unerklärlichen Gründen wie Lastenkamele mit Känguruh-Bauchbeutel durch die Gegend. Diese Unverbesserlichen sollten sich nach ihrer Rückkehr einmal selbstkritisch fragen, wie oft die mitgeschleiften Gegenstände (wie Zelt, Kocher etc.) auf der gesamten Reise tatsächlich benötigt wurden. Vielleicht kommt der eine oder andere Backpacker dann zu dem Schluß, daß er die meiste Zeit unter große Anstrengungen seine Utensilien unnütz durch die weite Welt geschleift hat. Aber vielleicht handelt es sich dabei ja auch um eine spezielle Art von Konditionstraining?

**Schuhe**

Die Steifheit der traditionellen Wanderschuhe mit ihren schweren und dicken Sohlen stellt sich bei einer mehrmonatigen Reise als Schwäche heraus. Leichte Lederschuhe oder Lederstiefel mit nicht zu dicker Laufsohle sind schimmel- und fußpilzträchtigen Turn- oder Sportschuhen grundsätzlich vorzuziehen.

Auf meinen Reisen hat sich eine Kombination aus Leder und Segeltuch in Stiefelform bewährt. Dieser sogenannte Dschungelstiefel gleicht einem normalen Lederschuh, der mit Segeltuch auf Stiefelhöhe verlängert wurde. Er ist extrem leicht, bietet die Vorteile eines Lederschuhs und liegt geschmeidig am Fuß an. Er eignet sich für das Bergwandern genauso wie für Wüste oder Urwald. Von Vorteil ist, daß das Material schnell trocknet. Nicht umsonst sind alle Dschungelarmeen zwischen Korea und Brasilien mit diesem Schuh ausgerüstet. Er eignet sich durch sein geringes Gewicht auch für Frauen. Im übrigen sollten Schuhe vor einer größeren Reise ausgiebig eingelaufen werden, um unnötigen Blasen vorzubeugen.

**Rucksäcke**

Das Gepäck läßt sich in einem Rucksack bequem tragen und die Hände bleiben frei. Damit dürfte der Rucksack wohl der wichtigste Ausrüstungsgegenstand sein. Bei der Wahl des Rucksackes sollte sich der zukünftige Weltenbummler Zeit nehmen. Das Reisegebiet sollte zuvor feststehen, damit der Rucksack den zu erwartenden Anforderungen entsprechend gewählt werden kann.

Zu einer Tugend auf Fernreisen wurden Kofferrucksäcke. Ursprünglich für Länder entwickelt, die keine Rucksackreisende akzeptierten, konnte dieser Rucksack vor der Grenzüberquerung mit ein paar Handgriffen zu einem Koffer umfunktioniert werden. Durch die langen Reißverschlüsse läßt sich der Packsack wie ein Koffer öffnen. Das Koffertragesystem entspricht fast dem Tragekomfort echter Trekkingrucksäcke. Bei abgedecktem Tragesystem ist es kein Problem den Kofferrucksack als Handgepäck in das Flugzeug zu bekommen.

Wer sich einen Kofferrucksack zulegen möchte sollte berücksichtigen, daß das Tragegestell herausnehmbar ist, damit es in Gepäckablagen besser gestaucht werden kann. Die Maximal-Maße von 60x40x20 Zentimetern (mindestens 55x35x20 Zentimeter) beziehungsweise das Volumen von maximal 40 Liter darf nicht überschritten werden, damit er noch gut in die Gepäckablagen der Busse, Züge und größeren Flugzeuge paßt. Das Eigengewicht meines Kofferrucksackes ohne Gestell wiegt 1250 Gramm und ist damit extrem leicht. Sicherlich gibt es schwerere Ausführungen auf dem Markt, aber ich hatte immer meine Freude an diesem Leichtgewicht.

Das Material sollte stabil, entweder aus Nylon oder dem noch strapazierfähigeren Cordura sein. Nylon und Cordura haben den Vorteil, daß sie wasserabweisend, schimmelfest, reißfest und leicht sind. Achten sie darauf, daß sich nach Möglichkeit keine Seitentaschen am Rucksack befinden. Zwar können darin jederzeit Kleinigkeiten griffbereit untergebracht werden, aber sie stehen seitlich zu weit ab und behindern erheblich die Beweglichkeit und die Unterbringung in den klassischen Gepäckablagen. Falls auf Seitentaschen nicht verzichtet werden kann, sollte ein Rucksackmodell mit abnehmbaren Seitentaschen gewählt werden. Zum Tragekomfort gehört, daß die Tragegurte unbedingt gepolstert sein müssen.

Auf Streßpunkte wie Tragegurtaufhängung, Boden und Nähteverarbeitung (10 Stiche pro 2,5 bis 3 Zentimeter) sollten Sie beim Kauf unbedingt achten, um unterwegs vor unliebsamen Überraschungen geschützt zu sein. Sind die Nähte mit zuwenig oder zuviel Nähten angebracht, sind sie entweder nicht fest genug oder zersägen das Material. Abgedeckte Reißverschlüsse dürfen durchaus als Standard angesehen werden.

Das zu tragende Gewicht darf keinesfalls 15 Kilogramm überschreiten. Falls trotzdem das Gewicht darüber liegt, ist das ein Indiz dafür, daß sich zuviel Krimskram im Gepäck befindet. Das durchschnittliche Gewicht auf meiner letzten Weltreise betrug acht Kilo (ohne Kameraausrüstung). Zugriff und Handhabung ist vor der Abreise ein paar Mal durch Probepacken und Probetragen auf längeren Strecken zu üben.

Fassen wir zusammen: die Entscheidungskriterien orientieren sich am Gebrauchswert, also an:

- Material
- Aufbau und Verarbeitung
- Größe
- Gewicht
- Kompressionsriemen.

Übrigens je besser die Beschichtung eines Rucksackes ist, desto teurer wird er. Der hohe Preis wird dafür mit Stabilität, Reißfestigkeit und entsprechender Wasserdichte (100 Prozent sind nie möglich) belohnt.

Eine Alternative ist der »Mac Pac«-Rucksack aus AZTEC-Mischgewebe (55 Prozent Baumwolle, 45 Prozent Polyester) an. Er ist extrem reißfest. Spitzenqualität hat aber seinen Preis.

**Zelt, Schlafsack, Kocher und Geschirr**

Auf Zelt, Kocher und Geschirr kann durchaus ganz, auf den Schlafsack im Prinzip verzichtet werden, je nach persönlicher Reisephilosophie.

Die Zeltmöglichkeiten werden überall, vor allem in der Südsee, immer weiter eingeschränkt. Weltweit sind zudem einfache Unterkünfte extrem günstig. Preiswerte Familienpensionen lassen sich fast überall finden. In einigen Ländern muß vom Zelten letztendlich aus Sicherheitsgründen abgeraten werden. Wer trotzdem ein Zelt für seine Fern- oder Weltreise benötigt, sollte beim Kauf auf Material, Beschichtung, Gestänge, den Nähten und dem immer notwendigen Moskitonetz orientieren.

Beim Material gibt es Zeltausführungen aus Baumwolle, Nylon und Polyester mit unterschiedlichen Eigenschaften. Baumwolle ist bei guter Pflege langlebig, dafür sehr schwer und weder verrottungs- noch reißfest. Auch trocknet es bei Nässe langsamer. Nylon (Polyamid) ist äußerst leicht, sehr reiß- und verrottungsfest, kann sich aber bei Nässe leicht ausdehnen. Polyester ist zwar auch sehr leicht und dehnt sich bei Nässe durch seine UV-Beständigkeit nicht aus, ist aber dafür sehr leicht entflammbar und zurecht in den USA verboten.

Zeltbeschichtungen können aus Acryl, Polyurethan, Silikon, Alubedampfung und PVC bestehen. Acryl und PVC blättern bei Kälte schnell ab und können sich auflösen. Diese Beschichtungen sind wenig empfehlenswert. Silikon ist eine sehr gute Beschichtung, hält Wasser relativ gut ab und verbessert die Reißfestigkeit des Zeltstoffes.

Der wichtigste Faktor für die Stabilität eines Zeltes sind die Stangen. Die meisten Zeltstangen sind aus Alu oder Glasfieber gefertigt. Die meiner Meinung nach besten Stangen, extrem stabil, absolut paßgenau und sehr leicht, werden von »Easton« hergestellt.

Ein Tip könnte das Kuppelzelt sein: Im Gegensatz zu den preiswerten Firstzelten, bei deren Aufstellung man viele Heringe braucht oder den praktischen, aber nicht selbsttragenden Tunnelzelten, ist der Aufbau bei Kuppelzelten ohne Heringe möglich. Weitere Vorteile von Kuppelzelten sind die kleine Aufstellfläche und das geräumige Platzangebot. Die geodätischen Kuppeln sind schneelast- und windstabil, dafür ein bißchen teurer. Auch hier gilt, Qualität hat seinen Preis.

Für Trekking- oder Safari-Ausflüge können günstig Zelte, Kocher und Geschirr sowie Schlafsäcke angemietet werden. Für den Inkatrail kann in Cusco zum Beispiel für 2 US-$ pro Tag ein Schlafsack ausgeliehen werden. Weltweit gibt es überall irgendwo etwas zu essen, lediglich in menschenleeren Gebieten müssen sie einen Kocher und einen Nahrungsmittelvorrat mitführen.

Ursprünglich hatte ich auf meinen Reisen einen Alu-Steppdekkenschlafsack in Mumienform dabei. Nachdem ich aber feststellte, daß dieser an Volumen ein Drittel des Gepäcks beanspruchte und ich diesen tatsächlich aber nur ein paar wenige Male benutzte, verzichtet ich ganz auf ihn. Stattdessen führe ich nun einen Tropenschlafsack (qualitativ hochwertig bei den Jugendherbergen zu erhalten; Preis ab 20 DM) mit, der eigentlich aus zwei zusammengenähten Bettlaken beziehungsweise aus hochwertigem Nesselstoff besteht. Für tropische und subtropische Länder ist er völlig ausreichend.

In klimatisch kühleren und kalten Ländern oder im Gebirge stehen in der Regel warme Decken (Alpacka, Kamelhaar etc.) zusätzlich zur Verfügung, sodaß auch hier mit einem Tropenschlafsack durchzukommen ist. Wer sich trotzdem einen wärmenden Schlafsack kaufen möchte, muß sich an den Temperaturverhältnissen der Reiseländer orientieren.

Heute wird zwischen Daunen-, Kunstfaser, Steppdeckenschlafsack und Schlafsäcken aus Mischgewebe unterschieden. Für Allergiker ist es ratsam einen Schlafsack mit Kunstfaserfüllung zu wählen.

Daunenschlafsäcke sind sehr warm (bester Isolator), eignen sich gegen Kälte und sind ab 1200 Gramm zu haben. Sie sind dafür sehr teuer, anfällig gegen häufiges Zusammenrollen und trocknen bei Nässe sehr schwer.

Kunstfaserschlafsäcke sind verrottungsbeständig. Selbst bei Nässe behalten sie ein Isolierungsvermögen von 60 Prozent und trocknen schneller wie Daune. Ein Nachteil ist durch die schlechte Komprimierbarkeit ein großes Packmaß. Bei der Formenkonstruktion wird zwischen Deckenschlafsack und Mumienschlafsack unterschieden. Der Mumienschlafsack ist durch seine Anpassung an die Körperform nicht so klobig und damit wesentlich leichter und durch sein kleineres Volumen auch wesentlich wärmer.

Eines ist aber bei der Überlegung, einen Schlafsack mitzuführen, von besonderer Bedeutung: ohne gute Isolationsmatte ist auch der beste Schlafsack nicht viel wert, da das Isolationsmaterial vor Bodenfeuchtigkeit und Schmutz schützt.

**Nachkauf und Mieten von Spezialausrüstungen**

Der Nachkauf von Ausrüstungsgegenständen kann oft billiger sein als Ersatz mitzuschleppen. Spezielle Ausrüstungsstücke (Moskitonetze, Hängematten, Macheten und so weiter) werden ebenfalls vor Ort billiger gekauft. In der Regel lassen sich entsprechende Spezialausrüstungen für Trekkingtouren auch vor Ort mieten. Medikamente sind ebenfalls außerhalb Europas und den Industrieländern oft kostengünstiger. Unterkünfte und ärztliche Behandlung sind in vielen Ländern billiger als zu Hause.

Wer sich noch intensiver vor einem Kauf mit Bekleidung, Schlafsack, Zelt, Kocher und anderem beschäftigen möchte, dem kann der fachmännische Beratungsservice folgender Ausrüster empfohlen werden:

- Adventure Company: Wilhelmstr. 33, 7100 Heilbronn, Telefon 07131/87055; Moltkestr. 5, 7800 Freiburg, Telefon 0761/37934; Brückengasse 2, 7750 Konstanz, Telefon 07531/27649; Rohrbacherstr. 81, 6900 Heidelberg, Telefon06221/15010; Kl. Freßgasse 23-25, 6800 Mannheim, Telefon 0621/14343.
- Därr Expeditions Service: Theresienstr. 66, 8000 München, Telefon 089/282032.
- Globetrotter Service: Konstanzerstr. 50, 1000 Berlin 31, Telefon 030/871164.
- Pritz Globetrotter Ausrüstung: Schmiedgasse 17-19, 8390 Passau, Telefon 0851/36220.
- Sine: Beekstr. 36, 4100 Duisburg, Telefon 0203/24131; Breite Str. 47, 5300 Bonn, Telefon 0228/6544320; Graben 1, 6500 Mainz, Telefon 06131/226681; Rohrbacherstr. 81, 6900 Heidelberg, Telefon 06221/15010; Brückengasse 2, 7750 Konstanz, Telefon 07531/27649; Moltkestr. 5, 7800 Freiburg, Telefon 0761/37934.
- Tesch: Karlsgraben 29, 5100 Aachen, Telefon 0241/33636.
- Thimm Freizeit Versand (Armeebestände): Postfach 1137, 8706 Höchberg, Telefon 0931/76061.
- Transglobe: Alexanderstr. 35, 4000 Düsseldorf, Telefon 0211/326429; Zülpicherstr. 38, 5000 Köln, Telefon 0221/239298; Kleinkölnstr. 5, 5100 Aachen, Telefon 0241/23113; Moselstr. 4, 5500 Trier, Telefon 0651/72326; Frauenhoferstr. 6, 8000 München, Telefon 089/269055.
- Woik: Spaichinger Str. 31, 7000 Stuttgart, Telefon0711/473080.

So kann vor dem Start eine Ausrüstungsliste aussehen. Gehen Sie Ihre Liste immer wieder durch. Auf was können Sie verzichten? Wo oder wie können Sie Gewicht sparen (Gesamtbelastung maximal 15 Kilo)? Welches Behältnis ist für Ihre Reise wirklich geeignet?

Gepäck

○ Zelt?
○ Kocher notwendig?
○ Geschirr?
○ Schlafsack?

○ Koffer?
○ Seesack?
○ Umhängetasche?
○ Rucksack?
○ Kofferrucksack?
(Auswahlkriterien:
a. stabil,
b. praktisch,
c. keine Rückenstütze,
d. keine Außentasche,
e. Nylon/Cordura,
f. Maße 60x40x20 cm,
g. gepolsterte Tragegurte,
h. herausnehmbares Tragegestell)
○
○
○
○
○
○
○
○

Kleidung/Schuhe etc.

○ Schlafsack
Tropenschlafsack?
Aluschlafsack?
Daunenschlafsack?
(Auswahlkriterien:
a. Schutz,
b. Schmutz,
c. Kälte)
○ Rettungsdecke
○ Regenschutz
○ Lederschuhe oder Dschungelstiefel:
(fest u. leicht,
nichtschwitzend,
keine Turnschuhe)
○ Badelatschen vor Ort
○ Hose (Mischgewebe)
(Auswahlkriterien:
a. nicht zu eng,
b. keine Jeans/Cord,
c. viele Taschen)
○ Wollsocken
○ Baumwollshirts
○ Baumwollhemd
○ Baumwollpullover
○ Bade-/Unterhosen
○ Klimaunterwäsche
○
○
○
○
○

Sonstiges

○ Klopapier/Tempos
○ Waschzeug
○ Naßrasierer
○ Medikamente
○ Filme/Kamera
○ Dokumente/Geld
○ Vorhängeschloß
○ Uhr mit Wecker
○ Nähzeug
○ Waschseife
○ 2 Handtücher
○ Shampoo, klein
○ Kamm/Bürste
○ Nagelschere
○ Adreßliste
○ Streichhölzer (regen-, sturmtauglich)
○ Kugelschreiber
○ Bonbons
○ Sonnenbrille
○ evtl. Führer?
○ Tagebuch?
○ Briefmarken?
○ kl.Taschenlampe
○ Reiseapotheke
○ persönl. Fotos?
○ Wörterbuch
○ Reservebrille
○ Geldgürtel
○
○

**Tip für den Notfall**
Leichte, feste Rettungsdecke aus einer beschichteten Metallfolie, die wind- und wasserdicht ist und vor Nässe, Unterkühlung und Erfrieren schützt. Sie hat die Größe von 220x135 cm, wiegt 70 Gramm und reflektiert 80 Prozent der Körperwärme. Preis ab 6 DM.

Därr's Travelshop bietet ein allumfassendes Survivalkit für den Notfall an, ausgerüstet mit Minikompaß, Angelset, Isolationsdekke, Verbandset, Micropur, Überlebenswerkzeug (Flaschen-, Dosenöffner, Lineal, Schraubenzieher, Säge kompakt), Rauchpatrone als Notsignal (Sichtweite: 20 Kilometer), Abschußgerät (Reichweite: 60 Meter), Signalpfeife, Signalpeilspiegel, Drahtsäge, Taschenlampe, Magnesiumfeuerzeug, Kerze, wind- und wasserfeste Steichhölzer in der Größe einer Butterbrotdose.

**Sonstige wichtige Reiseutensilien:**
Ein vielseitiges multifunktionales Taschenmesser gehört in jedes Gepäck. Außerdem sollten unbedingt Nähzeug und eine kleine Taschenlampe, sowie Toilettenpapier eingepackt werden.

## 5.8 Überprüfen Sie vorab Ihre Reiseanschlüsse!

Kurz vor der Abreise sollte sich jeder noch einmal Gedanken über die geplante Reiseroute und die Reiseländer machen.

- ○ Sind Reiseziele noch anfliegbar? Putsch? Revolution?
- ○ Hat die Fluggesellschaft den Flugplan umgestellt?
- ○ Wie sieht es mit den Anschlußflügen aus?
- ○ Haben sich Einreisebestimmungen geändert?
- ○ Haben sich die Impfbestimmungen geändert? (zum Beispiel Peru/Chile/Ecuador -› Cholera).

## 5.9 Vorbeugender Selbstschutz

Geld und Wertsachen sollten niemals im Reisegepäck verstaut werden. Geld, Schecks, Kreditkarte, Reisepaß, Flugtickets und

Impfausweis müssen immer griffbereit und doch verdeckt unmittelbar am Körper mitgeführt werden. Ausnahme: Strandbesuch! Auf den ersten Blick scheint das eine fast unlösbare Aufgabe. Bei näherer Betrachtung gibt es immerhin Möglichkeiten sich vorbeugend zu sichern, bieten sich viele Möglichkeiten, das Leben der Firma »Guck & Klau« so schwer wie möglich zu machen.

Der Geldgürtel ist zwar inzwischen überall bekannt, aber immer noch wirkungsvoll, um einen Teil seines Bargeldes darin zu verstauen (im Gegensatz zu Handgelenksafes, Hüftgürteln und Brustbeuteln). Er läßt sich nach wie vor am schwierigsten klauen, vor allem dann, wenn die Enden der Gürtel etwas breiter ausgearbeitet sind. Die besten Geldgürtel sind aus Leder und Segeltuch. Leider werden sie nur noch ganz selten bei uns verkauft.

Brusttaschen von Baumwollhemden eignen sich besser zum Verstauen von Papieren (wie Reisepaß) als Hosentaschen und sollten deshalb immer entsprechend groß ausfallen. Bestens bewährt haben sich doppelte Seitentaschen und Hosentaschen. Dabei wird jeweils eine zweite Tasche von innen auf eine vorhandene Tasche dagegengenäht und mit einem Reißverschluß versehen. Hier finden Reisepaß, Flugticket und Kreditkarte optimalen Schutz vor unerwünschtem Zugriffen. Will man eines dieser Dokumente verwenden, verschwindet man mal schnell auf's stille Örtchen und präpariert sich zum Auftritt an der Grenze oder auf dem Flughafen. Die mitgeführten Kopien werden ebenfalls an dieser Stelle transportiert. Diese werden zu Hause in Plastik zusätzlich eingeschweißt – absolut wasserdicht -, damit man sich nach einem unbeabsichtigten Sturz ins Wasser nur über die nassen Kleider zu ärgern braucht. Wem dieses Einnähen einer doppelten Hosentasche zu umständlich erscheint, der kann sich auch eine fertige Hoseninnentasche kaufen, die mittels zweier Schlaufen am Gürtel befestigt und in die Hose eingeschlagen wird (Preis: etwa 20 DM).

Bauchbeutel und Wadengurt sind Dieben inzwischen so vertraut, daß es Profis gibt, die sich darauf spezialisiert haben. Der Huttrick ist auch nicht optimal, da er zu leicht vom Kopf geschnappt werden kann. Eingenähte Taschen in den Hosenbeinen sind ebenfalls ungünstig, da sie im Extremfall immer zuerst dem Wasser ausgesetzt sind. Außerdem versteifen sich die Enden der Hosenbeine, so daß es geübten Langfingeraugen auffällt.

Eines muß aber jedem klar sein. Bei einer richtigen Durchsuchung infolge eines Profiüberfalls, insbesondere mit Waffengewalt, wird kein Versteck und kein Kleidertresor vor Diebstahl oder Verlust schützen. Widerstand jeglicher Art sollte gleichfalls unterlassen werden, wenn einem das eigene Leben wertvoller erscheint. Besser alles weg und leben, wie gleichfalls alles verloren und tot. Diese Gedanken sind schon bei der Überlegung über Wertverstecke wichtig. Dem Angreifer soll es dabei so schwierig wie möglich gemacht werden. Je mehr Zeit dabei vergeht, um so eher könnte Hilfe auftauchen. Deshalb keine Panik, wenn es doch mal zum Überfall oder Diebstahl kommt. In der Regel läßt sich alles irgendwie wieder beschaffen, außer Bargeld und dem Leben!

Ist die Kreditkarte gestohlen worden, dann kann sie sofort von dem Kreditkarteninstitut gesperrt werden. Der Karteninhaber haftet dann nur bis zu 100 DM. Wer jegliches Risiko ausschalten will, der kann jetzt einen Minisafe für Kreditkarten erhalten. Der Minisafe ist mit einem vierstelligen Zahlenschloß versehen und ist genauso groß wie eine Kreditkarte (11x7x1 Zentimeter). Er besteht aus einem hochwertigen Kunststoffgehäuse (84 Gramm). Den Code gibt man selbst ein. Beim Versuch, gewaltsam zu öffnen, wird die Karte durch einen Spezialkleber angeblich zerstört, der Dieb schaut in die Röhre. Zu haben ist der Minisafe von »Cardsafe Deutschland«, Siemensstr. 9, 6050 Offenbach für 89,95 DM. Telefon: 069/855096.

## 5.10 Literatur und Reiseführer

Grundsätzlich sollte jeder Traveller sich über die Etikette im Gastland informieren (zum Beispiel Thailand, Indien, Indonesien, Arabien, Brasilien, Lybien und so weiter), um nicht unangenehme Überraschungen zu erleben. Allerdings werden immer wieder viele Backpacker gesehen, die ein unglaublich dickes Handbuch über eine Reisegegend mit sich rumschleppen, nur um ja rechtzeitig und richtig das Billigste und »most awful« zu erwischen. Oft gaukeln diese Bücher den Jettern vor, »off the beaten track« zu sein. Doch leider hat heutzutage jeder dieses Buch, also kommt es erst recht zum Run auf den vermeintlich verborgenen Pfaden. Mein Fazit: Informieren Sie sich vor Reisebeginn, was ein Land für Sie zu bieten hat, sortieren Sie aus, was Sie unbedingt sehen wollen, lassen Sie jeglichen Reiseführer zu Hause und verschaffen Sie sich konkrete Informationen direkt vor Ort. Denn Sie können unbesorgt sein: Mit dieser Methode verpassen Sie nichts, sondern lassen sich sogar vielmehr Freiraum, unbekannte und faszinierende Orte selbst zu entdecken, die oft schon hinter der nächsten Straßenecke verborgen liegen, nämlich genau da, wo jeder Reiseführer aufhört.

Wer jetzt immer noch Gewicht durch Literatur zuladen will, sollte ernsthaft über die Nützlichkeit des Werkes auf der Reise nachdenken. Empfehlenswert sind dabei – für die, die es wirklich nicht lassen können – folgende Druckwerke:

1. die »Medizinfibel für Fernreisen« von Dr. med. W. Lieb oder ähnliches,
2. ein kleines Wörterbuch (Spanisch, Arabisch, Portugiesisch).
3. Liste der Repräsentanzstellen Ihres Kreditkarten-Instituts.

Gute Infoadressen vor der Abreise sind Bibliotheken, Buchhandlungen (Reisebuch-Sachregister), Erfahrungsberichte anderer Reisender, das Bundesverwaltungsamt in Köln (BVA; Amt für Auswanderungswillige), die Zentralstelle für Arbeitsvermittlung (ZAV; Abteilung Ausland) in der Feuerbachstr. 42-46, 6000 Frankfurt 1 und die Fremdenverkehrsämter der jeweiligen Länder.

## 5.11 Sprachen

Es ist ein großer Irrtum, daß man als Reisender ausschließlich mit der Weltsprache Englisch durchkäme. Sicherlich kann Englisch ausreichend sein, wenn die breitgetretenen touristischen Pfade nicht verlassen werden oder sich der Reisewillige für eine fremdorganisierte Pauschalreise entscheidet. Aber es lohnt sich, andere Sprachen nicht zu vernachlässigen. Der Kontakt mit der Bevölkerung wird erst wirklich intensiv und zur bleibenden Erinnerung, wenn deren Sprache verstanden wird. Auch Freundschaften sind erst dann richtig möglich. Deshalb sollte zum Beispiel für eine Südamerikatour ein gewisser Grundwortschatz der spanischen Sprache vorhanden sein, denn vor allem in den Anden sprechen die Indigenas natürlich bevorzugt ihre Muttersprache Quechua und dann erst Spanisch. Für Englisch findet man da wenig Verständnis, zumal dies auch an die verhaßten Nordamerikaner, die Gringos, erinnert. In Brasilien wird übrigens Altportugiesisch gesprochen. In den afrikanischen, arabischen und asiatischen Ländern verhält es sich ähnlich. Neben der Muttersprache wird zumindest Englisch, Spanisch, Französisch oder Portugiesisch verstanden. Französisch ist vor allem in der Südsee und in Afrika verbreitet. Wer sich intensiver mit China beschäftigen möchte, dem sei ein Chinesisch-Grundkurs in Singapur oder Hongkong empfohlen. Die besten Arabischkurse werden immer noch in Bagdad (leider) und in London abgehalten. Auskunft geben neben Inlingua (gibt es in jeder Großstadt) auch die Fremdenverkehrsbüros sowie AIESEC (Internationale Vereinigung der Studenten der Wirtschaftswissenschaften) und ASTAS (Allgemeine Studentenverwaltung) der Hochschulen und Universitäten.

In maximal einer Stunde kann ein absoluter Mindestwortschatz einer Fremdsprache bei gutem Willen erlernt werden. Dieser Mindestwortschatz eröffnet bereits einen kleinen Spalt in eine fremde kulturelle Welt. Folgende Wörter sollten zumindest in einer Fremdsprache beherrscht werden:

| | | |
|---|---|---|
| Guten Morgen | Guten Tag | Gute Nacht |
| Auf Wiedersehen | bitte | danke |
| Ja | Nein | Entschuldigung |
| Wo ist? | Wann fährt? | Wieviel kostet? |
| heute | gestern | morgen |
| 1. Klasse | 2. Klasse | Rückfahrkarte |
| billiger | zu teuer | einverstanden |
| Arzt | Krankenhaus | Apotheke |
| Impfung | Gefahr | Achtung! |
| verboten | erlaubt | gut |

Zusätzlich sollten die Höflichkeitsformeln und die Zahlen von 1 bis 20, die Zehner, Hunderter und Tausender sowie die Wochentage verstanden werden.

Trekking-Touren gehören zu jeder Fernreise; sie bieten Natur pur; vielleicht im legendären Urubambatal in Peru, Höhe Machu Pichu.

**Das Fotografieren auf Reisen erfordert Fingerspitzengefühl. Kinder possieren am liebsten vor der Kamera. Polynesische Kinder in Pamatai, Tahiti.**

**Ein Weltkind – Südamerikanerin afro-indianisch-europäischer Abstammung, in Asien zuhause, in islamischer Tracht gekleidet.**

**Vorsicht vor giftigen Tieren: Giftschlange sicher gegriffen; Nachahmung nicht empfohlen; Pantanal in Brasilien, ...**

...gefangener Stachelrochen, Andamansee,...

...in Wüstenfarben getarnter Skorpion, Afrika.

In Wechselstuben wird oft ein besserer Kurs gewährt als von Banken.

**Unvergeßliches Wüstenabenteuer Nordafrika.**

**Urwaldvegetation: Orchidee.**

**Palast in Melakka, Malaysia.**

**Modernes Rathaus in traditioneller Bauweise in Seremban, Malaysia.**

**Blick von einem chinesischen Tempel über Kuala Lumpur.**

**Chinatown-Häuserkulisse in der Sagostreet, Singapur.**

## 5.12 Beim Zelte-Abbrechen daheim nichts vergessen

Wem graust es nicht davor? Aber unser Leben in Konsum, Wohlstand und Komfort, inmitten allerlei Krimskrams hat uns bis zum Abreisetag fest im Griff. Nun gilt es, alle Taue zu kappen, bis auf ganz wenige.

Es ist wichtig, sich rechtzeitig bei allen möglichen Stellen abzumelden, Daueraufträge zu widerrufen und Abos zu kündigen. Pflanzen, Tiere und die Wohnung, falls sie nicht gekündigt werden muß, müssen versorgt sein. Es ist von Vorteil, eine Person des Vertrauens mit Vertretungs- und Befugnisvollmachten auszustatten. Beim Kündigen, Widerrufen und Einstellen von Zahlungen kann man nur viel Spaß wünschen, aber denken Sie einfach daran, daß alle diese Bemühungen uns dem ersehnten Teilzeitausstieg näher bringt. Hier einige Anregungen, zu Dingen, die nicht vergessen werden sollten:

○ Auto-Haftpflichtversicherung kündigen oder ruhen lassen
○ sonstige Versicherungen kündigen oder ruhen lassen
○ Steuervollmacht für Lohnsteuerausgleich oder Einkommenserklärung
○ Radio- und TV-Anmeldung kündigen
○ Zeitungsabo kündigen
○ Wohnung kündigen (?), Hausrat auflösen oder irgendwo unterstellen, eigenes Haus oder Wohnung gegen Einbruch sichern (Beratung kostenlos durch die Kriminalpolizei)
○ Müllabfuhr abmelden
○ Postzustellung regeln (eventuell Postvollmacht)
○ Geldforderungen eintreiben oder begleichen
○ Krankenversicherung umstellen (Achtung: Nie ohne Inlands-Krankenversicherung ins Ausland gehen. Sie könnten verletzt oder krank nach Hause zurückkommen. Außerdem ist es schwer, einmal ausgetreten, wieder unter Versicherungsschutz zu kommen. Reden Sie vor der Reise mit Ihrer Krankenversicherung darüber, was sie Ihnen in Ihrem speziellen Fall anbieten kann.)
○ Reisegepäck- und Auslandskrankenversicherung abschließen
○ Telefon abmelden, eventuelle Mietgeräte zurückgeben

○ Kfz abmelden, verkaufen oder stillegen
○ Einwohnermeldeamt über Abwesenheit informieren
○ Strom abschalten (Sicherungen, Tiefkühltruhe!)
○ Batterien aus Geräten entfernen (Auslaufgefahr)
○ Alle Elektrostrecker abziehen
○ Gashahn abschließen
○ Wasser abdrehen
○ Dispo bei der Bank aufstocken lassen
○ Freistellungsaufträge (Kapitalbesteuerung) rechtzeitig abgeben
○ Kreiswehrersatzamt (Wehrpflichtige) informieren
○ Feuerwehrabgabe regeln (eventuell abmelden)
○ Wohnungszweitschlüssel für den Notfall dem Nachbar aushändigen
○ Vereinsmitgliedschaften ruhen lassen oder austreten
○ Haustiere in gute Hände abgeben (wer das Reisen liebt, sollte verantwortungsbewußt denken und sich am besten erst gar keine anschaffen)
○ Zimmerpflanzen verschenken oder in Pflege geben
○ Reisedokumente prüfen und Gepäck richten.

## 5.13 Postzustellung ins Ausland

Gerne möchte man auch in der Ferne von der Familie oder von guten Freunden Post erhalten. Dazu haben vor allem die American Express-Büros einen weltweiten Service eingerichtet, der aber nicht zuverlässig arbeitet. Außerdem geht hier Ihre Post durch die Hände eines jeden Durchreisenden, da in den Repräsentanzen weltweit Ihre Post einfach auf einen großen Haufen geschmissen wird, in dem sich ein jeder seine Briefe oder Pakete herauswühlen muß. Der American Express-Service kann nur von Kreditkarten-Inhabern oder von Kunden (also auch von Reisescheckkunden von American Express) genutzt werden. Die Rücksendung bei Nichtabholung erfolgt nach ein bis zwei Monaten und kostet umgerechnet einen Dollar. Folgendermaßen ist der Brief zu adressieren:

Name
»Client Mail Service«
AMECXO
Postfach oder Straße
Stadt
Land

Viele lassen sich Post »postlagernd« auf ein ausländisches Hauptpostamt zusenden. Die Erfahrung zeigt, welche Kreativität Postbeamte in aller Welt entwickeln, wenn sie entscheiden sollen, worunter sie Ihre Post in der alphabetischen Ablage einzusortieren haben. Manche orientieren sich am Straßen- oder Ortsnamen des Absenders, andere am Vornamen des Empfängers und wiederum andere umgehen dieses Problem, indem sie es einfach irgendwo dazupacken. So wird der Postempfang zu einem kleinen Lotteriespiel. Hier erfolgt die Rücksendung bei Nichtabholung spätestens nach drei Monaten. Sie ist kostenlos, dafür sehr unverlässig. Folgendermaßen ist der Brief zu adressieren:

Name
»Poste Restante«
General Post Office
Stadt
Land

Wesentlich zuverlässiger ist da der Service der bundesdeutschen Botschaften und Konsulate im Ausland. Voraussetzung ist, daß die Anschriften und das ungefähre Datum, wann man dort vorbeikommen möchte, bekannt sind und den Freunden daheim mitgeteilt wurden. Sinnvoll ist dies auf jeden Fall bei größeren Abständen und Etappen, wenn zum Beispiel ein Kontinent über einen internationalen Flughafen verlassen wird. Es ist nicht unbedingt klug, den Brief an die Botschaft oder an das Konsulat per Einschrieben zu schicken, denn dann werden oft 5 DM Auslösegebühr fällig. Die Post wird in den deutschen Auslandsvertretungen maximal drei Monate zur Abholung alphabetisch aufbewahrt und anschließend an den Absender zurückgesandt. Pakete sind davon ausgeschlossen. Die bleiben meistens schon im Zoll hängen. Im Konsulat wird dann eine Benachrichtigung hinterlegt, in der zum persönlichen Erscheinen und zur Zollfreischreibung aufgefordert wird. Abhilfe: Briefe sind bis 1000 Gramm zugelassen! Die Rücksendung bei Nichtabholung erfolgt zuverlässig und kostenlos nach drei Monaten. Folgendermaßen ist der Brief zu adressieren:

Name
»wird abgeholt«
c/o Embassy of the Federal Republic of Germany
Straße
Postfach
Stadt
Land

Es sollte dabei beachtet werden, daß die Anschrift deutlich geschrieben wird und keine Sonderbriefmarken auf den Brief aufgeklebt werden, sondern ganz einfache Rollenmarken. Je unauffälliger ein Brief aussieht, desto eher kommt er an. Wenn es sich vermeiden läßt, sollten keine Paket verschickt werden. Die Auslöseprozedur in den meisten Ländern ist ein wahrer bürokratischer Hürdenlauf und als Disziplin olympiaverdächtig.

# 6 Packen

Gepackt wird etwa 24 Stunden vor der endgültigen Abreise. Alle Gegenstände, vor allem die Kleider werden in Plastiktüten extra eingepackt, um diese so vor Staub und Nässe zu schützen. Das Gewicht in einem Kofferrucksack sollte gleichmäßig verteilt werden. Empfehlenswert ist die nächste Anschrift beziehungsweise Adresse im Rucksack oder falls noch nicht bekannt, die Adresse der jeweiligen deutschen Botschaft im Ausland. Die Dokumente kommen in den Kleidersafe direkt am Körper. Für jede mitgeführte Hose, Shorts und lange Hose, muß deshalb so ein Kleidersafe vorbereitet sein. Die Kopien und Originalbelege werden mit einem etwaigen Reisepartner folgendermaßen ausgetauscht:

Person 1

- ○ eigene Dokumente (Paß) im Original
- ○ alle Kopien von Person 2
- ○ Kopien der Quittungen (Schecks)
- ○ Original der Scheckquittung von Person 2
- ○ Ersatzschlüssel von Person 2
- ○ Cash, Cards und Cheques in verschiedenen Depots
- ○ Wörterbuch

Person 2

- ○ eigene Dokumente im Original
- ○ alle Kopien von Person 1
- ○ Kopien der Quittungen
- ○ Original der Scheckquittung von Person 1
- ○ Ersatzschlüssel von Person 1
- ○ Cash, Cards und Cheques in verschiedenen Depots
- ○ andersssprachiges Wörterbuch

Nach Möglichkeit sollten vorhandene Außentaschen am Gepäck nur mit wertlosen Reise-Utensilien bepackt werden. Der Schmuck bleibt grundsätzlich zu Hause (auch Kunstschmuck, da er sich vom echten heute kaum mehr unterscheiden läßt). Lediglich eine billige Armbanduhr mit Wecker sollte mit von der Partie sein.

# 7 Das Abenteuer beginnt

## 7.1 Reisemittel Flugzeug

*Reconfirmation*
Heutzutage fliegen die meisten Fern- und Langzeitreisenden erst einmal eine längere Strecke, um die »Alte Welt« hinter sich zu lassen, bevor sie ihre eigentliche Reise beginnen. Ganz wichtig ist, daß der nach all den Strapazen der Reisevorbereitung und des Zelte-Abschlagens daheim, inzwischen glückselige Weltenbummler, spätestens 72 Stunden vor dem Abflug seinen Flug bestätigen läßt. In der Regel wird dies für ihn das Reisebüro übernehmen. Aber für die nachfolgenden Weiterflüge sollte hier schon an diese Grundregel des Fliegens gedacht werden. Es hat sich bei meinen Reisen gezeigt, daß es günstig war, schon bei Ankunft den nächsten Flug bestätigen (Reconfirmation) zu lassen.

*Check-in-time*
Bei internationalen Flügen ist »Check-in-time« spätestens zwei Stunden vor Abflug. Diese Zeit sollte eingehalten werden, da es durchaus vorkommen kann, daß sonst Ihr Platz anderweitig vergeben wird. Ein weiterer Grund ist die Gefahr der Überbuchung. Es kann passieren, daß durch ein zu spätes Einchecken überhaupt kein Platz mehr in der Maschine vorhanden ist, trotz »OK«-Status im Flugticket. Die Überbuchung ist durchaus üblich, um sogenannten »Non-shows« vorzubeugen, das heißt, gebuchte und bezahlte Plätze von Fluggästen, die ihren Flug nicht antreten. Bei Domestic-Flügen (Inlandflüg) beträgt die »Check-in-time« knapp eine Stunde.

*Durchchecken*
Unter Durchchecken wird die einmalige Abfertigung bei Umsteigeverbindungen von Flugpassagieren und Fluggepäck bis zum Zielflughafen verstanden.

*Boarding Card*
Beim Einchecken erhält man die »Boarding Card«. Das ist die Platzkarte für den Sitzplatz. Außerdem bezeichnet sie die Abflughalle, das sogenannte »Gate«.

*Sitzplatz und Handgepäck*
Je länger ein Flug dauert, um so mehr muß sich jeder Gedanken über Sitzplatz, Sitzplatzreservierung, Handgepäck und vieles mehr machen.

In der Regel dürfte es egal sein, ob sich ein Sitzplatz auf der rechten oder linken Seite eines Flugzeuges befindet. Viel wichtiger erscheint die Frage, ob ein Platz im Raucher, Nichtraucher oder im zwischen beiden liegenden Abteil gewünscht wird, ob man am Gang oder Fenster oder dazwischen sitzen möchte. »Dazwischen«-Plätze sind grundsätzlich ungemütlich, da man von allen Seiten eingekeilt ist. Fensterplätze bieten zwar eine »schöne« Aussicht, haben aber den Nachteil, daß die Bewegungsfreiheit durch die Nebenfluggäste eingeschränkt ist. Wer schnell mal auf die Toilette muß, zwängt sich dann an vielleicht schlafenden Sitznachbarn vorbei. Zudem kann ein Fensterplatz manchmal zugleich ein Notausstieg sein – Nachteil: es zieht zeitweise ins Flugzeug rein. Wer unbedingt einen Fensterplatz möchte, sollte sich einen Platz am hinteren Ende des Flugzeuges aussuchen. Vorteilhaft ist aber bei Großraumflugzeugen, daß durch die Verjüngung des Maschinen-Hinterteils die Sitzplatzreihe einen Sitzplatz weniger hat und dadurch mehr Freiraum zum Fenster hin besteht; die Beinfreiheit ist größer. Empfehlenswert sind immer die Sitzplätze am Gang, da sie vor allem bei Nachtflügen die meiste Beinfreiheit zulassen. Außerdem gibt's überhaupt keine Probleme bei der Bewegungsfreiheit im Flugzeug. Jederzeit kann aufgestanden und in der Maschine ein wenig gelaufen werden. Optimal bezüglich Beinfreiheit sind die Sitzplätze an den Ausgängen. Sie sind nicht für Familien mit Kleinkindern vorbehalten.

Auf keinen Fall sind Plätze vor der Filmleinwand zu empfehlen. Die Beinfreiheit ist hier am meisten eingeschränkt. Wer sich einen guten Platz im Flugzeug sichern möchte, sollte frühzeitig am Flughafen seine Bordkarte entgegennehmen. Dann hat er noch die größte Möglichkeit, Wünsche zu äußern.

Paradiesisch sind für jeden Flugreisenden unterbesetzte Maschinen. Hier sind oft ganze Sitzreihen, vor allem im hinteren Drittel, frei. Noch gleich vor dem Start kann auf diese Plätze gewechselt werden. Vor allem außerhalb der Hochsaison dürfen Flugreisende darauf spekulieren, sich mit vorhandenen Kissen und Decken ein richtiges Bett zimmern zu können. Vor allem bei Nachtflügen gibt's keine Umzugsprobleme, denn das Bordpersonal möchte ebenfalls seine Ruhe haben.

Wer oft fliegt, hat schon bemerkt, daß die Vielflieger jede Menge Handgepäck mitschleifen, ohne daß es Probleme oder Reklamationen gibt. Inlandsmaschinen lassen grundsätzlich nur kleines Handgepäck zu, alles andere muß offiziell eingecheckt werden. Wer es trotzdem probiert, muß damit rechnen, daß noch auf der Rollbahn vor der Gangway eine Person des Bordpersonals das Handgepäck ausmustert. Glücklicherweise gibt's auf Langstreckenflügen nicht diese penible HandgepäckÜberprüfung. Sie erinnern sich, daß ich jedem Fernreisenden empfohlen habe, überhaupt nur mit Handgepäck zu reisen. Dadurch hat er sein Gepäck ständig unter Aufsicht und den Genuß, beim Auschecken vor dem großen Pulk in aller Ruhe den Flughafen verlassen zu können. Vorteil: Busse sind nicht überfüllt, Taxis in ausreichender Zahl vorhanden, Zeit zum kurzen Geldwechsel ohne Schlangenstehen ist vorhanden. Wer aber mit Handgepäck reist, sollte auch rechtzeitg an Bord der Maschine gehen. Mitreisende haben die Angewohnheit neben dem Handgepäck zusätzlich Mäntel, Hand- und Umhängetaschen sowie Duty-Free-Tüten mitzuschleifen, die verstaut werden wollen. Wer zuletzt kommt, steht vor vollbepackten Stauräumen. Dann bleibt nur noch der Zwischenraum vor und unter den Sitzen zur Verstauung des Handgepäcks übrig. Wer nur ein einziges Mal erlebt hat, stundenlang mit gespreizten oder angewinkelten Beinen einen Langstreckenflug durchhalten zu müssen, wird bestimmt nie mehr zu spät ins Flugzeug kommen, trotz Reservierung.

Beim Fluggepäck werden verschiedene Gepäckarten unterschieden:

1. Freigepäck: Entweder besteht das Freigepäck aus
   (a) je 20 Kilogramm in der Economic-Klasse, je 30 Kilogramm in der Business-Klasse, je 40 Kilogramm in der 1. Klasse oder
   (b) 2 Gepäckstücken a 32 kg, das aufgegeben werden kann und kostenlos befördert wird.
2. Übergepäck: Ist jedes Kilogramm, das über dem Gewicht des Freigepäcks liegt. Hier wird eine Übergepäckgebühr fällig. Bei Fernflügen liegt sie durchschnittlich bei 20 DM/kg beziehungsweise 1 Prozent des First-Class-Flugpreises/kg.
3. Handgepäck: Handtaschen, Mantel, Regenschirm, Regencape, Foto, Fernglas, Lektüre; das Hangepäck wird von allen Fluggesellschaften unterschiedlich streng definiert und kontrolliert.
4. Sondergepäck: bedarf grundsätzlich der Anmeldung bei der Fluggesellschaft. Hierzu gehören zum Beispiel Taucherausrüstung, Fahrräder, Golfausrüstungen, Surfbretter und so weiter. Bei Linienflügen wird dies wie Übergepäck tarifiert; bei Charterflügen nach einer Pauschale (Fahrräder liegen etwa bei 100 DM).
5. Unbegleitetes Gepäck (Luftfracht): Ermäßigte Frachtrate gilt nur auf der Strecke, für die das Flugtickets ausgestellt wurde; der Koffer muß nicht unbedingt in derselben Maschine befördert werden.
6. Sperrgepäck: Dafür ist grundsätzlich die Frachtabteilung zuständig.

*Flugvokabular*

| | |
|---|---|
| Airport = Flughafen | Check-in = Abfertigung |
| Vocher = Gutschein | Connection = Anschluß |
| Aisle Seat = Gangplatz | Gate = Flugsteig |
| Transit = Umsteigen | Departure = Abflug |
| Window Seat = Fensterplatz | Label = Aufkleber |
| Call = Aufruf | Schedule = Flugplan |
| Boarding Card = Bordkarte | Cancelled = gestrichen |
| Counter = Flugschalter | Terminal = Abfertigungshalle |
| Arrival = Ankunft | Local Time = Ortszeit |

*Flugalltag*
Die Frage nach einem angenehmen Flug stellt sich nach dem Start. Bewegung, Stoffwechsel, persönliche Bedürfnisse und der Wunsch nach Zielinformationen möchten gestillt sein. Faustregel Nr. 1 ist, daß »stille Örtchen« vor dem Landeanflug äußerst begehrt sind. Jeder möchte sich vor Ankunft am Zielflughafen »landfein« machen, also mit Warteschlange rechnen! Einen freien Waschraum findet man vor allem während der üblichen Filmvorführung an Bord vor. Zahnpasta und -bürste, Seife und Erfrischungstücher werden je nach Airline kostenfrei im Waschraum bereitgehalten.

Die Kinetose oder Reisekrankheit äußert sich durch ständiges Gähnen, Schweißausbrüche, Brechreiz, Schwindelgefühle und Übelkeit und wird am besten durch einen Tragflächenplatz umgangen. Außerdem sollte speziell dann nicht viel gegessen und kein Alkohol getrunken werden. Empfehlenswert ist auch ein Scopoderm TTS-Pflaster hinters Ohr, das die Reisekrankheit für 72 Stunden lindert.

Während des Langstreckenfluges bietet das Bordpersonal mit dem ständigen Servieren von Mahlzeiten und Imbissen, sowie das Vorführen von Filmen eine Abwechslung. Empfehlenswert ist jede mögliche Bewegung oder ein Spaziergang im Flugzeug. Selbst nur im Gang zu stehen, um einen Plausch zu halten, wirkt entspannend, vor allem auf den gestreßten Magen. Am besten gefiel mir LanChile zwischen Santiago und Tahiti. Da wurde an Bord getanzt und musiziert. Am hinteren Ende der Maschine befand sich eine Bar. Bewegung ergab sich so von alleine. Aber aufgepaßt beim Trinken. Trinken ist zwar gut gegen Flugmüdigkeit, da durch die niedrige Luftfeuchtigkeit an Bord der menschliche Körper sehr schnell austrocknet. Alkoholische Getränke werden bei den meisten Airlines angeboten, aber es sollte dabei nicht vergessen werden, daß die Bordklimaanlage eine Höhe von über 2000 Meter Höhe simuliert und somit die Wirkung des Alkohols erheblich verstärkt.

Letztendlich bieten bei jedem Langstreckenflug des Zielortes kundigen Mitreisenden eine wichtige Informationsquelle. Was kostet die notwendige Taxifahrt vom Flughafen in die City, gibt es einen Flughafenbus, ist Feilschen beim Fahrpreis obligatorisch und vieles mehr kann rechtzeitig vor der Ankunft erfragt werden.

Denn seien Sie sich einer Sache sicher, an jedem Flughafen warten geschäftstüchtige Einheimische auf vermeintlich unbedarfte Opfer. Deshalb lohnt es sich, folgende Ratschläge zu beherzigen:

- rechtzeitig einchecken,
- guten Platz reservieren,
- nur mit Handgepäck reisen,
- rechtzeitg an Bord gehen, um Handgepäck zu verstauen,
- viel Flüssigkeit zu sich nehmen, aber wenig Alkohol (!),
- nicht unbedingt alles aufessen, was serviert wird,
- an Bord spazierengehen,
- Informationen über Zielflughafen an Bord besorgen,
- freier Waschraum am ehesten während des Films.

*Jet Lag*

Langstreckenflieger durchqueren auf ihrem Flug immer mehrere Zeitzonen. Das Problem dabei ist, daß der Fernreisende auf seiner »inneren Uhr« die deutsche Zeit mit in das Zielland nimmt. Wer also im Wunschland ankommt, geht vielleicht gerade zu Hause ins Bett oder steht auf. Diese Phasenverschiebung wird »Jet Lag« genannt. Denn sie kann die nächsten Tage nach der Ankunft umgemütlich werden lassen. Abgeschlagenheit, Müdigkeit, Konzentrations- und Gedächnisstörungen, Appetit- und Schlaflosigkeit, veränderter Adrenalinspiegel und Körpertemperatur sind Störungen, die durch den irritierten biologischen Rhythmus auftreten können. Pro Tag werden täglich etwa zwei Stunden des Zeitunterschiedes abgebaut. Jeder Reisende reagiert je nach körperlicher Verfassung unterschiedlich auf diese Zeitverschiebungen.

Jet Lag läßt sich nicht beseitigen, aber dafür etwas abschwächen. Wer nach Osten fliegt, sollte versuchen, einige Tage vor dem Abflug täglich eine Stunde früher zu Bett zu gehen und eine Stunde früher aufzustehen. Wer nach Westen fliegt sollte dafür später ins Bett gehen und später aufstehen. Persönlich reise ich immer westwärts um den Erdball, da mir die Anpassung an diese Zeitverschiebung so leicht fällt, daß ich nie damit Probleme habe. Nur sehr selten wählte ich die Ostroute. Mir erscheint, daß die Anpassung des Körpers an diese Zeitverschiebung schwieriger zu bewältigen ist. Interessant erscheint mir auch, daß die meisten Fernreisenden zu einer Weltreise nach Osten aufbrechen. Wer weiß warum?!

**Das Gepäck ist weg**
Das ist der Horror eines jeden Fernreisenden, wenn er mehr als das notwendige Handgepäck dabei hatte. Ist das Gepäck beim Auschecken auf dem Zielflughafen einfach nicht dabei und läßt es sich auch nicht sofort auffinden, dann muß der Verlust des Gepäcks bei der Gepäckermittlung des Zielflughafens angezeigt werden. Am besten läßt man sich vom Anzeigeformular eine Kopie geben. Jetzt können Ersatzkäufe vor Ort getätigt werden. Dazu müssen alle Kaufquittungen zum späteren Nachweis aufbewahrt werden. Nach Wiederauffinden des Gepäckes müssen aber die Nachkäufe der Fluggesellschaft wieder überlassen werden. Nach etwa vier Wochen haftet die Fluggesellschaft international mit derzeit 53,50 DM/kg, das wären bei einem Gepäckgewicht von 20 Kilo insgesamt 1070 DM.

## 7.2 Ankunft, Einreise, Kulturschock

Gleich bei der Einreise auf dem Flughafen macht man seine ersten Reiseerfahrungen: die Grenzpolizei fragt nach einer lokalen Adresse – hier gibt man einfach ein bekanntes Hotel (vorher aussuchen) an oder falls eine Kontaktadresse vorhanden ist, wird diese auf die Einreisekarte eingetragen. Deklariert, falls notwendig, werden nur persönliche Effekten, also »personal effects only«. Für diejenigen, deren Gepäck verlorengegangen ist, gibt es jetzt erst einmal einen Bekleidungszuschuß von der Fluggesellschaft und dann geht das große Hoffen los, ob das Gepäck nicht doch noch auftaucht.

Als nächstes muß Landeswährung aufgetrieben werden. Grundsätzlich ist deshalb der Kurs auf Flughäfen etwas schlechter als in der Stadt. Bereits mancher Taxifahrer vor dem Flughafen kann Ihnen einen besseren Kurs anbieten, wie die Schwarzwechsler im Flughafen. Also nur ein paar Dollars tauschen und sofort in die Stadt fahren. Auf keinen Fall ein angeblich superbilliges

Taxi anheuern, daß sich zufällig speziell für Sie interessiert. Sollte es unbedingt notwendig werden ein Taxi zu benutzen, dann nach Möglichkeit mit mehreren Reisenden zusammen nach hartem Feilschen um den Fahrpreis. Schauen Sie sich um, überall gibt es genügend Gleichgesinnte und Mitreisende. Übrigens haben die Einheimischen (Locals) immer die besten und reelsten Informationen. Sinnvoll ist es deshalb immer, deren Vertrauen so schnell wie möglich zu gewinnen. Erkennt der Chauffeuer euch nicht als »Newcomer«, wird er euch trotzdem übers Ohr hauen. Wichtig ist, daß trotz erster Hürden wie Sprachbarrieren, keine Berührungsängste gezeigt werden.

Auch sollte nicht vergessen werden, daß die Airports weltweit zumeist sehr weit außerhalb der Großstädte liegen. Ein durchschnittlicher Wert sind dabei 10 bis 20 Kilometer, aber auch 40 Kilometer sind keine Seltenheit. Eine Taxifahrt sprengt dann jeden Reise-Geldbeutel. Aber jeder Airport bietet äußerst günstige Zubringertarife mit dem Airportbus ins oder vom Stadtzentrum. Sich umzuschauen ist immer empfehlenswert.

So mancher Reisende erlebt mehr oder weniger kurz nach der Ankunft den berühmt berüchtigten Kulturschock, vor allem dann, wenn er oder sie ganz andere Vorstellungen mitbringt. Häufig kommt es, besonders in den Tropen, durch die abrupte Klimaänderung zu körperlichen Auswirkungen. Die Zeitverschiebung bei langen Flügen trägt zu Ermüdungsgefühlen (Jet-Lag) bei. Streß und Hektik vor und während der Abreise, Tagesabläufe mit anderem Rhythmus sowie ungewohnte Essens- und Trinkkultur schwächen selbst Menschen mit normalerweise ausgezeichneter Kondition. Mit dem zusätzlich eintretenden Reisedurchfall ist dann schnell der erste Tiefpunkt einer kaum begonnen Abenteuerreise erreicht. Manch einen übermannen zuvor nicht gekannte Depressionen. Der »Kultur«-Schock ist perfekt. Schlagartig wird sich der Reisende der Andersartigkeit der fremden Kulturen bewußt. Symptome eines Kulturschocks sind Gefühle der Hilflosigkeit (durch die fremde Sprache, besonders bei einem Unfall oder anderem Ereignis), Einsamkeit (man kennt niemand, alle sind einem fremd), Sehnsucht nach Bekanntem (Sprache, Essen, Kultur, Landsleute), übertriebener Hygienefimmel (Essen, Wasser, Händewaschkomplex) und Zweifel an sich selbst. Jetzt nur nicht aufgeben wollen, denn diese Hürde muß jeder überwinden. Aller Anfang ist schwer zumal es während der Reise nicht bei diesem einen Mal bleiben wird; stellen Sie sich darauf ein. Übrigens sind Selbsterkenntnis, Eigensinn und Neugierde die besten Eigenschaften gegen einen Kulturschock.

## 7.3 Das Suchen einer Unterkunft

Der Stempel des Einreiselandes glänzt im neuen Reisepaß, etwas Geld wurde erfolgreich getauscht und ein klappriger Bus hat uns in das Stadtzentrum gebracht. Die Hitze ist erdrückend, die Luftfeuchtigkeit hoch, hinlegen und dösen wäre jetzt das beste. Doch zuerst muß eine Unterkunft her.

Vorwiegend im Zentrum vieler Städte, vor allem um Busbahnhöfe oder um Transportgesellschaften befinden sich die günstigen Unterkünfte. Entscheidend ist die optimale Lage im Zentrum und die allgemeinen Verkehrsverbindungen. Die Preiskategorie ist meist mit dem Niveau und der anzutreffenden Sicherheit verbunden. Hier muß jeder selbst entscheiden, was er seinem Geldbeutel und sich zumuten möchte. Grundsätzlich kann das zu beziehende Zimmer auf einige Punkte hin überprüft (das ist weltweit des Kunden Recht!) werden:

1. auf Sicht,
2. Funktion der Dusche,
3. Funktion der WC-Spülung,
4. Prüfung der Betten.

Zusätzlich ist die Frage nach dem Preis (gilt er für das Zimmer oder nur für ein Bett?) und dem Hotelsafe von Interesse. Falls vorhanden, werden nur gegen Quittung die Wertsachen zur Aufbewahrung abgegeben. In der Regel arbeiten Hotels und Pensionen mit Safes zuverlässig. Aber aufgepaßt, unbedingt nach den »Arbeitszeiten« des Safes fragen. Wer sehr früh die Unterkunft verlassen muß, kann sonst auf die Nase fallen, wenn der Safeschlüssel noch nicht greifbar ist. Abhilfe: am Abend vor der Abreise Wertgegenstände aus dem Safe ordern.

Überhaupt muß die Check-out-time in der Unterkunft eingehalten werden. Weltweit liegt sie in der Regel um 12 Uhr, oft aber schon um 10 Uhr. Am besten gleich bei Ankunft erfragen.

Falls das Zimmer einmal mit einem Vorhängeschloß versehen ist, ist es angebracht dieses gegen ein mitgeführtes eigenes Schloß auszutauschen.

*Unterkunftsmöglichkeiten*

- Hotels (sehr teuer),
- Hostel, Residencial, sogenannte Familienpensionen,
- Missionsstationen,
- Pousadas, Cabanas, Lodges,
- Universitätsunterkünfte, Studentenwohnheime,
- YMCA (auch für Frauen und Familien),
- Jugendherbergen,
- Zelt,
- bei Familien (Holiday Service, Servas),
- Hängematte,
- Klöster (nur in Notsituationen),
- Hausboote (Botels),
- Verkehrsmittel (Nachtbenutzung spart viel Geld, Zug sehr vorteilhaft, bei Bus hoffentlich keine Schlaglochpiste, Schiff oft nur mit Hängematte),

Internationale Jugendherbergsverbände gibt es unter anderem in Argentinien, Australien, Brasilien, Chile, Hongkong, Indien, Indonesien, Japan, Kanada, Kenia, Korea, Malaysia, Nepal, Neukaledonien, Neuseeland, Pakistan, Philippinen, Sri Lanka, Sudan, Thailand, Uruguay und USA. Das Deutsche Jugendherbergswerk gibt ein Verzeichnis (International Youth Hostel Handbook) der Jugendherbergen in Übersee heraus.

Während den Semesterferien kann auch probiert werden, in den Studenten-Unterkünften beziehungsweise Universitäten unterzukommen. Gerade in den USA sind dies begehrte Unterkünfte bei Langzeitreisenden. Die Unterkünfte sind zwischen 10 und 25 US-$ pro Nacht zu haben. Eine Liste mit Uni-Unterkünften in den USA gibt's beim »Campus Travel Service«, Postfach 8355, Newport Beach, CA 92660, USA gegen einen Auslandsscheck von 18,50 US-$.

In Australien finden sich die günstigsten Übernachtungsmöglichkeiten als Gast in einer Wohngemeinschaft. In Sydney werden die Interessenten manchmal sogar kostenfrei vom Flughafen abgeholt. Die Übernachtung kostet unter Künstlern und Studenten ab 5 US-$. Wer's probieren will, wählt zum Beispiel in Sydney Telefon 3492234 (Tag und Nacht).

## 7.4 Selbstschutz während der Reise

Auf die Grundlagen der persönlichen Eigensicherung wurde schon im Kapitel »Vorbeugender Selbstschutz« eingegangen. Wer alleine reist, sollte immer nach dem Hotelsafe fragen. Wenn es geht, nie alle Wertsachen und schon gar nicht den Reisepaß bei einem Stadtbummel mitschleifen, sondern nur mitnehmen, was benötigt wird. Der Rest kommt gegen Quittung in den Safe.

Falls ein Reisepartner mitreist, sollte nie nebeneinander gebummelt werden, sondern etwas leicht versetzt, so daß man sich gegenseitig beobachten kann. Es sieht zwar lustig aus, wer sich als Fremder ab und zu auch einmal umdreht, um zu sehen, was so hinter einem vorgeht, hat aber noch niemandem geschadet und mich persönlich vor so manch unliebsamer Überraschung bewahrt. Schließfächer auf Bahn- und Bushöfen sind kein idealer Ort, um sein Gepäck zu verstauen. Die verbogenen und ausgerissenen Schließtüren sollten den Traveller warnen. Wie schütze ich mich nun also vor Schaden oder Diebstahl?

1. Stündliche, mindestens aber tägliche Kontrolle der Wertsachen;
2. ständige Eigensicherung;
3. Gepäck immer unter Beobachtung halten (innerhalb des eigenen Blickfeldes verstauen; falls das Gepäck auf's Dach muß, bei jedem Stop achten, daß es nicht mit abgeladen wird);
4. Körperkontakten sofort und immer instinktiv ausweichen;
5. Gepäck nach jeder längeren Reisestrecke durchchecken;
6. Hosentaschen ständig überprüfen (!);
7. Nie auf Zwischenfälle reagieren, sofort »Kleidersafe« checken (!);
8. Nie ablenken lassen durch Fragen nach Uhrzeit oder Paß (Alarmsignal!);

9. keine Gegenstände (Fotoapparat) auch nur mal kurz so neben oder vor sich hinlegen;
10. sich sofort aus Menschenmengen lösen, bei Zwischenfall oder Menschenauflauf sich sofort entfernen;
11. keine Wertsachen an Strände und in Diskotheken mitnehmen;
12. übermäßigen Alkoholkonsum vor allem in öffentlichen Bars meiden (macht außerdem schlechten Eindruck);
13. mit dem Rücken zur Wand sitzen;
14. sich zu keiner Hilfeleistung hinreißen lassen, wenn offensichtlich keiner der anwesenden Einheimischen hilft;
15. nur notwendiges Kleingeld zu Stadtausflügen und Exkursionen mitnehmen; der Paß kann im Notfall den Behörden nachträglich vorgelegt werden;
16. unsichere und unbeleuchtete Gegenden in der Stadt meiden;
17. Zimmer und Bett vor dem Verlassen aufräumen, Gepäck immer richten, damit jede Veränderung nach Rückkehr sofort erkannt werden kann;
18. Wertsachen immer in den Hotelsafe gegen Quittung (auch Schiffe haben oft Tresore für Wertgegenstände);
19. im Zweifel keine Schließfächer auf Bahnhöfen benutzen;
20. als Europäer nie mit Geld prahlen oder übermäßige Trinkgelder spendieren; Interessierten immer klar machen, wie sauer auf diese Reise gespart wurde.

## 7.5 Orientierung unterwegs

Hier beginnt der Spaß mit dem Unbekannten. Beispiel Ostasien und Arabien: Dort sind ganz andere Schriften gebräuchlich. Zeichen lassen sich nicht mehr lesen. Was weiter hilft, sind dann nur noch die weltweit allgegenwärtigen arabischen Zahlen. Deshalb ist immer wichtig, sich rechtzeitig zum Beispiel nach den Nummern der Buslinien zu erkundigen, um so etwa den richtigen Bus nach irgendwo zu erwischen

Andererseits hat sich das System der doppelten Landkarte als Orientierungshilfe bewährt. Für China wird eine englische und eine chinesische Landkarte gekauft. Die Zeichen an der Straßenkreuzung werden mit der chinesichen Landkarte verglichen. Sind die chinesischen Zeichen auf der chinesischen Landkarte gefunden worden, wird die geographische Lage mit der englisch- oder deutschsprachigen Landkarte verglichen und man findet so schnell den gewünschten Ort heraus. Viel Spaß beim Suchen!

## 7.6 Wie Sie an Informationen vor Ort kommen

Die Highlights einer Fern- oder Weltreise sind sicherlich die lokalen Feste, Veranstaltungen und kulturellen Aktivitäten sowie sehenswerte Landschaften und Sehenswürdigkeiten. Gerade die vielen kleineren und im Ausland weniger bekannten Volksfeste werden selten in einschlägiger Fachliteratur beschrieben. Unterwegs verschafft man sich deshalb diese Informationen über andere Reisende, Touristoffices, Kulturinstitute oder einfach über Einheimische, wenn man deren Vertrauen erworben hat. Hier einige Alternativen im Reiseland:

- Touristoffice,
- Botschaften (hier gibt's auch deutsche Zeitungen),
- Kulturinstitute wie die Goetheinstitute, den Deutschen Club, Austauschorganisationen an Hochschulen,
- andere Reisende und Weltenbummler wie Pauschaltouristen, Backpacker, Globetrotter, Kulturfreaks, Archäologen (die sich meist länger in einer Region aufhalten) uund andere Sachverständige,
- Einheimische,
- englische/deutsche Ausgabe einheimischer Zeitungen,
- einheimische Zeitungen,
- (Übersee-)Radioprogramme und TV-Programme,
- Universitäten,
- Jachthafen,
- Hafenkommandantur
- Feldflughafen bei Postfliegern, Missionsfliegern, Nachschub- und Versorgungsfliegern des Militärs.

Die Informationsbeschaffung ist die große Klammer während jeder Reise. Ohne Informationen kann es passieren, daß Sie das Interessanteste verpaßen. Schon allein bei Ihren Recherchen entstehen Kontakte und Sie erhalten nebenbei gar nicht erfragte Tips, die Ihrem Aufenthalt ein ganz neues Gesicht geben können. Ein Zyklus, der sich auf Ihrer Reise ständig wiederholen wird.

## 7.7 Hygiene und Essen

Als Informationsquelle eignet sich das Merkblatt 23 »Ratschläge zur Erhaltung der Gesundheit in tropischen und subtropischen Ländern«, herausgegeben vom Bundesverwaltungsamt in 5000 Köln 60, Postfach 680169, Telefon 0221/7780-8.

Grundsätzlich gilt es in fremden Ländern dort zu essen, wo besonders viele Einheimische anwesend sind. Dort ist es immer gut, zudem günstig und in aller Regel einwandfrei, auch wenn die Räumlichkeiten unseren Gewohnheiten nicht entsprechen sollten. Hier kann davon ausgegangen werden, daß die wenigsten Unregelmäßigkeiten beim Essen zu erwarten sind.

Sollte das Essen scharf sein, so hat dies in der Regel seinen Grund. Scharfes Essen erhöht die Magensaftproduktion, die wiederum verstärkt Bakterien abtötet. Dies schützt vor einer Magen-Darm-Infektion. Falls es trotzdem zu einer Magenverstimmung kommen sollte, unterstützt Mallebrin das Gleichgewicht der Magenflora. Wichtig ist, daß sich jeder so schnell wie möglich an die heimischen Speisen gewöhnt – also, keine Berührungsängste und ran an die exotischen und unbekannten Köstlichkeiten. Auch an Schärfe werden sich die Skeptiker gewöhnen, schließlich sind die Gerichte in den Tropen über Jahrhunderte entstanden und dem Klima angepaßt.

Bitte keine langen Mienen, aber Brot wird in den Tropen selten zum Essen gereicht. Reise, Mais, Maniok, Yams und Hirse ersetzen stattdessen Brot und Kartoffeln. Auch Milch wird es nicht immer geben. Dagegen wird immer eine ausreichende Menge an Fleisch (in Brasilien, Argentinien, Uruguay und Paragua überdimensional viel), Fisch oder pflanzliches Eiweiß zur Verfügung stehen. Auch bei sehr schlechter Versorgungslage brauchen keine Vitamintabletten geschluckt werden.

Als Grundregel gilt, Hände waschen vor dem Essen. Bei einem indischen Essen ist dies sogar Pflicht, sonst wird man nicht als

Gast erkannt. Schließlich wird das Gericht auf einem Bananenblatt serviert und gegessen wird mit der rechten Hand. Nach dem Essen werden sofort wieder die Hände gewaschen. Geschälte Früchte sind delikat und ohne Bedenken jederzeit genießbar.

Frische Kokosnüsse werden ein paar Stunden in den Kühlschrank gelegt, bevor sie genossen werden. Zuerst wird die glasklare und geschmacklose (Schuß Rum nicht vergessen!) Kokosmilch getrunken. Anschließend wird die Kokos aufgeschlagen und das weiße, sanftcremige Kokosfleisch gegessen. Es ist übrigens nachgewiesen, daß ein Mensch sich ausschließlich von Kokosmilch und -fleisch ernähren kann, da die Kokos alle lebenswichtigen Nährstoffe enthält.

Salate jeglicher Art sollten immer zurückgelassen werden, auch wenn sie noch soviel Appetit. Wer es sich verkneifen kann, sollte zudem auf Eiswürfel verzichten, sicherlich eine große Überwindung in den feuchtheißen oder gar trockenheißen Zonen. Dafür werden in Südamerika oft die Getränke eiskalt mit Eiskrone serviert. Das vernichtet selbst die letzten Magenläuse.

Wer keinen Hunger verspürt, sollte nicht an seinen Eßgewohnheiten (dreimal täglich) festhalten und nur dann essen, wenn er wirklich hungrig ist. Äußerst billig und absolut hygienisch sind die sogenannten »Garküchen« der Straßenköche (hawkers). Hier wird Frisches vor den Augen des Hungrigen zubereitet. So weiß jeder genau, was er ißt und wie es zubereitet wurde. Im Restaurant dagegen weiß der Gast nie, wie und wo das Essen gegart wurde.

Ohne Wasser kein Leben. In den Tropen ist es ständig vonnöten, viel mehr als in den gemäßigten Zonen. Es ist ein Trugschluß, daß Trinken zum Schwitzen führt. Ein Problem ergibt sich im Gegenteil bei der Zufuhr von Wasser für den Körper. Gutes Trinkwasser ist nicht überall zu haben, besonders in ländlichen Gebieten, wo das Wasser aus einem Ziehbrunnen gewonnen wird. Grundsatz ist immer: Wasser vor dem Trinken abkochen! Micropur desinfiziert Wasser inzwischen in kürzester Zeit, aber manche halten selbst diese ein bis zwei Stunden nicht aus. Abgefülltes Mineralwasser steht nicht immer zur Verfügung, zumindest weniger wie Cola, Bier oder Tee. Bleibt nur Mut zum Risiko, falls es gar nicht anders geht. Aber die Gesundheit sollte jedem schon zwei Stunden wert sein. So schnell ist noch keiner verdurstet!

Zum Zähneputzen sollte ebenfalls nur Mineralwasser aus einer verschlossenen Flasche, abgekochtes oder chemisch desinfiziertes Wasser verwendet werden.

Es ist ein Märchen, daß alkoholische Getränke gegen Darmkrankheiten oder gar gegen Malaria schützen. Übermäßiger Alkoholkonsum in den Tropen stört unser europäisches, inneres Gleichgewicht. Nichts gegen einen tropischen Saufabend, aber er sollte nicht zum Standardprogramm werden. Vermeiden Sie:

- ○ rohen Fisch oder rohes Fleisch, sondern immer gut durchgebraten oder -gegart;
- ○ rohe oder halbrohe Meeresfrüchte;
- ○ rohe Schalen- oder Krustentiere, nur gut gekocht;
- ○ Mayonnaise;
- ○ Eiscreme und Eiswürfel;
- ○ rohen Salat und rohes Gemüse;
- ○ ungeschältes Obst;
- ○ Leitungswasser (nur abgekocht oder Mineralwasser aus Flaschen).

## 7.8 Umgang mit Polizei und Behörden

Jeder darf und soll so reisen wie er möchte. Dafür steht er auch ein, wenn er Charakter hat. Jeder trägt so auch seinen ganz persönlichen Ärger, den er mit der Polizei oder Behörden, bei Kontrollen oder dem Grenzübertritt bekommt bitte selbst aus. Zwei Dinge sollten aber absolut tabu sein: Keine Waffen! Keine Drogen!

*Kontrollen (typische Erfahrungen)*

- ○ In Südamerika: Straßenposten sind hier allgegenwärtig, wiederholte Kontrollen unausweichlich. Eine Kette, ein Steinbrocken oder ein Schlagbaum erzwingen den Stop des Fahrzeuges. Hinzu kommen spontane Kontrollen. Deshalb immer darauf gefaßt sein, Reisepaß und den Impfausweis vorzeigen zu müssen. Oft kann es passieren, daß zum Beispiel in einem Bus alle Einheimische sitzen bleiben dürfen und der Staatswächter aus der Passagierliste gezielt die Ausländer rausfischt. Bleiben Sie ruhig und freundlich, denn in aller Regel steckt dahinter bloß pure Neugierde (auf die Person, sein Aussehen, den ausländischen Pass).

- In Südostasien: Speziell in Guerillagebieten wird oft und ausgiebig kontrolliert. Ruhig sitzen bleiben. In der Regel müssen Reisepaß, bei einer Busfahrt auch ab und zu der Fahrschein vorgezeigt werden. Auch eine Videoaufnahme aller Fahrgäste ist dabei nichts als Routine.
- In den USA: Jeder kennt's aus dem Fernsehen und kann es doch nicht glauben. Die Polizei schaltet das Alarmlicht ein, der Fahrer sollte eigentlich nun sofort anhalten, zum Nachdruck wird dann das Signalhorn eingeschaltet. Richtig ist auf jeden Fall immer, sofort am Straßenrand anzuhalten und, ganz wichtig, im Wagen sitzen zu bleiben. Dann wird das Seitenfenster geöffnet und die Hände auf's Lenkrad gelegt (obligatorisch). Dann wird gewartet, bis der Beamte an den Wagen tritt. Er will die Papiere sehen. Der deutsche Führerschein ist ihm meistens unbekannt und den internationalen Führerschein kennt er ebenso nicht. Deshalb ruhig und besonnen bleiben. Nach Prüfung der Papiere kann in der Regel weitergefahren werden.

*Grenzübertritt*

Angenehm ist es, wenn ohne größere Probleme die Grenze überschritten werden kann oder nur eine routinemäßige Personenkontrolle passiert werden muß. Optisch normales Aussehen von Personen und Gepäck ist dabei ein erheblicher Vorteil. Zerrissene Hosen und zu lange Haare bei Männern wecken die Aufmerksamkeit der Ordnungshüter.

Der Paß sollte ohne Mängel und nicht abgelaufen sein. Wer Einreise- oder Ausreisestempel im Reisepaß nicht vorweisen kann, reist illegal! Also nie die notwendigen Stempel an der Grenze oder auf dem Flughafen vergessen und auch darauf bestehen, wenn der bereitstehende Bus durchgehen sollte. Bei späterer Kontrolle durch die Polizei droht ohne Einreisestempel Abschiebung in das Land, aus dem man eingereist ist und zwar auf eigene Kosten.

Günstig ist es, das Flugticket und etwas Kleingeld (bis 50 DM) verdeckt griffbereit zu halten. Schmiergelder könnten notwendig werden, falls der Grenzbeamte im Räuberzivil meint, daß irgendetwas nicht in Ordnung sei. Er möchte sich nur ein Zubrot verdienen. Wer weiß, wie wenig diese Staatsdiener manchmal verdienen, kann dafür vielleicht eher Verständnis aufbringen. Eine Zigarette oder auch mal eine ganze Schachtel können Wunder bewirken. Auch Kugelschreiber und Taschenrechner werden gerne genommen. Auf die Einreisekarte wird die Adresse eines Hotels oder der deutschen Botschaft eingetragen. Unter »Deklaration« wird »only personal effects« eingetragen.

*Self-Checking für den Grenzübertritt*

- ○ Gepäck und Person optisch richten.
- ○ Paß o.k.?
- ○ Ausreisestempel vorhanden?
- ○ Einreisestempel vorhanden?
- ○ Flugticket/Geld griffbereit?
- ○ Einreisekarte ausgefüllt?
- ○ Kontaktadresse parat?
- ○ Keine Waffen oder Drogen!
- ○ Zollpflichtige Gegenstände im Gepäck?

*Drogen*

In allen Ländern der Welt sind Drogen in jeder Form und Konsistenz offiziell geächtet. Nicht nur der Besitz, sondern auch der Erwerb und die Verteilung von Rauschgiften wie Opium, Kokain, Marihuana, Heroin und Haschisch. In einigen Ländern steht auf Besitz von Drogen die Todesstrafe. Anderswo, wie zum Beispiel in Bolivien oder Peru ist der Besitz von Koka legalisiert und die Regierung vergibt Lizenzen für den Verkauf der Kokablätter. Dazu muß man wissen, daß die meisten Drogenpflanzen von ihrer Grundsubstanz her völlig harmlos sind. Erst durch die Verarbeitung wird die Droge gewonnen und erst ein Handelsverbot macht die unglaublichen Gewinne, die damit erzielt werden möglich. Die Machtlosigkeit der Behörden in ihrem Kampf gegen die Rauschdrogen liegt mit im hohen Konsumbedarf der Industrienationen begründet, denn wo keine Nachfrage, entsteht auch kein gewinnbringender Absatz, mithin zum Preisverfall und zu schwindendem Interersse am weiteren Anbau der Drogensubstanzen. Den ausschlaggebenden Impuls zur Drogenproduktion setzen also orientierungslose, menschliche Wracks in den Industrienationen, die an der unmenschlichen Konsumgesellschaft gescheitert sind. Drogendealer, Kriminelle und Süchtige befinden sich in einer gegenseitigen Abhängigkeit. Ausgerechnet die touristischen Hochburgen in Asien und Südamerika gehören zu den größten Drogenumschlageplätzen der Welt. Gerade unbedarfte Reisende und Weltenbummler geraten ungewollt in Kontakt mit Drogen. Kuriere, Dealer und Drogen-Schmuggler schauen sich harmlose Reisende aus, um ihre heiße Ware in Gepäckstücken oder Fahrzeugen unterzubringen. Die Polizei kann während der ersten Kontrolle einen nichtsahnenden Reisenden oder gutgläubigen Drogenschlepper (der nicht weiß, was er für einen Fremden aus Gefallen transportiert) nicht erkennen. Die Unschuld zu beweisen, bei vorhandenem und sichergestellten Beweismittel, ist nahezu unmöglich. Oft werden Reisende auch direkt von Drogenkurieren angesprochen, verlockende Geldsummen für die heiße Fracht in Aussicht gestellt. Dabei meldet nicht selten der Drogenkurier selbst die Übergabe den Behörden, um eine bedeutende Belohnung zu kassieren. Es sollte auch nie vergessen werden, daß ein deutscher Gefangener im Ausland nicht besser gestellt wird, als ein Einheimischer. Die Bundesrepublik hat auch kein besonderes Interesse einem Bundesbürger in einer Drogenangelegenheit zu helfen, da sie weltweit den Kampf gegen die Drogen fördert. Drogenbesitz ist also immer eine Sackgasse und das »Aus« für eine sauer ersparte Reise, wenn er nicht gar Anlaß für eine langjährige Freiheitsstrafe ist oder die Verurteilung zum Tode bedeutet.

Um sich vor einen unliebsamen und überraschenden Drogenbesitz zu schützen, sollten immer wieder, in unregelmäßigen Abständen, alle Kleider und das Gepäck genauestens kontrolliert werden. Besonders vor dem Grenzübertritt und kurz vor einem Abflug sollte das Reisegepäck scharf bewacht und auch nicht einen Moment aus den Augen gelassen werden. Die Mitnahme von Kuriergepäck, Päckchen oder Briefen aus Gefälligkeit sollte immer unterlassen werden oder nur nach eingehender Prüfung angenommen werden. Fremde sollten immer verdächtig sein. Mißtrauisch sollte man immer dann sein, wenn sich offensichtlich Fremde übermäßig höflich und zuvorkommend verhalten: Vorsicht Falle! Mitreisende Einheimische können rechtzeitig Tips und Verhaltensregeln geben, wenn ein gefährdeter Grenzübertritt bevorsteht. Die gängigen Schmuggelpraktiken sind allgemein bei den Einheimischen bekannt und sie wissen Rat.

*Festnahme*

Bitte halten Sie unbedingt Abstand von betrunkenen Bewaffneten. Oft werden Militärpolizisten oder zum Beispiel Angehörige der Guarda Civil, insbesondere in Südamerika in entfernte Gegenden versetzt. Dort sind sie weit von ihren Familienangehörigen entfernt und müssen auf der Hut von den Guerilleros sein. Sie haben Angst und sind frustriert. Ihre Handlungen sind unberechenbar. In willkürlichen Festnahmen und Machtdemonstrationen sehen sie eine Selbstbestätigung, pflegen sie ihr Macho-Image. Nicht immer leicht ist es, sich ihren Fängen wieder zu entziehen. Also geben Sie acht!

Durch undurchsichtige Umstände oder Krisensituationen kann es trotzdem einmal zu einer Festnahme kommen. Bitte dann besonnen und freundlich bleiben, meistens klärt sich alles auf. Zudem ist die »Wiener Konvention« weltweit bekannt, allerdings nicht bei jedem Grenzjäger. Versuchen Sie mit Dienstvorgesetzten Kontakt aufnehmen zu können. Jeder Deutsche hat das Recht nach maximal drei Tagen Verbindung mit seiner Botschaft aufnehmen zu können. Bitte nie Schriftstücke oder Protokolle unterschreiben, die nicht einwandfrei gelesen werden können oder deren Inhalt unbekannt sind.

## 7.9 Öffentliche Verkehrsmittel und Weiterreise

Bei einem Weiterflug oder Stopover muß bis zu 72 Stunden vor dem Abflug das Flugticket gecheckt (reconfirmation) und von der Fluggesellschaft bestätigt werden. Sonst könnte es passieren, daß der Sitzplatz anderweitig vergeben wird. Es empfiehlt sich, gleich bei Ankunft sofort auf dem Flughafen, am Counter der jeweiligen Airline, die »Confirmation« vorzunehmen.

Bei einer Weiterreise mit Bahn oder Bus ist rechtzeitig der Fahrplan durchzugehen und wenn möglich im voraus eine Fahrkarte zu kaufen. Auf größeren und regelmäßig befahrenen Strekken ist dies weltweit ohne Probleme möglich. Eine Platzreservierung vor allem in der Zweiten Klasse ist von Vorteil. Die Zweite Klasse entspricht aber oft nicht unseren Vorstellungen und ist zeitweise überbelegt. Hautnaher Kontakt mit der Bevölkerung ist garantiert.

Die Erste Klasse ist mit unserer Zweiten Klasse vergleichbar und wenn nötig mit einer automatischen Airkondition ausgestattet, die auf Hochtouren läuft. Nicht »abgehärtete« Europäer haben das Gefühl, im Kühlschrank zu sitzen. Abhilfe: Zweite Klasse fahren, da dort meist nur Ventilatoren an der Wagendecke brausen, die individuell abgeschaltet werden können. Außerdem stehen die Fenster sperrangelweit offen.

Auf Schiffen und Fähren gilt es besonders, sich rechtzeitig einzufinden, spätestens jedoch zum Zeitpunkt des Einlasses. Viele Schiffe in den Tropen haben weder Kabinen noch Sitzplätze. Vor allem in Südamerika wird davon ausgegangen, daß der Fahrgast seine Hängematte selbst mitbringt und sich seine Haken sucht. Das kann ganz schön problematisch werden, wenn für 500 Fahrgäste Hängemattenhaken vorgesehen sind und sich 700 Fahrgäste an Bord befinden. Dann viel Spaß bei der Improvisation am Dampfrohr, an der Reling, an den Reeps.

## 7.10 Bräuche, Traditionen, Landessitten und Etikette

Jeder Reisende, unabhängig von seiner Reiseart und -dauer, sollte wissen, daß andere Länder andere Sitten haben. Genau wie unsere Kultur gegenüber einer anderen Kultur respektiert werden möchte, so möchten auch die uns fremden und vielleicht unverständlichen Kulturkreise respektiert werden. Viele Länder haben – im Gegensatz zu uns – nach wie vor festverwurzelte Bräuche und Traditionen. Einige haben dabei sogar ganz bestimmte Verhaltensformen oder Etiketten wie in Thailand entwickelt. Gegen sie zu verstoßen oder sie nicht zu respektieren ist nicht nur unhöflich, sondern kann unter Umständen als Beleidigung oder Verunglimpfung aufgefaßt werden und harte Strafen nach sich ziehen.

Der islamische Fastenmonat Ramadan orientiert sich am Mondkalender. Er fällt meist in den Monat März (1992 vom 5.3. bis 4.4.). In dieser Zeit gibt es keine geregelte Arbeitszeit. Er wird in islamischen Ländern sehr ernst genommen, weshalb Sie sich besonders sensibel verhalten sollten. Weltweit gilt:

- Frauen haben lange Röcke zu tragen.
- Keine Kleidung tragen, durch die nackte Haut zu sehen ist.
- Nacktbadeverbote beachten.
- Fragen Sie immer um Erlaubnis, bevor Sie etwas nehmen.
- Nicht den selbstherrlichen Herrenmenschen spielen.
- Keine unbekannte Person anderen Geschlechts in der Öffentlickeit berühren.
- Wut und Ärger niemals zeigen, nie schreien!
- Wer jemanden einlädt, zahlt die gesamte Rechnung.
- Beim Betreten eines Hauses, Tempels, Klosters oder einer Moschee sind in der Regel die Schuhe ausziehen.
- Gebetsteppiche nicht betreten.
- Nicht mit dem Finger auf einen Menschen zeigen.
- Die Landesreligion respektieren.
- Festliche, traditionelle und religiöse Rituale nie ohne Genehmigung fotografieren.
- Keine Waffen! Keine Drogen!
- Keine Kritik am bestehenden politischen oder gesellschaftlichen System.
- Keine Missionsversuche.
- Beachtung des geltenden Rechtes im Gastland.
- Informieren Sie sich vor Reisebeginn gründlich über die Besonderheiten der Reiseländer.

## 7.11 Freundschaften und Einladungen

Besonders schön und interessant wird eine Reise, wenn der Reisende Freunde besuchen kann oder Einladungen spontan erhält.

Doch jeder sollte sich hinter die Ohren schreiben, daß »nach drei Tagen jeder Fisch stinkt«! Nur auf ausdrückliche Einladung oder vorheriger Absprache sollte länger die Gastfreundschaft in Anspruch genommen werden. Eine große Hilfe für eine gastgebende Familie ist es, wenn im Haushalt mitgeholfen wird. Übernehmen Sie ruhig auch einmal einen Einkauf, kochen Sie für die Familie oder laden Sie sie in ein Restaurant ein. Vielleicht hilft es Ihnen, sich zu überlegen, wie Sie selbst sich das ideale Verhalten eines mehrtägigen Gastes daheim wünschen. Ein gelungener, harmonischer Besuch ist für beide Seiten eine schöne Erfahrung und Erinnerung.

Kleine Gastgeschenke erhalten die Freundschaft: persönliche Fotos, Taschen, Messer, Postkarten von zu Hause (Stadt, Region, Burgen), Briefmarken, Kugelschreiber, Feuerzeuge, Lupe, Zigaretten, ein kleines Büchlein über unser Land in der jeweiligen Landessprache, das kostenlos vom Bundespresseamt und der Inter Nation, Postfach 200749 in 5300 Bonn 2 angeboten wird. Wer bereits unterwegs ist, kann bei den Auslandsvertretungen der Bundesrepublik ebenfalls nach diesem Buch fragen.

## 7.12 Trekking

Highlight einer jeden Fern- oder Weltreise ist es, die neue Welt auf eigenen Füßen zu entdecken. Trekking ist immer ein beeindruckendes Erlebnis. Gemeint ist damit, eine unbestimmte Zeit allein, zusammen mit Gleichgesinnten oder Einheimischen im Expeditionsstil zu verbringen. Dies kann zu Fuß, mit dem Kanu, mit einer Karawane zu Pferde oder mit einem Maultier geschehen.

Trekking ist die billigste Art und Weise zu Reisen. Zeit ist ein bedeutender Faktor und Grundlage der Durchführbarkeit. Dabei wird der lokale Lebensstil zum Basiserlebnis: Übernachtung bei Einheimischen, Kontakt mit Tradition, Kultur, Sitten und Lebensweise der Bevölkerung, Einblick in Bräuche. Dieses Erkunden einer meist unerschlossen Gegend, fern der ausgetrampelten Touristenpfade, ist eines der letzten möglichen, echten Abenteuer. Das offene Feuer und der sternenübersäte Himmel wird Teil des Seins, das Bedürfnis nach Komfort und den technischen Errungenschaft des modernen Lebens schmilzt von Tag zu Tag in sich zusammen, erscheint nicht selten als irrealer, böser Alptraum aus einer anderen Welt.

Achten Sie darauf, daß in manchen Gebieten der Welt ein spezielles Permit zum Trekken notwendig ist, insbesondere für Touren in Nepal (erhältlich in Kathmandu und Pokhara). Besorgen Sie sich eine solche Erlaubnis, es lohnt sich. Besonders schöne Trekkinggebiete sind:

- Peruanische Anden (Urubambatal, Cordillera Blanca, Vilcanota – letzte Lamakarawanen),
- Urwaldgebiet Perus (Rio Ucayali und seine Nebenflüsse, Manu, Madre de Dios),
- Urwaldgebiete und die Llanos Venezuelas (Humboldtstrecke) sowie Gran Sabana,
- Guyana (das echte Abenteuer),
- Andengebiet und Urwald Ecuadors,
- Andenkordillieren Chiles ( Lauca-Nationalpark),
- Nordamerika (Pacific Crest Trail über 2400 Meilen in den Rockies),
- Hawaii (Kalalautrail),
- Sierra und Dschungelgebiete Mexikos,
- Nepal, Bhutan und Sikkim (beste Zeit Oktober bis April),
- Zanskar/Ladakh (beste Zeit Juni bis September),
- Himalaya (Yakkarawanen nach Indien),
- Kenia, Tanzania, Uganda (Kilimandscharo, Mt. Kenya und Ruwenzori),
- Äthiopien,
- Madagaskar,
- Sahara (letzte Salzkarawanen von Algerien in den Tschad),
- Sarawak (Mt. Kinabalu),
- Indonesien (Lombok, Sulawesi),
- Philippinen,
- Südsee (Inseldurchquerungen, zum Beispiel auf Rarotonga),
- Australische Ost- und Nordküste (The National Trail),
- Neuseeland (alte Maoritrails).

## 7.13 Fotografieren

Als oberste Faustregel sollte gelten, daß wir als Reisende unterwegs sind und nicht als Fotografen. Sicherlich ist es immer schön, wenn man nach der Rückkehr Fotodokumente zur persönlichen Erinnerung und Freude vorzeigen kann. Aber nehmen Sie die Welt unmittelbar durch Ihre Sinne wahr und nicht durch ein Objektiv; um so intensiver wird das Reiseerlebnis.

Die zweite Faustregel besagt, daß jeder das Gewicht seiner Fotoausrüstung selbst tragen muß. Da in diesem Buch lediglich nur ein Handgepäck empfohlen wurde, darf und kann die Fotoausrüstung nicht besonders ausgefallen und entsprechend umfangreich sein. Trotzdem braucht niemand auf die Kamera verzichten.

Die dritte Faustregel verweist auf die Tatsache, daß je kleiner und kompakter Ihre Kamera ist, um so unauffälliger und platzsparender bei kleinem Gewicht ist sie auch. Durchaus kann auf eine Spiegelreflexkamera heutzutage verzichtet werden. Es gibt inzwischen hochqualitative Sucherkameras mit Zoom- und Macroeinrichtungen, die durchaus an die Qualität von Spiegelreflexkameras heranreichen. Ein Beispiel aus einer großen Auswahl wäre die Olympus AZ 230 Super Zoom, die sich zudem in jede Hosentasche stecken läßt.

Problematisch wird es in allen extremen Klimazonen. Hohe Luftfeuchtigkeit läßt die teure Elektronik oft versagen. Oder der Staub in der Wüste setzt die Kamera matt. Alternativ bieten sich deshalb zu den vollautomtischen Kameras die halbautomatischen oder mechanischen Sucher- beziehungsweise Spiegelreflexkameras an, mit denen ich sehr gute Erfahrungen gemacht habe. Auf jeden Fall sollten immer Reservebatterien – wasserdicht verpackt – mitgeführt werden, denn nicht jedes Land hält die richtigen Batterien bereit. Neue Batterien sollten erst unmittelbar vor Abreise ins Gehäuse eingelegt werden. Vor- und Nachteile eines Metall- oder Kunststoffgehäuses muß jeder selbst ausloten. Kunststoffkameras sind zwar gegen Nässe und Staub geschützt, dafür kann ein Stoß oder Fall schon aus geringer Höhe das »Aus« bedeuten (zuletzt erlebt in Paraguay, als meiner Lebensgefährtin die Kamera aus den Händen fiel).

Bei den Objektiven ist die Wahl bei einer größeren Reise relativ einfach. Die Sucherkameras lassen inzwischen integrierte Zoomkonstruktionen zwischen 35-90 mm und mehr zu. Derartige Bauarten erweisen sich durchschnittlich als brauchbar und durchaus als ausreichend. Auch bei Spiegelreflexkameras gibt es interessante Angebote, die das Mitschleifen von mehreren Objektiven erübrigen. Zoomobjektive sollten eine Makroeinstellung mit Abbildungsmaßstab 4:1 besitzen, da hier die Bildqualität ausgesprochen gut ausfällt. Dadurch wird kein weiteres Makroobjektiv benötigt. Beispielhaft sei hier das kompakte Superzoom-Objektiv 28-135 mm von Minolta genannt, das für alle Aufnahmen rund um die Welt zu empfehlen ist. Lediglich für Tieraufnahmen in freier Wildbahn wird ein extremes Teleobjektiv notwendig. Zwar mag in Afrika noch ein 250 mm Objektiv ausreichend sein, aber in Südamerika wird aufgrund der großen Fluchtdistanz der Tiere ein 500 mm Spiegelobjektiv mit Festblende notwendig. Wichtig beim Objektivkauf ist aber immer die hohe Lichtstärke für qualitativ hochstehende Aufnahmen.

Es gibt immer noch Reisende, die sich für Papierfilme entscheiden. Ein echter Langzeitreisender entscheidet sich verständlicherweise immer für Diafilme. Der Vorteil liegt auf der Hand. Ein Diafilm hat die größtmögliche Verwendungsbreite und läßt zusätzlich Papierabzüge zu. Außerdem sind diese Filme günstiger und Dias in der Aufbewahrung platzsparender.

Bezüglich der Filmmarke scheiden sich die Geister. Ein heftiges Für und Wider ist zwischen den Marken Fuji, Kodak und Agfa entbrannt. Entscheidend wird der persönliche Geschmack bei den Farben Rot, Grün und Gelb sein. Meiner Meinung nach gibt die grün-blau Tönung bei Fuji Tropenaufnahmen am realistischsten wieder. Aber wie gesagt, letztendlich reine Geschmacksache!

Gestritten wird auch um den Filmtyp. Da werden in einschlägigen Magazinen grundsätzlich höherempfindliche Filme mit ISO 200/24 oder gar 400/27 empfohlen. Diese Empfehlungen machen keinen Sinn und sind übertrieben. Außerdem verfälschen diese Typen die Farbwiedergabe. Zwischen dem Äquator und dem 40 Grad nördlicher und südlicher Breite sind aufgrund der hohen natürlichen grellen Lichtstärke normale Filme mit ISO 100/21 völlig ausreichend und angemessen.

Bei der Filmmitnahme gilt die Grundregel, so viel wie möglich Filme mitzunehmen. Für eine einjährige Reise können durchaus 100 Filme und mehr mitgeführt werden. Obwohl zeitweise nur einige Filme eingeführt werden dürfen, hatte ich noch nie Probleme beim Zoll. Zur Not werden die Filme auf Mitreisende verteilt oder behauptet, daß die Filme schon belichtet sind. Die Diafilme sind vor allem im Ausland oft dreimal so teuer. Keine Angst davor, zu viele Filme in Filmschutzbeuteln mitzuschleppen. Notfalls können diese an andere Reisende verkauft werden. Lediglich in Pinang, Singapur und Hongkong sowie Japan können Filme äußerst günstig nachgekauft werden.

Film und Foto immer als Handgepäck nehmen, nach Möglichkeit nicht durchs Röntgengerät laufen lassen, auch wenn behauptet wird, daß die Röntgenstrahlen unschädlich sind.

Wichtigster Zubehör sollte der UV-Filter beziehungsweise der Skylight (keine Zwischen- oder Umkehrringe) auf dem Objektiv sein (gibt es jetzt auch für die integrierten Objektive der Sucherkameras). Der Skylight dient gleichzeitig als Schutz und sollte immer auf dem Objektiv sein. Stativ (ausgenommen bei der Tierfotografie) und Blitzgerät sind unnötiges Gewicht und bleiben zu Hause. Eine Auflage ersetzt das Stativ und die Langzeitbelichtung das Blitzgerät. Profis empfehlen zwar immer wieder bei schwachem Licht einen Blitz zum Aufhellen zu verwenden oder um dunkle Motivteile zu verhindern. Auf den meisten nächtlichen Festen, die in aller Regel einen religiösen Charakter haben, aber ist das Fotografieren mit Blitz genauso wenig erlaubt, wie in den meisten Tempeln, Kirchen und Moscheen. Eine Langzeitbelichtung kann durchaus zu tollen Aufnahmen verhelfen. Im übrigen haben die neuesten Kameramodelle alle einen integrierten Blitz (auch Spiegelreflexkameras).

Wer eine Fototasche mitschleppt, kann versichert sein, daß jeder weltweit weiß, was sich darin befindet. Deshalb besitze ich bis heute noch keine Fototasche und noch nie ist mir eine Kamera abhanden gekommen. Entweder wird die Kamera in einer Plastiktüte oder Segeltuchtasche oder einem anderem unauffälligen Tragebehältnis transportiert.
Zum Thema Fotoethik sollten Sie folgende Punkte beherzigen:

○ Fingerspitzengefühl bei menschlichen Motiven; im Zweifelsfall lieber Ersatzmotiv suchen.
○ Tabus respektieren.

- Erkundigen, ob Blitzen erlaubt ist (Museen, Kirchen, Veranstaltungen).
- In Krisengebieten lieber auf's Fotografieren verzichten; Mißverständnisse kommen leicht auf.
- Militärische Anlagen sind als Motive weltweit tabu.
- Vorsicht, daß Kamera an der Grenze oder auf Flughäfen nicht beschädigt wird oder abhanden kommt.

## 7.14 Diebstahl, Überfall und Wiederbeschaffung

In dieser Extremsituation, trotz Ärger und Niedergeschlagenheit, erst einmal die Ruhe bewahren. Zuerst bei der Polizei immer eine Anzeige erstatten, denn diese wird später für die Versicherung benötigt. Bei größeren Diebstählen oder bei einem regelrechten Überfall immer die Polizei rufen lassen. Vom Protokoll der Polizei nach Möglichkeit eine Zweitschrift oder Kopie erstellen lassen. Dokumente, wie Reisepaß und Travellerschecks sowie die Kreditkarte, lassen sich in relativ kurzer Zeit ersetzen.

*Reiseschecks*
Sind die Reiseschecks (zum Beispiel American Express) abhandengekommen, ist es wichtig, daß auf jeden Fall eine Anzeige bei der Polizei erstattet wird. Bitte unbedingt eine Protokollabschrift im Original verlangen. Danach erfolgt die Anzeige bei der nächsten Bank oder Repräsentanz. Dazu sollten die Schecknummern der gestohlenen Schecks bekannt sein. Vorteilhaft ist es, wer die Kaufbelege noch vorweisen kann. Der Ersatz erfolgt dann bei American Express äußerst problemlos:

- USA und Kanada: Gebührenfreier Anruf unter 1-8002217282;
  - (a) an Arbeitstagen wird die nächste Repräsentanz genannt, bei der neue Schecks erhalten werden können;
  - (b) an Wochenenden, Feiertagen und nachts wird der nächste Holiday Inn genannt, bei dem 200 Dollar Überbrückungshilfe bis zum nächsten Arbeitstag ausgezahlt werden.
- Lateinamerika und Karibik: Volle Ersatzleistung im nächsten Amexcobüro an Arbeitstagen.

- Afrika: Volle Ersatzleistung im nächsten Amexcobüro an Arbeitstagen, im äußersten Notfall ist England (Telefon 44/273675975) anzurufen.
- Australien, Südpazifik und Fernost: Regional Refund Center in Australien, Neuseeland, Indonesien, Südpazifik, Hongkong, Indien, Japan, Pakistan, VR China, Philippinen, Singapur, Taiwan und Thailand.

*Kreditkarte*
Bei Verlust oder Diebstahl ist dies sofort der Polizei zu melden und folgende Stelle der jeweiligen Kreditkartenorganisation zu benachrichtigen:

- American Express: nächstgelegenes American Express-Servicebüro (siehe Auslandsverzeichnis von Amexco); die Karte wird kostenlos innerhalb von 24 Std ersetzt.
- Eurocard/Mastercard: nächstgelegene Eurocard/Mastercard-Geschäftsstelle (siehe Auslandsverzeichnis von Eurocard); oder in der USA, Telefon 800/247-4623 (Freigespräch), übrige Welt: Telefon 314/275-4490 (USA); Angaben sofort schriftlich an Eurocard Deutschland bestätigen; neue befristete Eurocard in 48 Stunden gegen eine Gebühr von 30 DM; Eurocard Deutschland Telefon 069/7933-0.
- VISA: Classic-Emergency-Service, Telefon 069/79201-333 oder VISA Travel Service Center, Telefon 0044/71938-1031; VISA verlangt 200 DM für einen Kartenersatz (weltweit).
- Diners: machte auf Anfrage keine Angaben.

*Bargeld*
Gestohlenes Bargeld ist für immer verloren. Schmuck hat der Fernreisende oder Weltenbummler hoffentlich nicht dabei gehabt. Keinesfalls ist aber die Reise und somit ein Traum hier schon zu Ende, wenn man vorgesorgt hat.

*Reisepaß*
Ist der Reisepaß gestohlen oder verloren, sollte immer eine Anzeige bei der Polizei erstattet werden. Das Protokoll lassen sie sich aushändigen.

Für einen neuen Reisepaß ist das nächste deutsche Generalkonsulat oder die deutsche Botschaft im jeweiligen Land zuständig. Diese leitet den Neuantrag zur Heimatbehörde in die Bundesrepublik weiter, wo sich der Wohnsitz befindet. Deshalb ist es gut, sich nicht vollständig abzumelden, sonst wäre man für diese Behörde nicht mehr existent, sie würde sich für nicht zuständig erklären und es gäbe keinen neuen Reisepaß, sonder nur noch ein Papier zur direkten Rückreise in die Bundesrepublik. Das Bürgermeisteramt oder die Meldebehörde gibt das OK für einen neuen Paß. Das Konsulat stellt ihn erst dann vor Ort neu aus. Je nach Land kann dies etwa zwei Wochen dauern oder länger. Das Verfahren kann durch Telefax- oder Telexanfrage zum Selbstkostenpreis beschleunigt werden. Viel hängt dabei vom Goodwill des Botschaftspersonals ab.

*Die letzte Rettung*
Die Därr Expeditionsservice GmbH gibt im Notfall kostenlos ihr Telex weiter oder organisiert Ersatzteile: Därr Expeditions GmbH, Theresienstr. 66, 8000 München 2, Telefon 089/282032, Telex. 05215384 darrd, Fax. 089/282525.

Ansonsten ist es geschickt, für den Notfall die Telefaxnummer eines guten Freundes oder der nächsten Polizeistation oder des Postamts seines Wohnortes daheim dabei zu haben. So kann schnell eine Information an Freunde oder Eltern übermittelt werden. Überhaupt ist das Telefax oder der Telebrief der weltweit schnellste schriftliche Kommunikationsträger.

*Hilfe über Botschaft oder Konsulat*
Die Bundesrepublik unterhält 203 Auslandsvertretungen (Botschaften, Generalkonsulate und Konsulate) sowie 280 Honorarkonsulate. Die Honorarkonsulate können grundsätzlich keine Hilfeleistung geben, da sie nur eingeschränkte konsularische Rechte und keine amtliche Hilfsmöglichkeiten haben.

Die Konsularabteilungen dürfen unter anderem Ehen schließen, Urkunden aufnehmen und Pässe ausstellen. Hilfeleistungen an Einzelne im Ausland unterliegen gesetzlichen Bestimmungen und sind öffentlich-rechtliche Sozialleistungen. Demnach müssen diese nach Rückkehr in die Bundesrepublik über das Bundesverwaltungsamt zurückgezahlt werden. Eine Hilfeleistung wird aber nur zur Rückkehr in die Bundesrepublik Deutschland (1988 waren das über 4000 Reisende) und nur dann gewährt, wenn andere Hilfeleistungen von zu Hause oder von Familienangehörigen nicht möglich sind. In der Regel wird von Familienangehörigen oder Freunden erwartet, daß sie auf ein bestimmtes Konto des Auswärtigen Amtes in Bonn einen Geldbetrag telegrafisch überweisen. Dann wird die Botschaft oder das Konsulat per Telex ermächtigt, den Betrag auszuzahlen. Beim Auswärtigen Amt wird auch eine Notfall-Broschüre »Tips für Ihre Fernreisen« herausgegeben. Das nähere regelt das Konsulargesetz (Auszug):

§ 5 – Hilfeleistung für Einzelne

(1) Die Konsularbeamten sollen Deutschen, die in ihrem Konsularbezirk hilfsbedürftig sind, die erforderliche Hilfe leisten, wenn die Notlage auf andere Weise nicht behoben werden kann. Dies gilt nicht für Deutsche, die ihren gewöhnlichen Aufenthalt in einem ausländischen Staat haben, wenn sie gleichzeitig die Staatsangehörigkeit dieses Staates besitzen und auch ihr Vater oder ihre Mutter sie besitzt oder besessen hat sowie für ihre Abkömmlinge; diesen Personen können die Konsularbeamten jedoch Hilfe gewähren, soweit es im Einzelfall der Billigkeit entspricht.

(2) Soweit es im Einzelfall der Billigkeit entspricht, können die Konsularbeamten Hilfe auch nichtdeutschen Familienangehörigen von Deutschen gewähren, wenn sie mit diesen in Haushaltsgemeinschaft leben oder längere Zeit gelebt haben.

(3) Art, Form und Maß der Hilfe richten sich nach den besonderen Verhältnissen im Empfangsstaat unter Berücksichtigung der notwendigen Lebensbedürfnisse eines dort lebenden Deutschen. Die Hilfe kann auch in der Gewährung von Rechtsschutz bestehen.

(4) Wenn es sich empfiehlt, können die Konsularbeamten die Hilfe auch dadurch leisten, daß sie dem Hilfesuchenden die Reise an den Ort des gewöhnlichen Aufenthaltes oder an einen anderen Ort ermöglichen.

(5) Der Empfänger ist zum Ersatz der Auslagen verpflichtet.

Die Ersatzpflicht trifft neben ihm auch seine Verwandten und seinen Ehegatten im Rahmen ihrer Unterhaltspflicht. Die Verpflichtung zum Ersatz geht auf die Erben über. Die Haftung der Erben beschränkt sich auf den Nachlaß.

(6) Dauert die Notlage eines Hilfeempfängers, der seinen gewöhnlichen Aufenthalt im Ausland hat oder der im Ausland in Untersuchungshaft ist oder eine Freiheitsstrafe verbüßt, länger als zwei Monate, so ist vom Eintritt der Hilfsbedürftigkeit an Hilfe nach dem Bundessozialhilfegesetz oder in entsprechender Anwendung dieses Gesetzes zu gewähren. Absatz 4 bleibt unberührt.

§ 6 – Hilfe in Katastrophenfällen

(1) Wenn im Konsularbezirk Naturkatastrophen, kriegerische oder revolutionäre Verwicklungen oder vergleichbare Ereignisse, die der Bevölkerung oder Teilen von ihnen Schaden zufügen, eintreten oder einzutreten drohen, sollen die Konsularbeamten die erforderlichen Maßnahmen treffen, um den Geschädigten oder den Bedrohten, soweit sie Deutsche sind, Hilfe und Schutz zu gewähren. Dies gilt auch für Abkömmlinge von Deutschen und für nichtdeutsche Familienangehörige von Deutschen,...

§ 7 – Hilfe für Gefangene

Die Konsularbeamten sollen in ihrem Konsularbezirk deutsche Untersuchungs- und Strafgefangene auf deren Verlangen betreuen und ihnen insbesonderen Rechtsschutz vermitteln.«

Auszug aus einem Brief des Auswärtigen Amtes in Bonn vom 01.08.80:
»Ihre Anfrage, ob dem Auswärtigen Amt Erkenntnisse vorliegen, die auf eine mögliche Gefährdung deutscher Touristen in einzelnen Ferienländer hinweisen, wird wie folgt beantwortet: Anschläge auf deutsche Touristen durch Überfälle oder sonstige Kriminalität sind heutzutage nur in ganz wenigen Ländern auszuschließen wie beispielsweise Grönland, Andorra, Island und Vatikan...«
(Zitat dem Magazin CHECK-IN 1/91 entnommen)

*Adreßliste der deutschen Botschaften und Konsularabteilungen im Ausland*

Botschaft = Embassy of the Federal Republik of Germany (Englisch)
= Ambassade de la République Fédérale d'Allemagne (Französisch)
= Embaixada da República Federal da Alemanha (Portugal)
= Embajada de la Republica Federal de Alemania (Spanisch)
= Posolstwo Federatiwnoi Respubliki Germanii (Russisch)

- ○ Ägypten, Cairo, 8B, Haria Hassan Sabri, Telefon 00202/3410015.
- ○ Äquatorialguinea = siehe Kamerun.
- ○ Äthiopien, Addis Abeba, P.O.Box 660, Khabana, Telefon 002511/550453.
- ○ Afghanistan, Kabul, Wazir Akbar Khan Mena, P.O.Box 83, Telefon 22432.
- ○ Algerien, Algier (El Djazair), 165 Chemin Sfindja, Telefon 002132/741941.
- ○ Angola, Luanda, Av 4 de Fevereiro 120, Telefon 002442/334773.
- ○ Antigua = siehe Trinidad & Tobago.
- ○ Argentinien, 1426 Buenos Aires, Villanueva 1055, Telefon 00541/7715054; außerdem in: Cordoba Mendoza, Resistencia, Rosario, Salta, Santa Fé, Mar del Plata, Posadas, Bariloche, Ushuaia.
- ○ Australien, 2600 Canberra, 119 Empire Circuit, Yarralumla, Telefon 2701911; außerdem in: Adelaide, Brisbane, Darwin, Melbourne, Perth, Sydney.
- ○ Bahrain, Manama, Sh. Hamad Causaway, D.A. 317, Telefon 00973/530210.
- ○ Bangladesh, Dacca 12, Gulshan Av 178, Telefon 008802/884734-7.
- ○ Barbados = siehe Trinidad & Tobago.
- ○ Belize = siehe Jamaica.

- ○ Benin, Cotonou, 7 Route Inter-Etats, P.O.Box 504, Telefon 00229/312967.
- ○ Bermuda = siehe USA.
- ○ Bhutan = siehe Indien.
- ○ Bolivien, La Paz, Av Arce 2395, Telefon 005912/390850; außerdem in: Cochabamba, Oruro, Santa Cruz, Sucre, Tarjia.
- ○ Botsuana, Gaborone, I.G.I House, The Mall, Telefon 00267/353143.
- ○ Brasilien, 70415 Brasilia, Av das Nacoes 25, Telefon 005561/2437466; außerdem in: Rio de Janeiro, Recife, Sao Paulo, Fortaleza, Rio Grande, Manaus, Salvador, Porto Alegre, Curitiba.
- ○ Brunei, 2085 Brunei Darussalam, 49-50 Jalan Sultan, Bandar Seri Begawan, Telefon 006732/25547.
- ○ Burkina Faso, Ouagadougou, Rue Joseph Badaoua, Telefon 00226/306731.
- ○ Burundi, Bujumbura, 22 rue du 18 Septembre, Telefon 0025722/26412.
- ○ Caymann-Inseln = siehe Jamaica.
- ○ Chile, Santiago, Calle Augustinas 785, Casilla 9949, Telefon 335031.
- ○ China, Beijing, 5 Dong Zhi Men Wai Dajie, Chaoyang, Telefon 00861/5322161.
- ○ Cookinseln = Neuseeland.
- ○ Costa Rica, San José, 2 cuadras al Norte de la Embajada de Espana y 50 m al Oeste, Telefon 00506/325533.
- ○ Cote d'Ivoire, Abidjan,Botreau Roussel/Av Noguès, Telefon 00225/324727.
- ○ Dominica = siehe Trinidad & Tobago.
- ○ Dominikanische Republik, St. Domingo, Calle Lic Juan Tomás Mejia y Cotes 37, Telefon 001809/5658811.
- ○ Ecuador, Quito, Avenida Patria y 9 de Octubre, Edificio ETECO, Telefon 005932/232660.
- ○ El Salvador, San Salvador, 3a Calle Poniente 3831, Telefon 00503/236140.
- ○ Fiji = siehe Neuseeland.
- ○ Gabun, Libreville, Boulevard de l'Independance, Telefon 00241/760188.

- ○ Gambia = siehe Senegal.
- ○ GUS, Moskau, Bolschaja Grusinskaja Ulica 17, Telefon 007095/2525521.
- ○ Ghana, Accra, No. 4, off 7th Avenue Extension, North Ridge, Telefon 00233/221311.
- ○ Grenada = siehe Trinidad & Tobago.
- ○ Guam = siehe Philippinen.
- ○ Guatemala, Guatemala, 20 Calle, 6-20 Edificio Plaza Maritima, Telefon 005022/370028.
- ○ Guinea, Conakry, P.O.Box 540, Telefon 005641/441506.
- ○ Guinea-Bissau = siehe Senegal.
- ○ Guyana = siehe Trinidad & Tobago.
- ○ Haiti, Port-au-Prince, 8 Rue Mangones, Petion-Ville, Telefon 00509/570456.
- ○ Honduras, Tegucigalpa, Boulevard Morazán, PAYSAN, Telefon 00504/323161.
- ○ Hongkong, Hongkong, 95 Queensway-Central, Telefon 00852/5298855.
- ○ Indien, 110021 New Delhi, 6 Shantipath, Chanakyapuri, Telefon 009111/604861; außerdem in: Bombay, Calcutta, Madras.
- ○ Indonesien, Jakarta, Jalan Thamrin 1, Telefon 006221/323908.
- ○ Irak, Bagdad, Masbah Square, Mahala 929, Zuqaq 2, Hay Babil, House 40, Telefon 0096/41/7192037.
- ○ Iran, Teheran, Av Ferdowsi, Box 11365-179, Telefon 009821/314111.
- ○ Jamaika, Kingston 10, 10 Waterloo Road, Telefon 001809/9265665.
- ○ Japan, 100-91 Tokyo, 5-10 Minami Azabu, 4-Chom, Minato-ku, CPO Box 955, Telefon 00813/34730151; außerdem in: Osaka-Kobe, Sapporo, Fukuoka, Nagoya.
- ○ Jemen, Sanaá, Near Hadda Road/Outer Ring Road, Telefon 009672/216756.
- ○ Jordanien, Amman, 31 Bengasi Street, Jabal, Telefon 009626/689351.
- ○ Kamerun, Yaoundé, Rue Charles de Gaulle, Telefon 00237/210056.
- ○ Kanada, Ottawa, 1 Waverley Street, Telefon 001613/2321101;

außerdem in: Edmonton, Montreal, Toronto, Vancouver, Winnipeg.

- Kap Verde = siehe Senegal.
- Katar, Doha, C-Ring Road, opp. Gulf Cine, Telefon 00971/671100-01.
- Kenia, Nairobi, Harambee Av, Embassy House, Telefon 002542/226661.
- Kiribati = siehe Neuseeland.
- Kolumbien, Bogotá 8, Carrera 4/72-35, SISKY, Telefon 00571/2120511.
- Komoren = siehe Madagaskar.
- Kongo, Brazzaville, Place da la Mairie, Telefon 00242/832990.
- Korea, Seoul 100, 51-1 Namchang-Dong, Telefon 00822/7793271.
- Kuba, Havanna, Calle 28 No 313, entre 3 ra y 5ta Avenida Miramar, Telefon 00537/222560.
- Kuwait, Kuwait, Abdullah Salem Aera, Plot 1/Street 14, Telefon 2520857.
- Laos, Vientiane, Rua Sokpalouang 26, Sisattanak, Telefon 5722.
- Lesotho, Maseru 100, Kingsway, Lesotho Bank Center, Telefon 00266/312750.
- Liberia, 1000 Monrovia 10, Oldest Congotown, Telefon 00213/261460.
- Libyen, Tripolis, Sharia Moh. Hassan el Mashai, Telefon 0021821/22827.
- Madagaskar, Antananarivo, 101 Làlana Patora Rabeony Haus, Ambodirotra, Telefon 002612/23802.
- Malawi, Lilongwe, Convention Drive, Capital City, Telefon 00265/731266.
- Malaysia, 55000 Kuala Lumpur, 3 Jalan U Thant, Telefon 00603/2429666.
- Malediven = siehe Sri Lanka.
- Mali, Bamako, Badalabougou Zone Est, Lotis. A6, Telefon 00223/223299.
- Marokko, Rabat, 7 Zankat Madnine, Telefon 002127/709662.
- Mauretanien, Nouakchott, P.O. Box 372, Telefon 002222/251032.

- Mauritius = siehe Madagaskar.
- Mexiko, 11560 Mexico, Calle Lord Byron 737 Col Polanco Chapultepec, Telefon 00525/5456655; außerdem in: Cancun, Mérida, Chihuahua, Guadaljara, Mazatlán, Tampico, Puebla, Veracruz, Tijuana.
- Mongolei = siehe GUS.
- Mosambique, Maputo, Rua de Mapulangwene 506, Telefon 002581/492714.
- Myanmar, Yangoon, 32 Nat Mauk Street, Telefon 50477.
- Namibia, Windhoek 9000, 154 Independence Av, Telefon 0026461/229217.
- Nauru = siehe Australien.
- Nepal, Kathmandu, Kingsway, P.O.B 226, Telefon 009771/221730.
- Neuseeland, Wellington, 90-92 Hobson Street, Telefon 00644/4736063.
- Nicaragua, Managua, Bolonia de la Plaza Espana 2 cuadras al Norte Telefon 005052/25026.
- Niger, Niamey, 71 Av de Gaulle, Niamey-Plateau, Telefon 00227/722534.
- Nigeria, Lagos, 15 Eleke Crescent, Victoria Island, Telefon 002341/611011.
- Pakistan, Islamabad, Ramma 5, Diplomatic Enclave, Telefon 009251/822151.
- Panama, Panama 5, Calle 50 Esquina 53, Telefon 00507/637733.
- Papua-Neuguinea, Port Moresby, Purth Street, 3 Mile Hill, Pacific View Appartements, Telefon 00675/252971.
- Paraguay, Asunción, Av Venezuela 241, Telefon 0059521/24006.
- Peru, Lima 18, Av Arequipa 4202-4210, Miraflores, Telefon 005114/457033.
- Philippinen, Manila, 777 Paseo de Roxa, Makati, Telefon 00632/864900.
- Ruanda, Kigali, 8 Rue de Bugarama, Telefon 00250/75222.
- Salomonen = siehe Papua-Neuguinea.
- Sambia, Lusaka, United Nations Avenue, Stand No. 5209, Telefon 002601/225086.
- Samoa = siehe Neuseeland.

- Sao Tomé & Principe = siehe Angola.
- Saudi Arabien, Er-Riyadh 11492, Diplo. Quartier, Telefon 009661/4880700.
- Senegal, Dakar, Av Pasteur, Angle Rue Mermoz, Telefon 00221/234884.
- Seychellen = siehe Kenia.
- Sierra Leone, Freetown, 10 Home Street, Santanno, Telefon 0023222/22511.
- Simbabwe, Harare, 14 Samora Machel Av, Telefon 002634/731955.
- Singapur, Singapore 9124, 545 Orchard Road, Far East Shopping Center 14-01, Telefon 0065/7371355.
- Sri Lanka, Colombo 3, 40 Alfred House Av, Telefon 00941/580431.
- Sudan, Khartoum, 53 Sharia el Baladia, Block 8D, Plot 2, Telefon 0024911/77990.
- Südafrika, Pretoria 0083, 180 Blackwood Street, Telefon 002712/3443854.
- Suriname = siehe Trinidad & Tobago.
- Swasiland = siehe Mosambique.
- Syrien, Damaskus, 53 Rue Ibrahim Hanano, Telefon 0096311/716670.
- Taiwan = siehe Hongkong.
- Tansania, Dar-es-Salam, Samora Avenue, Telefon 0025551/46334.
- Thailand, Bangkok, 9 South Sathorn Rd, Telefon 00662/2132331-36.
- Togo, Lomé, Boulevard de la Republique, Telefon 00228/212370.
- Tonga = siehe Neuseeland.
- Trinidad & Tobago, Port-of-Spain, 7-9 Marli St, Telefon 001809/6281630.
- Tschad, N'Djamena, Av Felix Eboné, Telefon 516202.
- Tunesien, Tunis, 1 rue el Hamra, Mutuelleville, Telefon 002161/786455.
- Tuvalu = siehe Neuseeland.
- Uganda, Kampala, 9-11 Obote Avenue, Telefon 0025641/256788.

- Uruguay, Montevideo, Calle La Cumparsita 1417/1435, Telefon 005982/908041.
- USA, Washington DC 20007/1998, 4645 Reservoir Road, N.W., Telefon 001202/2988140; außerdem in: New York (GK) 10022, 460 Park Av, Telefon 001212/3088700.
- Vanuatu = siehe Papua-Neuguinea.
- Venezuela, Caracas, Av San Juan Bosco Esquina 3a Transversal, Altamira, Telefon 00582/2610181; außerdem in: Ciudad Guyana, Maracaibo, San Cristobál, Valencia.
- Vereinigte Arabische Emirate, Abu Dhabi, Al Nahyan Street, Telefon 009712/331630.
- Vietnam, Hanoi, 29 Tran Phu, Telefon 253836.
- Zaire, Kinshasa-Gombe, 82, Avenue des Trois »Z«, Telefon 0024312/227720.
- Zentralafrikanische Republik, Bangui, Av du Président Gamal Abdel Nasser, Telefon 00236/614756.

## 7.15 Politische Unruhen, Spannungsgebiete und Guerilla-Gefahr

»Wer die Gefahr sucht, kommt darin um«, lautet ein altes Sprichwort. Dieser Satz spricht für sich. Wer sich in einem Land aufhält, in dem es zu Unruhen oder Schlimmerem kommt, sollte nach Möglichkeit das Land verlassen. Weltweit wird versucht, Reisende von vornherein aus Gefahrengebieten draußenzuhalten, beziehungsweise Sperrgebiete einzurichten. Sperrstunden und Ausgangssperren sollten peinlichst genau eingehalten werden, damit es nicht zu Verwechslungen oder Mißverständnissen kommt. Für den Aufenthalt in Ländern mit Ausgangssperren gibt es Verhaltensregeln. Wer zum Beispiel in Peru nachts mit dem Flugzeug ankommt und noch mit dem Taxi in die Stadt fahren möchte, muß dies bei eingeschalteter Innenbeleuchtung tun. Wer sich nachts durch Straßen bewegt, muß mit einer weißen Fahne in der Straßenmitte laufen. Die Gefängnisse im außereuropäischen Ausland entsprechen nicht im geringsten dem deutschen Standard.

Das Auswärtige Amt empfiehlt übrigens Einzelreisenden, die sich abseits der üblichen Touristenpfade (also in entlegenen Gebieten) außerhalb Europas bewegen, sich bei der Ankunft im Zielland mit der deutschen Auslandsvertretung in Verbindung zu setzen und sie über Reiseziel und Reisedauer zu informieren. Bei einer Naturkatastrophe, politischen Krise oder einem Notfall erleichtert dies die Hilfsaktion.

## 7.16 Krankheit, Unfall und Krankenhaus

Vor einem Unfall oder einer Krankheit ist der Weltenbummler gerade auf einer längeren Reise nie geschützt. Durch eine Lebensmittelvergiftung, Spinnen- oder Schlangenbiß kann es dringend notwendig werden, ein Krankenhaus aufzusuchen. Da bleibt keine Zeit mehr, um die deutschen konsularischen Vertretungen nach Kontaktadressen von Vertrauensärzten und Vertrauensanwälten zu befragen. Leben geht vor guten Rat und die einheimischen Ärzte sind keineswegs Kurpfuscher. Im Urwald ist es immer noch besser, sich einem kräuterkundigen Medizinmann anzuvertrauen, als an einer Lebensmittelvergiftung zu krepieren. Selbst mitgeführte Antibiotika kann nicht unbedingt gleich Abhilfe schaffen. Aber vielleicht hilft ein schamanischer Spezialtee, der vielleicht bestialisch stinkt, Wunder und hilft auf die Beine.

**Kleine »Erste Hilfe«**

- Blasen: Aufstechen und ausdrücken, um Schmerzen zu lindern. Danach werden sie mit Mercurochrom oder ähnlichem desinfiziert. Die Blasendeckel werden nach Bedarf abgeschnitten. Entweder kommt ein Pflaster oder ein steriler Verband drüber.
- Verbrennungen: Es kann durch den Flüssigkeitsaustritt bei großen Wundflächen zu einem Verbrennungsschock kommen. Schon aufgrund eines Keimbefalles ist die Wunde steril abzudecken (eventuell vorher unter sauberem Wasser kühlen); keinesfalls Salbe, Mehl oder Puder auf die frische Wunde geben.
- Abschürfungen, Platzwunde, Risse: Sofort ein Desinfektionsmittel auftragen, eventuell mit einem Pflaster abdecken.
- Venenverletzung: Erkennbar am pulsartigen Blutaustritt. Sofort eine keimfreie Kompresse auflegen und druckvoll abbinden.

- Bißwunde: Durch den Speichel besteht eine Infektionsgefahr. Die Wunde sollte am besten immer von einem Arzt versorgt werden (Gefahr von Wundstarrkrampf!)
- Durchfall: Unbedingt ständig auf Blut oder Schleim kontrollieren, um eine Amöbenruhr rechtzeitig zu erkennen. Ansonsten Granulat oder Imodium einnehmen, Cola trinken und Bananen essen. Bei Verdacht auf Amöbenruhr sofort mit Clont- oder Flagyltabletten behandeln.
- Erkältungen: Zugwinde und Klimaanlagen peinlichst meiden, viel Obst essen. Keine eiskalten Getränke genießen.
- Blutegel: Sie werden mit Öl bedeckt oder mit Salz eingerieben, dann fallen diese ab. Bißstelle kann noch tagelang nachbluten.
- Flöhe und Läuse: Sofort Wäsche wechseln und ausgiebig waschen, gegebenenfalls drei Tage mit Jacutin behandeln.
- Sandflöhe und Würmer: Schuhe schützen vor Infektionen übertragen durch Sandflöhe und Würmer. Ratsam ist Socken zu tragen. Sandalen schützen nicht gegen Sandflöhe.

**Sonderfall Tiergifte**

Nicht alle Bisse von Tieren, Fischen und Insekten führen zu Vergiftungen. Es gibt ein paar Faustregeln, mit denen Sie Giftbissen oder -stichen vorbeugen können:

- Vorsicht vor allen dunklen Winkeln, Nischen und Unterschlupfen (Insekten, Kriechtiere, Schlangen, Echsen und andere);
- hohe Schuhe und lange Hosen tragen;
- Schuhe, Strümpfe und Kleidung grundsätzlich morgens ausschütteln;
- Hängematte immer wieder ausschütteln;
- sich laut durchs Gelände bewegen (singend, rufend, trampelnd; besonders wichtig im Bärengebiet)
- im Gelände nur mit langem Wanderstock laufen;
- nicht mit der Hand ins Gebüsch langen;
- waten Sie nicht gedankenlos in trüben Gewässern.

*Giftschlangen*

Weltweit gibt es Giftschlangen, aber tatsächlich sind nur 10 Prozent aller Schlangenarten giftig. Schlangen sind zudem scheu und greifen den Menschen normalerweise nicht an. Somit ist die Gefahr des Bisses durch Schlangen gering; schon gar, wenn man beim Gehen kräftig aufstapft. Giftschlangen werden folgendermaßen unterteilt:

- ○ Giftnattern und Kobras,
- ○ Klapperschlangen und Grubenottern,
- ○ Trugnattern,
- ○ Vipern,
- ○ Seeschlangen.

Die Todesrate bei Schlangenbissen schwankt je nach Art zwischen Null und 100 Prozent. Absolut tödlich ist ein Biß der Schwarzen Mamba und der Hapanare. Etwa zwei Millionen Schlangenbisse werden jedes Jahr offiziell registriert. Wen eine Giftschlange erwischt hat und wenn nicht gleich ein Gegengift gespritzt werden kann, muß die Bißstelle etwa zehn Zentimeter höher abgebunden oder eine elastische Binde entlang der gesamten betroffenen Körperstelle angebracht sowie der Körper ruhiggestellt werden. Übrigens ist das Mitführen von Schlangenserum völlig nutzlos, da es immer gekühlt werden muß, damit seine Eiweißverbindungen nicht zusammenfallen.

Das kreuzweise Einschneiden der Bißstelle und anschließende aussaugen ist völlig nutzlos und kommt einer Fehlbehandlung gleich. Geschieht das Aussaugen mit dem Mund, so ist der Helfer selbst gefährdet, da das ausgesaugte Toxin über die Mundschleimhäute aufgenommen wird. Auch die Saugapparaturen, die immer wieder in der einschlägigen Literatur empfohlen werden, sind für die erste Behandlung völlig unbrauchbar, da sie nur 25 bis 30 Prozent des Giftes zurückholen, und auch nur, wenn sie innerhalb einer Minute nach dem Biß angewendet werden. Danach hat sich das Gift völlig im Gewebe verteilt.

Wichtig zu wissen ist, daß Injektionen von Kaliumpermanganat oder anderen Chemikalien die Situation nur noch verschlimmern. Leider wird dies in einschlägigen Büchern immer noch empfohlen. Ebenfalls unsinnig ist die großflächige Öffnung der Bißstelle, um diese mit Sauerstoff zu begasen. Es gibt auch keinen Anlaß, ein gebissenes Gliedmaß zu amputieren.

Falls die Schlange getötet werden konnte, ist diese dem Urwalddoc vorzuführen, damit er sofort erkennen kann, welches Gegengift geimpft werden muß. Dabei ist es für ihn wichtig, daß er nicht nur das Serum der betreffenden Schlangenart verwendet, sondern auch das für die geographische Region spezifische, da Giftschlangen geographische Rassen mit unterschiedlichen Giften bilden. Deshalb sollte der Gebissene so schnell wie möglich in ärztliche Behandlung unter Angabe der Schlangenart und des Ortes. Wenn der Arzt nur einen Teil des Serum in die Umgebung der Bißstelle spritzt, hat dies schon seine medizinische Richtigkeit bei der Serumbehandlung. Nach der Behandlung ist die Auffrischung der Tetanusimpfung empfehlenswert.

Wichtig erscheint mir auch die psychologische Seite eines Giftbisses. Deshalb sollte jeder wissen, daß es auf den Schweregrad des Bisses ankommt. Bei einem Jagdbiß verwendet eine Schlange mehr Gift als bei einem reinen Verteidigungsbiß. Außerdem ist entscheidend, wo man gebissen wurde. Ist nur ein Muskel getroffen ist die Wirkung leichter, ein Biß in die Blutbahn wirkt jedoch schwerer. Neben dem Allgemeinzustand und der Gesundheit kommt es auch auf das Alter des Betroffenen an.

*Quallen*

Auf Quallengift reagiert jeder Mensch je nach persönlicher Konstitution unterschiedlich. Für Allergiker kann der Kontakt mit Nesselzellen sehr unangenehm werden. Es kann einfach nur brennen oder zu Muskelkrampf, Atemnot und Tod führen. Wer mit dem Giftschleim der Quallen in Berührung gekommen ist, sollte sofort das Wasser verlassen und ihn mit Wasser so vorsichtig abspülen, daß die Giftzellen dabei nicht platzen! Dann wird die betroffene Stelle mit Sand (oder Salz) bestreut und 30 Minuten ausgetrocknet. Jetzt alles mit einem flachen Gegenstand abschaben. Die »Verbrennung« kann mit Alkohol nachbehandelt werden. Anschließend sollten kalte Umschläge sowie Brandgel gegen allergische Reaktionen aufgetragen werden. Antibiotika und Cortison kann die Heilung unterstützen. Sinnvoll ist es auf jeden Fall einen Arzt zu verständigen oder aufzusuchen.

*Giftfische*

Insbesondere in tropischen und subtropischen Meeren und in der Umgebung von Korallenriffen sind in unmittelbarer Küstennähe

**Inselparadies Pinang, Malaysia.**

**Downunder – Hafenkulisse von Sydney, Australien.**

**Fliegen wie zu Opas Zeiten über die Keys in Florida (Foto: Uli Huber).**

**Fahrt bis ans Ende des Urwaldes – Transpantaneira.**

**Tiere wie dieser seltene Hyazinthenpapagei dürfen in Deutschland nicht eingeführt werden.**

**Jobben – zum Beispiel als Wildhüterin in einem australischen Nationalpark.**

**Interessantes gibt es überall zu entdecken – Buschhüttendorf bei Ao Nang, Thailand.**

**Die prähistorischen Moais von Rapa Nui, Osterinsel.**

Fast wie zu Hause: asiatische Braut.

Unterwegs: »Off the beaten track« – im Outback Südamerikas, . . .

. . . durch endlose Palmenwälder.

Überall kann Gefahr lauern; hier ein Krokodil.

**Fremde Schrift – Was es hier wohl gibt?**

und im Meeressand Giftfische anzutreffen. Durch ihre perfekte Tarnung sind sie oft schwer zu erkennen. Insgesamt gibt es etwa 250 giftige Fischarten, wie die Skorpionfische, Zebrafische, Weberfische und Steinfische.
Erste Hilfe erfolgt durch Eintauchen der betroffenen Stelle in heißes Wasser mindestens über 60 Minuten. Ein Arzt ist immer schnellstens aufzusuchen; Antibiotika sollte verabreicht werden. Bei Vergiftungen durch den Steinfisch muß ein Serum gespritzt werden. Bei Verletzungen durch den Stachelrochen muß die Wunde sauber desinfiziert werden, im Zweifelsfall der Tetanusschutz erneuert werden.

*Spinnen und Skorpione*
Selten kommt es hierbei zu gefährlichen Bissen. Die 30 bekannten Skorpionarten sind zudem meistens harmlos. Gefahrengebiete liegen im Süden der USA, Lateinamerika und Südamerika. Allerdings sind die Bisse äußerst schmerzhaft. Sich ein Serum vom Arzt spritzen zu lassen ist keinesfalls verkehrt. Bei Spinnen kann der Biß auch völlig schmerzfrei sein. Anzeichen eines Giftspinnenbisses ist ein Anschwellen der Bißstelle und anschließendes Pelzigwerden. Bei schweren Gitfbissen ist durch einen Arzt ein Antiserum zu verabreichen, Schockbehandlung einführen und der Kreislauf zu stabiliseren.

*Stachelrochen*
Die meisten der 350 Arten der Stachelrochen haben einen bis zu 40 Zentimeter langen Giftstachel auf der Schwanzpeitsche, der eigentlich als Abwehrwaffe gegen Haie dient. Der Giftstachel ist beidseitig gezackt und mit einem Widerhaken versehen, so daß der Stachel nach Eindringen in den Körper abbricht und steckenbleibt. Es entsteht eine stark blutende, tiefe Wunde, die unbedingt von einem Arzt behandelt werden muß. Monatelange Schmerzen und Vergiftungserscheinungen sind keine Seltenheit.

*Curaregift*
Sofort Cholinesterasehemmer (zum Beispiel Prostigmin) injizieren!

**Verschiedene Krankheiten**

*Bilharziose (Schistosomiosis)*

Weltweit wurden etwa 200 Millionen an Bilharziose Erkrankte registriert. Die Bilharziose ist eine Wurmerkrankung und wird nur durch Schnecken übertragen. In Afrika, Saudi-Arabien und dem Jemen sind fast alle Flüsse, Bäche und Seen (Süßwasser) mit der unheilbaren Bilharziose verseucht. Auch auf den Philippinen, Indien und im übrigen Ostasien ist diese Krankheit weit verbreitet. Auch auf einigen karibischen Inseln und im Orinocodelta wurde die Krankheit mittlerweile registriert. Das Schwimmen und Baden sollte deshalb nur im Meer oder außerhalb der Seeufer erfolgen. Vorsicht ist ebenfalls in Brasilien geboten, nach neuesten Meldungen ist auch hier die Bilharziose in stehenden Gewässern auf dem Vormarsch.

In Sekundenschnelle bohren sich Saugwurmlarven in verseuchtem Süßwasser in die Haut. Schon die Hand oder den Fuß zur Abkühlung ins Wasser gehalten reicht aus. Dabei kommt es zu Hautrötungen und Juckreiz. Bis zu drei Monaten nach der Infektion kann es zu Kopfschmerzen, hohem Fieber, zu Blutungen beim Wasserlassen oder zu blutigem Durchfall kommen. Ambilhar sollte bei Reisen in die betroffenen Gebiete unbedingt in die Reiseapotheke.

*Amöbenruhr*

Die Amöbenruhr, eine Parasitenkrankheit, ist vor allem in Afrika, dem Mittelmeerraum, Teilen Asiens, Nordamerikas und Südamerika verbreitet, kann aber durch Verschleppung auch in Europa vorkommen, da die einzelligen tierischen Kleinstlebewesen sich monatelang am Leben erhalten können. Diese Darmerkrankung wird über die Nahrung oder Wasser übertragen. Die Ansteckungszeit schwankt zwischen wenigen Tagen und drei bis vier Wochen. Schleimig-blutige Durchfälle, Bauchschmerzen, Völlegefühl und Abgeschlagenheit sind typische Symptome einer Ämobenruhr. Eine ärztliche Behandlung mit Antibiotika, Bettruhe und Diät sind notwendig.

*Geschlechtskrankheiten*

Keine Geschlechtskrankheit heilt alleine aus, sondern jeder sollte so couragiert sein, den Arzt aufzusuchen. Geschlechtskrankheiten können sich heutzutage als sehr hartnäckig erweisen und sollten deshalb nicht auf die leichte Schulter genommen werden.

*Höhenbeschwerden*
Noch ein Wort zur Höhenkrankheit, die naturgemäß im Hochgebirge (Alpen, Anden, Himalaya) auftritt. Unter dem Begriff der Höhenkrankheit werden eine ganze Reihe von Beschwerden verstanden, die, in einer Höhe ab zirka 3000 bis 5000 Meter, auf den noch ungewohnt niedrigen Sauerstoffpartialdruck (= Sauerstoffmangel) und nicht auf den verringerten Luftdruck zurückzuführen sind. Entscheidend dabei ist die Geschwindigkeit, mit der in die kritische Höhe aufgestiegen und zum anderen die Dauer, für die der »Sauerstoffmangel« auf den noch nicht akklimatisierten Körper einwirkt.

Als Beschwerden können Schwindel, Abgeschlagenheit, Schlaflosigkeit, Gesichtsödem, Druckgefühl, Herzklopfen, Übelkeit, Erbrechen und Atemnot auftreten. Bei den ersten Anzeichen von Höhenkrankheit (Sochore) ist so schnell wie möglich wieder abzusteigen und zwar so lange bis die Wirkung nachläßt, sonst droht Tod durch Atemnot!

Von der Höhenkrankheit sind die sonstigen »Höhenkomplikationen« zu unterscheiden. Akute Beschwerden wie Höhenlungen- oder Höhenhirnödem sind auf chronischen Wasser- und Sauerstoffmangel zurückzuführen.

Gefahren birgt auch falsch verstandener Ehrgeiz. Da versucht mancher sich bis zum Gipfel durchzukämpfen, obwohl er sich schon tagelang schlecht fühlt und Durchfall hat. Oft fühlt man sich aber einfach zum Durchhalten gezwungen, um den Anschluß an den Küchentreck und die Zeltausrüstung, mit denen die heimischen Bergträger das Tempo vorgeben, nicht zu verlieren. Seien Sie ehrlich zu sich und überlegen Sie gründlich, welchen Anforderungen Sie wirklich gewachsen sind. Alles andere lassen Sie lieber sein. So werden Sie unterwegs auch nicht zur Belastung für andere.

**Rücktransport**
Bei größeren Unfällen, Verletzungen und Krankenhausaufenthalten ist zu überlegen, ob es nicht vernünftiger ist, sich nach Hause

fliegen zu lassen. Bei Verlassen eines Krankenhauses sollte unbedingt nach einer detaillierten Kostenaufstellung zur Vorlage bei der Krankenversicherung gefragt werden. Kleinere ärztliche Behandlungen bis 50 oder 100 DM (je nach Krankenversicherung) müssen als Selbstkostenbeitrag übernommen werden.

Auswahl deutschsprachiger Ärzte im außereuropäischen Ausland:

- Abidjan, Dr. Soueilleh, Telefon 3222814.
- Adelaide, Dr. Hronsky, 188 North Terrace, Telefon 22358241.
- Agadir, Dr. Akerbib, 8 Rue Souk El Had, O.J. Telefon 08/231566.
- Antananarivo, Dr. Lala Arison, Mpitsabo Mikambana Klinik 24/24, Telefon 02/235551.
- Bangkok, Dr. Wong, Patana Clinic, Convent Rd, Telefon 02/252811120.
- Belém/Brasilien, Dr. Santana, Av. Presidente Vargas 351, Ed. Palacio Dorhado, Telefon 091/2230653.
- Brisbane, Dr. Meyers, 201 Wickham Terrace, Telefon 89343694.
- Buenos Aires, Dr. Juan Hitzig, Blanco Encalada 2851, Telefon 54359199.
- Caracas, Dr. Brückner, Calle de Ledesma, La Trinidad, Telefon 02/9365361.
- Christchurch/Barbados, Dr. Naidu, Maxwell Terrace, Telefon 4289452.
- Colombo, 410 Bauddhaloka Mawatha, Telefon 01/924171.
- Denpasar, Dr. Stahlhacke, Bali-Beach-Hotel, Telefon 0361/885111.
- Edmonton, Dr. Schuster, 200 Coronation Plaza, 14310-111 Ave, T5M3Z7 Telefon 403/45280916.
- Fort-de-France, Dr. Baumann-Giacon, Centre Cial Cluny, Telefon 6338777.
- Guatemala, Dr. Caceres, 6a Av 8-92, Zona 9, Telefon 02/3215063.
- Hongkong, Dr. Heber, 17 Lau Fong Rd, Causeway Bay, Telefon 7616431.
- Jakarta, Dr. Luckmann, Pondok Indah, Jl Metro Duta Dav. UE, Telefon 021/7697525.

- ○ Jaunde, Dr. Edou, Klinik Semmelweis, Etoudi, Telefon 222559.
- ○ Kairo, Dr. Vicicevic-Salama, As Salaam Hsopital, Telefon 02/3638452.
- ○ Kapstadt, Dr. Hansmann, 1029 Medipark, Foreshore, Telefon 021/2179811.
- ○ Kathmandu, Dr. Frank, BIR-Hospital, Telefon 01/2111199.
- ○ Kingston, Dr. Nash, Natal Med. Center, Telefon 092/673335.
- ○ Kuala Lumpur, Dr. Tung, Jalan Sultan Ismail Mezzanine, Telefon 03/4220311.
- ○ Mahe/Seychellen, Dr. Gütl, Telefon 24400.
- ○ Malé, Dr. Firdous, Central Hospital, Telefon 32/24041.
- ○ Manila, Dr. Varwig, 6780 Ayala Av, Telefon 02/81008201.
- ○ Marrakech, Dr. Michaelis, 7 Rue Ibn, Sina Gueliz.
- ○ Medan, Dr. Anwar, Jalan Zulkarnain 8, Telefon 061/5156066.
- ○ Mexico, Dr. Steimle, Alabmaa 15, Telefon 05/5233216.
- ○ Montevideo, Dr. Goller, Soriano 944, Telefon 02/9138283.
- ○ Montreal, Dr. O.Schickler, 5596 Park Ave, Telefon 514/27688092.
- ○ Nairobi, Dr. Meyerhold, Bruce House, Telefon 02/333867.
- ○ Ottawa, Dr. Bohlig, 1003 Kinkwood Ave, Telefon 613/72843805.
- ○ Peking, Dr. Zeng, Beijing Hospital, Dongdan, Telefon 01/51266113.
- ○ Port-of-Spain, Dr. Goliah, 165 A Western Main Rd., Telefon 62242731.
- ○ Quito, Dr. Klier, Centro Med. Alemania, 102 Eloy Alfaro Alemania, Telefon 02/528044.
- ○ Rarotonga/Cookinseln, Dr. Runge, General Hospital.
- ○ Recife, Dr. Schönenberg, Rua Siqueira Campos 217, Telefon 2270092.
- ○ Rio de Janeiro, Dr. Wengenmayer, Av Copacabana 1018, Telefon 5213723.
- ○ Salta, Dr. Victor Arias, Balcarce 420, Telefon 087/2205162.
- ○ Santiago de Chile, Dr. Schwedrewitz, Providencia 2608, Telefon 23227505.
- ○ Santo Domingo, Dr. Guillen, Av Bolivar 754, Telefon 66866412.

- Seoul, Dr. Jun-Shik, 423-237 Chono-Dong, Kangdong-gu, Telefon 4782975.
- Singapur, Dr. Hoei, 9 Battery Road 02-11, Telefon 53522222.
- Swakopmund/Namibia, Dr. Moesel, Telefon 0641/52001.
- Sydney, Dr. Anthony, 375 George Street, Telefon 2919275.
- Tokio, Dr. Peter Seez, Mori-Building 32, 3-4-30 Shiba-koen, Telefon 03/4363028.
- Toronto, Dr. A. Lang, 220 Greenwood Av, Telefon 416/46366422.
- Vancouver, Dr. Schilling, 109-20103- 40th Avenue, Telefon 604/53021333.
- Wellington, Dr. Philipp, St. Johns House 99, The Terrace, Telefon 04/7285274.
- Windhoek, Dr. Rohn, 6 Slater Street, Telefon 061/228626.

## 7.17 Geschenke und Schmiergelder

Bakschisch und Schmiergelder? Für einen Anfänger ein schwieriges Problem. Die Frage lautet: Wann muß man wo wieviel geben? Schmiergelder setzen entweder ein hohes Fingerspitzengefühl oder eine gute Kenntnis der Landessitten voraus. Wer es nicht richtig oder im falschen Augenblick versucht, kann empfindliche Reaktionen erleben. »Ehrenwerte« Leute fühlen sich plötzlich in eben derselben gekränkt, korrupte Beamte entdecken auf einmal ihren Dienstethos oder, was am gefährlichsten ist, Sie verschätzen sich und ausgerechnet Ihr Gegenüber ist ein pflichtbewußter Staatsbeamter, der Sie anzeigt. Vergessen Sie nie, daß Bestechungsversuche dem Prinzip nach in fast allen Staaten einen Straftatbestand darstellen. Bevor Sie im Ausland großartig als Mann oder Frau von Welt auftreten, dem oder der keine menschliche Schwäche fremd ist, erkundigen Sie sich deshalb vorher genau bei Einheimischen, die sich im Thema »Schmier & Schmuggel« auskennen und denen die Gepflogenheiten vertraut sind. Ansonsten lassen Sie die Finger davon! Also: weltweit gibt es offiziell weder Bakschisch noch Schmiergelder. Wenn Sie nicht merken, daß Ihr gegenüber ein Schmiergeld haben möchte, dann wird er Sie im Zweifelsfalle von selbst darauf aufmerksam machen, zum Beispiel mit dem Wort »Trinkgeld«. Mir ist es einmal passiert, daß ich ein Paket aus der Heimat beim Zoll auslösen mußte und einen regelrechten Verwaltungsparcour zu überwinden hatte. Dazu mußte ich nacheinander verschiedene Papiere ausfüllen, Unterschriften von unwichtigen »wichtigen« Leute einholen und verschiedene Stempel organisieren. Auf dem normalen Weg wäre es mir sicherlich noch nach Tagen nicht gelungen, das ersehnte Paket zu erhalten, wie mir anwesende Einheimische verzweifelt versicherten, die hier schon tagelang vergeblich ausharrten und nicht das notwenige »Kleingeld« aufbrachten, um die Trinkgelder der Beamten zu zahlen. Der Beamte selbst forderte bei mir nie ein Trinkgeld, wollte aber ebensowenig meinen Fall bearbeiten. »Gib ihm einfach ein Trinkgeld, na so um die 50 Pfennige oder eine Mark, dann wird's schon klappen«, rieten mir die wartenden Einheimischen, und siehe da, auf einmal lief alles wie am Schnürchen. Mein Paket hielt ich nach genau drei Stunden Hürdenlauf freudestrahlend in den Händen.

Übrigens sollten Sie das notwendige »Trinkgeld« schon entsprechend griffbereit mitführen, damit Sie nicht erst lange danach wühlen müssen. Es muß alles spontan aussehen, damit die Glaubwürdigkeit nicht verloren geht. Außerdem könnte Ihr Gegenüber zufällig merken, daß Sie zu viel Kleingeld im Geldbeutel haben und weitere Verbindlichkeiten erwarten.

Können Sie sich nicht eindeutig in der Landesprache verständigen, dann beobachten Sie die Einheimischen, wie sie sich bei der Kontrolle oder den Behörden verhalten. Als ich einmal mit dem Schiff von Asunción in Paraguay nach Corumba in Brasilien fuhr, fiel mir auf, daß an Bord sehr viel Schmuggelware war. Die Schmuggler waren jedoch relativ unbekümmert. In Corumba ging zuerst die brasilianische Bundespolizei und der Zoll an Bord. Sie wurden vom Kapitän zuerst zu einer Runde gut gekühltem Bier eingeladen. So nach und nach kam man bei einem Schwätzchen zu den Reisepässen und Identitätsausweisen, die dann der Polizeinachwuchs anschauen und stempeln durfte, während die anderen noch ein Kühles tranken. Dann war der Zoll an der Reihe. Der Kapitän ließ für jeden eine Flasche Whisky als Geschenk auffahren und zum Abschied gab's noch eine Kiste Billigchampagner oben drauf. Die Bundespolizei freute sich über die Loyalität des Kapitäns, der Zoll freute sich über das Verständnis und die Freundschaft der paraguayischen Schiffsbesatzung und die gesamte Mannschaft freute sich über die Kollegialität des brasilianischen Zolls und der Bundespolizei. Am meisten freuten sich aber die paraguayischen Passagiere, die sich während der ganzen Zeit über sehr ruhig verhalten hatten. Während der Zoll und die Bundespolizei nach Corumba zurückkehrten, rumpelten aus dem Dunkeln der einzigen Lagerhalle verbeulte Pritschenwagen und im Nu war Leben an Bord. Ruckzuck wurden Säcke, Kisten und Taschen von Bord gebracht und in minutenschnelle war der Spuk im Hafen vorbei und der Anleger lag wieder verlassen im gespenstischen Dunkel der eingebrochen Nacht.

Sie merken, es muß nicht immer rein zufällig ein Geldschein im Reisepaß liegen, um den nötigen Stempel in den Reisepaß oder ein OK zu erhalten. Kleinigkeiten können auch ein Herz erfreuen und angeblich unheimlich wichtige Leute mit besonders riesigen Stempeln und großkalibrigen Revolvern freundlich stimmen:

○ Postkarten,
○ Zigaretten,
○ Kulis,
○ Gasfeuerzeuge,
○ persönliche Fotos mit Widmung,
○ Motivbriefmarken,
○ Solartaschenrechner (zirka 5 DM),
○ Luftballons für die Kinder,
○ ausgefallene oder auffallende Münzen.

## 7.18 Gepäckdepots

Ein leidiges Problem auf jeder Fern- oder Weltreise stellt sich ständig: Wo kann man Gepäckstücke für Ausflüge, Exkursionen und Trekkingtouren sicher und zuverlässig zurücklassen? Die deutschen Botschaften und Konsulate sind oft über die Aufbewahrung von Gepäck nicht sehr erfreut. Auch die American Expressbüros und -banken sind nur selten eine Lösung, da sie meist nur in

großen Städten oder nur in der Hauptstadt vorzufinden sind und nur Kunden mit diesem Service zeitweise entgegenkommen.
Mit dem zuletzt besuchten Hotel läßt es sich am besten arrangieren, das Gepäck einigermaßen sicher zurücklassen zu können, vor allem dann, wenn für die Rückkehr gleich eine weitere Zimmerreservierung vorgenommen wurde. Glücklich schätzt sich, wer echte Freunde im Land hat (aber nicht gerade erst kennengelernte), da dürfte es wohl überhaupt keine Aufbewahrungsprobleme geben. Schließfächer dagegen sind oft unsicher, außerdem kann der Schlüssel gestohlen gehen oder verloren werden.

## 7.19 Geldbeschaffung und Geldwechsel

Möglichkeiten sich Geld zu beschaffen gibt es eine ganze Menge:
(a) Geldwechsel von Bargeld oder Reiseschecks;
(b) per Kreditkarte (Amexco-, Master-, Eurocard, VISA);
(c) per Nachsendung,
○ »Money Order«,
○ Überweisung auf Amexco,
○ Korrespondenzbank/Kontoeröffnung, Verrechnungsscheck,
○ Reiseschecks;
(d) per Auslandspostanweisung,
○ Bar-Auslandspostanweisung,
○ Scheck-Auslandspostanweisung,
○ telegrafische Auslandspostanweisung,
○ Telex-Auslandspostanweisung;
(e) Blitzgiro per Telex.

**Geldwechsel**
Es gibt zwei Möglichkeiten des Umtausches: Bargeld und Reiseschecks. Wichtigstes Unterscheidungsmerkmal ist, daß es für Bargeld, vor allem für die Dollarnoten, grundsätzlich einen besseren Wechselkurs gibt. Nur wenige Länder geben einen besseren Kurs beim Scheckumtausch. Dadurch wird das Dollar-Bargeld zu einem wichtigen Instrument der Reisefinanzierung unterwegs, besonders dann, wenn durch hohe Inflationsraten die kurzfristigen Kursänderungen durch relativ kleine Wechselsummen ausgenutzt werden

können. Einziger Nachteil ist, daß fast an jedem Tag gewechselt werden muß. Weltweit ist der Dollar die akzeptierteste und effektivste Wechselwährung. Deshalb sollte auf dieser Basis kalkuliert werden, wie überhaupt diese Währung als Finanzierungsgrundlage angesehen werden sollte. Zwischenzeitlich gewinnt auch die Deutsche Mark international an Bekanntheit und Akzeptanz, aber es wird immer noch ein verhältnismäßig schlechter Kurs gegenüber dem schwachen Dollar gegeben. Reiseschecks können nicht überall gewechselt werden. Auch hier ist der Amexco-Travellerscheck weltweit führend in Akzeptanz und Bekanntheit, gefolgt von Thomas-Cook-Travellerschecks. Oft ist auch eine Provision bei Schecktausch zu entrichten. Zusammen mit dem ungünstigeren Kurs ein relativer Wertverlust, der aber durch die hohe Sicherheit ausgeglichen wird.
Gewechselt wird auf der Bank, in der Wechselstube, beim »Money Changer« oder auf dem Schwarzmarkt. Wer Travellerschecks in Banken tauscht, muß durchaus bis zu einer halben Stunde oder mehr warten, bis die Schecks überprüft wurden. Die Bank gibt nicht immer den besten Wechselkurs, vor allem dann nicht, wenn neben dem Touristenkurs ein Parallelkurs, der einem Schwarzmarktkurs gleich kommt (wie in Brasilien), existiert oder gar ein echter Schwarzmarkt. Übrigens wird für große Dollarscheine bei den Schwarzhändlern oft ein besserer Kurs gegeben, als für kleine Dollarscheine. Merken Sie sich zudem, daß in islamischen Ländern der Freitag ein Sonntag und damit der Donnerstag schon wie ein Samstag ist. Tauschen sie deshalb rechtzeitig Geld um, da die Banken (wie auch die Geschäfte) am Freitag, oft aber schon am Donnerstag geschlossen haben.

*Zwölf Grundregeln für den Umtausch*

1. Kurse vergleichen; je mehr Geld gewechselt wird, desto besser wird der Kurs!
2. Geldscheine nie in aller Öffentlichkeit abzählen.
3. Scheine dürfen nicht gefaltet oder gebündelt sein; deshalb immer die einzelnen Scheine zählen!
4. Scheine dürfen nicht falsch oder alt (Währung) sein.
5. Schwarzhändlern nie alle Scheine auf einmal aushändigen, sondern Zug um Zug tauschen.

6. Nie in dunklen Ecken oder unbelebten Seitenstraßen tauschen!
7. Vorsicht vor unrealistisch hohen Kursangeboten!
8. Sich nicht zu »Freunden« in sogenannte »Hinterhofbüros« locken lassen!
9. Schecknummern vor dem Tausch notieren!
10. Der Vorteil des Schwarzmarkttausches birgt das erhöhte Risiko der üblichen unzählbaren Tricks, deshalb
11. tauschen Sie nie alleine, sondern mit anderen Reisenden oder Reisepartnern zusammen.
12. Zuvor bei Einheimischen oder anderen Reisenden über Kurs und Vertrauenswürdigkeit der Schwarzhändler informieren.

## Geldbeschaffung

Die einfachste Möglichkeit Geld in Landeswährung zu beschaffen ist der Bargeld- oder Reisescheckumtausch. Sollten Ihnen aber irgendwann einmal ihre baren und unbaren Mittel aus unvorhergesehenen Gründen ausgehen oder haben sie sich verausgabt, können Sie sehr leicht mit einer mitgeführten internationalen Kreditkarte jederzeit weltweit bei den jeweiligen Repräsentanzbanken bare Dollares oder Reiseschecks nachkaufen. Dazu benötigen sie neben der Kreditkarte nur das Auslandsverzeichnis der jeweiligen Repräsentanzen. Sie erhalten diese Übersichten über die Kreditinstitute, Banken oder Sparkassen oder direkt bei den jeweiligen Kreditkartengebern.

Das Nachsenden von Geldmitteln in Form von zuvor gekauften und zu Hause deponierten Reiseschecks kann nur eine Notlösung sein. Je nach Land ist davon auch abzuraten, denn die Reiseschecks sind zwar versichert, wer garantiert aber, daß sie rechtzeitig oder überhaupt ankommen. Dann geht der Ärger erst so richtig los um die unnötige Prozedur der Wiederbeschaffung von abhandengekommenen Reiseschecks.

Dagegen regelrecht empfehlenswert und sehr sicher ist die Geldbeschaffung über eine von zu Hause übersandte Auslandspostanweisung. Ratsam ist es, vor Abreise mit Familienangehörigen oder Freunden eine derartige Situation vor der Abreise durchzusprechen und einen bestimmten Geldbetrag zu hinterlassen. Auslandspostanweisungen müssen beim nächsten Postamt aufgegeben werden. Diese gibt es in vier Formen:

1. Barpostanweisungen: Hier wird der übersandte Geldbetrag im Bestimmungsland in Landeswährung bar ausbezahlt. In einigen Ländern können sie auch US-Dollars erhalten. Allerdings gibt es für jedes Land einen unterschiedlichen Höchstbetrag. Empfängeranschrift kann »postlagernd« (poste restante), eine Hotel- oder Campingplatzadresse sein. Barpostanweisungen sind leider nicht für alle Länder zugelassen.
2. Scheckpostanweisung: Falls der Höchstbetrag für eine Barpostanweisung überschritten wird oder sie den Geldbetrag als Scheck übermittelt haben möchten oder die Barpostanweisung im Reiseland nicht zugelassen ist, so muß der Absender eine Scheckpostanweisung wählen. Sie erhalten den Geldbetrag grundsätzlich in Landeswährung, höchstens 20000 DM.
3. Telegrafische Auslandspostanweisung: Scheck- und Barpostanweisungen werden immer per Luftpost in das Reiseland geschickt. Dabei können bis zu sieben Tage oder mehr vergehen. Das können entscheidende Tage sein. Deshalb ist es ratsam, insbesondere im Notfall, daß der Geldbetrag telegrafisch überstellt wird. Das ist zwar teuer, aber ohne Kreditkarte, die schnellste und beste Möglichkeit Geld im Ausland zu erhalten. Leider ist sie in einigen Ländern nicht zugelassen.
4. Telexpostanweisung: Der einzige Unterschied zur telegrafischen Auslandspostanweisung ist, daß eine Telexpostanweisung erst zum nächsten Postgiromat geschickt und von dort erst ins Ausland per Telex übermittelt wird. In der Regel sind beide Eilübermittlungen von Geldbeträgen gleich schnell.

Auslandspostanweisungen haben einen Grundpreis von 20 DM. Der Grundpreis für 500 DM erhöht sich für jede weiteren angefangenen 500 DM um 10 DM. Bei der telegrafischen oder der Telexpostanweisung werden zusätzliche Entgelte für die Übermittlung fällig. Auslandspostanweisungen haben ebenfalls eine hohe Sicherheit, da die Deutsche Bundespost dem Absender für die Umrechnung, die telegrafische Übermittlung und für die ordnungsgemäße Auszahlung beziehungsweise Gutschrift voll haftet (Verjährungsfrist 1 Jahr).

Tip: Postanweisungen und Zahlkarten mit dem Vermerk »Kriegsgefangenenpost – entgeltfrei; Service des prisonners de guerre« sind laut Bestimmung § 7(3) Geldpostbuch kostenfrei.

# 8 Ständige Ausgaben und das Geldverdienen unterwegs

## 8.1 Lebenshaltung und ständige Kosten

Es gibt nichts umsonst! Gerade auf einer Fern- oder Weltreise »blutet« man finanziell stark aus. Viele Anfänger haben keine genauen Vorstellungen davon, welche ständigen Kosten auf sie zukommen. So wurden dann auch vor Reisebeginn nicht genügend Geldmittel bereitgestellt. Ständige Kosten sind:

- Fahrtkosten für die Weiterreise,
- Verpflegung und Unterkunft,
- Flughafensteuer,
- Grenzgebühren (D.A.S.),
- Visabeschaffung,
- Postauslösegebühr (zum Beispiel Einschreiben auf der Botschaft),
- Eintrittsgelder (Parks, Kulturdenkmäler und so weiter),
- Geschenke, Schmiergelder, Bakschisch,
- Nachkäufe aller Art (Film, Kleidung, Toilettenartikel),
- Kosten für Expeditionen, Trekkingtouren und so weiter.

## 8.2 Kaufen, Verkaufen und Tauschen

Wer kauft, soll einen fairen und guten Preis zahlen. Das setzt oft Handeln voraus oder wird sogar erwartet. Selbst wenn der Preis angemessen erscheint, wird der Newcomer die Sache überzahlen. Nur die Erfahrung und die Routine helfen hier weiter. Deshalb handeln, handeln und nochmals handeln. Ruhig zwischendurch einmal weiterlaufen und später wiederkommen. Einmal habe ich über mehrere Tage einen Händler in Bolivien bekniet und hatte tatsächlich Erfolg, denn zwischenzeitlich waren wir fast Freunde geworden. Nur keine Angst, denn Handeln und Feilschen macht Spaß!

Für Geschäfte in Asien sollten Sie sich merken, daß chinesische Händler das Feilschen um den Preis erwarten. Der ausgehandelte Preis gilt aber sofort. Wer nicht einschlägt beziehungsweise nach dem Handeln nicht kauft, um es sich vielleicht noch einmal zu überlegen, kann sicher sein, daß am nächsten Tag der ausgehandelte Preis nicht mehr gilt und bei einem erneuten Handel der gewünschte Erfolg sich nicht mehr einstellt. Die ausgehandelten Preise gelten nur für den Augenblick. Bitte handeln sie deshalb nur, wenn sie wirklich etwas kaufen möchten. So können Sie sich unter Umständen viel Ärger ersparen.

Immer wieder werden Sie auf Ihrer Fern- oder Weltreise auf ungewohnte Maße und Gewichte treffen. Um sich vor Mißverständissen zu schützen, sollten Sie die Werte der wichtigsten landesüblichen Maße und Gewichte kennen:

| | | |
|---|---|---|
| Distanz: | 1 Meile | 1,609 Kilometer, |
| | 1 Seemeile | 1,852 Kilometer, |
| Druck: | 1 Psi | 0.0703 bar, |
| Gewicht: | 1 Pound (=16 Unzen) | 453,59 Gramm, |
| Maß: | 1 Inch | 2,54 cm, |
| Volumen: | 1 Gallone | 4,54 Liter. |

Wer in arabische Länder reist, sollte sich die arabische Ziffernschreibweise der Grundzahlen einhämmern, damit er die Preise ablesen kann; ist in China genauso zu empfehlen.

Zum Verkaufen eignen sich besonders die mitgeführten Kleider, auch wenn sie schon etwas angegriffen sind. Vor allem in der Südsee (Osterinsel, Tahiti) gibt es Insulaner und in Afrika Bewohner, die gerne Klamotten westlicher Herkunft kaufen. Dadurch senkt sich der Tagessatz der Lebenshaltungskosten erheblich.

Tauschmöglichkeiten kommen erfahrungsgemäß schon seltener vor und sind mehr eine freundschaftliche Geste.

## 8.3 Jobben im Reiseland

Hier ist Desillusion angesagt. Durch die weltweit hohe Arbeitslosenquote und dem entsprechend geringen Lohnniveau in den Ländern Afrikas, Lateinamerikas und Asiens lohnt sich ein Job nur in den USA, in Kanada, Japan, Australien und Neuseeland je nach Umstand. Am ehesten kommt ein Ausländer noch im Gastgewerbe zu unterbezahlten Jobs, da die notwendige Arbeitserlaubnis grundsätzlich nirgends erteilt wird. Das wissen die Personalchefs und Bosse weltweit und beuten ihre Schwarzmalocher entsprechend aus. Wer ein Handwerk erlernt hat, hat noch relativ gute Chancen. Nach Qualifikationen wird eh nicht gefragt, sondern nach Können. Zudem gilt rund um den Globus in der Arbeitswelt: »Hire and Fire!« Übrigens wer in Australien oder der USA als Schwarzarbeiter erwischt wird, erhält ein mindestens fünfjähriges Einreiseverbot.

In Japan, Afrika und Südamerika kann man sich als Sprachlehrer (Instituto Don Bosco) und Übersetzer etwas Geld verdienen. Taschengeld, freie Kost und Logie sind einem sicher und jede Menge Spaß mit einheimischen Freunden. Wer gut zu Pferde ist und tüchtig »anpacken« kann, findet in Neuseeland vielleicht auf einer Schaffarm einen Job. Probieren lohnt sich. Sportprofis können es auch in Skigebieten, Yachtzentren und Sportclubs probieren. Selten wird eine Stelle mit großem Geld in Minen oder auf Ölplattformen angeboten. Luxushotels und Behörden stellen grundsätzlich keine Ausländer ein. Auch Jobs in den Nationalparks sind fast nie zu erhalten, da sie meist Staatsbürgern vorbehalten sind.

Wer in Australien arbeiten möchte, benötigt eine »Tax File Number«. Vordrucke beziehungsweise Anträge gibt es in jedem Postamt. Die Tax File Number ist deshalb wichtig, da sonst der Lohn zu 50 Prozent versteuert wird, sonst nur zu 29 Prozent. Die Bearbeitung des Antrages dauert etwa zwei Wochen. Vor dem Verlassen Australiens sollte diese vollständig deklariert zurückgegeben werden (Steuerrückzahlung möglich). In Australien gibt es gute Möglichkeiten über eine Zeitarbeitsfirma vermittelt zu werden. Günstig ist es, wenn sich die Firma um Ihr Arbeitsvisum kümmert. Eine gute Adresse für Jobs in Australien ist:

»Pink House«, 6-8 Barnclenth Square, Kings Cross 2011, Sydney, Telefon 02/3581689.

Ansonsten bleibt nur »Picking, Picking« und nochmals »Pikking« als Erntehelfer bei Hungerlöhnen übrig.

Wer mehr über Jobs wissen möchte, dem kann folgendes Standardwerk von Susan Griffith (leider auf Englisch) empfohlen werden: »Work your Way around the world«, Susan Griffith, ISBN 0 907638-18-x, zirka 20 DM.

Wer vor dem eigentlichen Reisebeginn zuerst in der Ferne in seinem Beruf oder in Workcamps für ein paar Monate arbeiten möchte, um Land und Leute sowie deren Sprache besser kennenzulernen, der kann sich an folgende Organisationen wenden:

- ○ Association for World Travel Service (AWTS), Münchener Str. 35, 8035 Gauting, Telefon 089/8508084; Ziellländer: Argentinien, Bolivien, Kenia, Philippinen, Mexiko; zwei- bis dreiwöchige Arbeitseinsätze auf dem Land; unter anderem Familienaufenthalt.
- ○ Arbeitsgemeinschaft privater Entwicklungsdienst, Argelanderstr. 50, 5300 Bonn, Telefon 0228/215900; für Langzeitfreiwillige bis zu zwei Jahre in Übersee.
- ○ ICXchange Deutschland, Bahnhofsstr. 16-18, 2900 Oldenburg, Telefon 0441/24219; speziell USA (zirka zwei Monate Sommercamp, Altersbegrenzung 34 Jahre).
- ○ Internationaler Christlicher Jugendaustausch (ICJA), Kiefernstr. 35, 5600 Wuppertal, Telefon 0202/501081; Ziellländer: Afrika, Asien, Australien, Lateinamerika, Neuseeland, USA für einjährige Familienaufenthalte, Wohngemeinschaften, Projekte.

Nachfolgend noch eine kurze Auflistung möglicher, aber garantiert »unterbezahlter« Jobs:

- ○ Haushaltshilfe, Au-Pair, Babysitter,
- ○ Carwash,
- ○ Hausmeister,
- ○ Totengräber,
- ○ Küchenhilfe, vor allem in Uni-Mensa,
- ○ Gartenhilfe,
- ○ Bauarbeiter,
- ○ Farmarbeiter,
- ○ Fastfood/Franchising,
- ○ Tankwart,
- ○ Maler,
- ○ Eisverkäufer,

○ Rettungsschwimmer,
○ Marktforscher,
○ Umzugsgehilfe,
○ Krankenschwester,
○ Nationalparkgehilfe,
○ Restaurantgehilfe,
○ Wächter,
○ Telefonauskunft,
○ Tourist Office,
○ Transportgewerbe,
○ Reisebüros,
○ Fensterputzer.

# 9 Allgemeine Tips für Fern- und Weltreisen

**Musterbeispiel eines Antrages zur Ausstellung eines Zweitpasses**

Heribert Weltenbummler<br>genannt »Jacare«

99999 Plantagenstadt<br>Sumpfstraße 00

Stadtverwaltung Plantagenstadt<br>Paß- und Ausländerbehörde<br>99999 Plantagenstadt

Ort, Datum

Ausstellung eines Zweitpasses

Gemäß § 21(1) AVVPG beantrage ich die Ausstellung eines zweiten Reisepasses.

Begründung: In den Sommer/Wintermonaten halte ich mich für drei Monate in den Maghreb-Ländern (oder anderes Krisengebiet, wo Nachbarländer die wechselseitige Einreise verbieten, wie bei Taiwan/China, Israel oder Südafrika) auf. Dafür bedarf es zur Einreise eines Visums. Durch die derzeitgen politischen Spannungen zwischen Algerien und Marokko (hier Länder benennen, die sich spinnefeind sind), verweigern die marokkanischen Behörden auch gegenüber Ausländern sowohl die Einreise als auch die Ausreise, wenn gleichzeitig ein algerisches Visum beantragt wird.

Nach persönlicher Vorsprache beim algerischen Konsulat und dem deutschen Generalkonsulat in Marseille (oder ähnliche Formulierung z.B. beim Auswärtigen Amt in Bonn) wurde mir/uns empfohlen, bei der Heimatbehörde einen Zweitpaß zu beantragen, unter Hinweis auf die politischen Spannungen und Unpäßlichkeiten der marokkanischen (oder anderen) Behörde.

Zudem beantrage ich gemäß § 21(3) AVVPG, daß auf der Innenseite der vorderen Deckel beider Pässe kein Hinweis auf den anderen Paß eingetragen wird, da ich/wir an der Grenze nach dem anderen Paß gefragt werden könnte und somit mir/uns die Ein/Ausreise Marokko – Algerien verweigert werden würde und ich zur Umkehr gezwungen wäre.

Ich bitte, meinen Antrag wohlwollend zu prüfen und ihm zu entsprechen.

Mit freundlichen Grüßen

Heribert Weltenbummler

**Flüge von Singapur nach Santiago oder umgekehrt – die Alternative für Weltenbummler**

Die Reisestrecke um die Welt führt seit langem schon über Nordamerika, Hawaii nach Neuseeland oder Australien und zurück über Südostasien oder umgekehrt. Ein Problem war es schon immer, Südamerika in die Weltumrundung einzubauen, da sich alle Flüge auf Europa, Nordamerika oder Asien konzentrieren, Afrika kommt sogar einer regelrechten Sackgasse gleich.

Einziges Nadelöhr für den direkten Flug nach Südamerika in westliche Richtung ist, will man nicht über den Südpol fliegen, Santiago de Chile. LanChile läßt sich seine Hausstrecke nach Tahiti über Rapa Nui (Osterinseln) aber auch teuer bezahlen. Es bietet sich aber die Möglichkeit, vor Reiseantritt schon ein Ticket von Santiago über die Osterinsel und Papeete nach Auckland und weiter via Noumea nach Singapur zu kaufen. Airtravel, ein Profi im Flugreisegeschäft, bietet dieses Ticket um 2800 DM (+/- 5 Prozent je nach Devisenschwankungen) an. Findige Reisende werden dieses Angebot aber auch in jedem sehr guten Reisebüro erhalten. Wer das Ticket erst in Santiago kaufen möchte, muß mindestens mit 1000 DM Aufschlag rechnen. Wer gleich für die Gesamtstrecke ein RTW kaufen möchte (zum Beispiel Frankfurt – Rio – Santiago – Osterinsel – Tahiti – Auckland – Noumea – Sydney – Jakarta – Singapur – Frankfurt), zahlt dafür mindestens 5000 DM. Billiger fährt, wer die Strecke Rio/Caracas nach Santiago »Surface« nimmt und sich in Singapur erst ein Rückflugticket kauft. Die Kosten bei dieser gestückelten, aber realistischen Kombination liegen um die 4400 DM. Alle Infos über den Ticketprofi Airtravel: Am Wollhaus 12, 7100 Heilbronn, Telefon 07131/60606.

**Anschlußflüge ab Südostasien**

Seit dem Golfkrieg haben sich die Flugstrecken nach Südostasien um etwa 35 Prozent verteuert. Es ist deshalb zur Zeit nicht mehr lohnenswert Flugtickets in Südostasien zu kaufen, denn die Flugpreise in Deutschland sind, auch aufgrund des günstigen Dollarkurses, weltweit am billigsten. Die früher günstigen Airlines sind heutzutage oft teurer, als die ehemals teuren Airlines.

Bangkok und Hongkong sind die einzigen konstant interessanten Ticketzentren für Anschlußflüge in Asien, vor allem für Individualreisende. Aber Asienfreaks entdecken immer wieder neue günstige Ticketzentren, die sich aber nie auf Dauer etablieren können: eine Zeitlang war dies zum Beispiel Georgetown auf der Insel Pinang in Malaysia. Hier konnten günstige Anschlußflüge nach Europa oder Australien mit Abflughafen Bangkok, Singapur oder Kuala Lumpur gekauft werden. Allerdings mußte in der Hochsaison mit langen Wartezeiten gerechnet werden, Reservierungen sind schwierig. Die billigsten Airlines, die von Südostasien nach Europa fliegen sind PIA (Pakistan), Air Lanka, Philippine Airlines, Alitalia und die SAS (ab Hongkong).

**Alternative nach Südamerika**

Klassische Einsteigerziele für Südamerika sind Caracas oder Rio de Janeiro. Wer direkt in das Amazonasgebiet will, muß dabei oft noch Tausende von Kilometern Anreise überwinden. Warum nicht ab Frankfurt mit Air France oder dem Charter Minerve für umgerechnet 1750 DM (Nebensaion ab 1550 DM, Minerve Charter ab 1000 DM, allerdings nur in Frankreich buchbar) direkt nach Cayenne (Franz.-Guyana) fliegen und dort einen Anschluß mit Cruzeiro oder Air Guyana nach Belem do Para nehmen. Schon befindet sich der Tropenwaldsüchtige unmittelbar am Amazonas. Weitere Infos bei Nouvelles Frontiers, Schillerstr. 44, 6000 Frankfurt, Telefon 069/290461, bei Air France oder in jedem guten Reisebüro.

# 10 Länderinfos nach Kontinenten

## Afrika

**Allgemein**
Afrika wird immer ein wenig auf Fern- und Weltreisen vernachlässigt. Bei einer zweijährigen Umfrage unter Fernreisenden entschieden sich nur weniger als 5 Prozent für Afrika. Dies hängt sicherlich mit den vielen Visa-Restriktionen und Einreise-Obligationen zusammen. Nirgendwo sind sie vielfältiger als in Afrika. Ein anderer Grund dürfte in den ständigen Unruhen in Afrika liegen. Dabei befindet sich dieser Kontinet direkt vor unserer Haustüre und umfaßt zudem ein Fünftel der Landfläche (davon macht die Sahara allein 30 Prozent aus) der Erde.

*Afrika mit dem Motorrad*
Wer sein Motorrad nach Afrika mitnehmen möchte, hat die Möglichkeit mit einer Fluggesellschaft der IATA (wegen etwaigen Schadensansprüchen!) seine Maschine als Luftfracht aufzugeben. Der Kilopreis beginnt mit 3,50 DM aufwärts je nach Airline. Bei der Aufgabe des Motorrades muß man sich zwischen zwei Preisen entscheiden. Der eine wird nach dem tatsächlichen Gewicht des Motorrades und der andere nach dem Gewichtsvolumen berechnet. Das Problem ist, daß die Airline den für sie vorteil-

haften Preis bevorzugt (in der Regel Gewichtsvolumen). Deshalb vergleichen und hart feilschen!

Andererseits werden immer wieder geführte »Off Road«-Touren mit Motorrad und begleitenden Geländewagen von erfahrenen deutschen Weltenbummlern angeboten. Einer der interessantesten und preisgünstigsten Benzinkarawanen, denen man sich derzeit anschließen kann, sind die der Abenteuer- und Expeditionsteams von »Odyssee«, die geführte Individualtouren nach Nord- und Ostafrika durchführen, die mit eigenem Motorrad begleitet werden können. Nähere Auskünfte bei »Odyssee« Abenteuer- und Expeditionsteam, Postfach 1209, 7107 Bad Friedrichshall, Telefon 07066/4735.

*Afrika mit dem Fahrrad*

Ein Fahrrad ist ein sehr begehrtes Fortbewegungsmittel in Afrika. Deshalb ist es sinnvoll eine zweifache Diebstahlsicherung (Schloß) anzubringen. Ein neues Fahrrad, insbesondere ein robustes Mountainbike sollte auf »uralt« verschönert werden. Optische Rostfarbe, Isolierband und so weiter lassen es dann für Diebe weniger interessant erscheinen. Das wichtigste Gepäck dürften Spezialwerkzeuge zur Reparatur sein.

*Afrika mit dem Geländewagen – Kulturabenteuer Ägypten*

Geländewagentouren für Selbstfahrer von ägyptischen Guides dürften ein Novum sein. Die Formel ist einfach: tausche Kamel gegen Allradjeep und bilde eine Karawane wie zu T. E. Lawrences Zeiten. Per Jeep (nur zwei Personen pro Geländewagen, maximal 12 Personen) ermöglicht »Desert Fun«, Land und Leute Ägyptens weitab von üblichen Reiserouten kennenzulernen. So läßt sich die Wüste in ihrem einzigartigen Zauber erleben. Der Vorteil ist, daß man nicht mit einem eigenen Geländewagen nach Ägypten anreisen muß. Die spannende Geländewagentour abseits der Straßen ist ein echtes Kräftemessen mit der Wüste, ihren Sanddünen, Wadis und unbequemen Pisten. Diese Karawanserei-Romantik gibt es ab Kairo bereits für drei Tage für umgerechnet 800 DM. Abfahrt jeden Freitag. Biwak, Handtücher, Schlafsack, Mahlzeiten und Getränke sind in diesem angemessenen Preis eingeschlossen. Weitere Informationen gibt es bei der Generalagentur »Desert

Fun«, Take Off Reisen, Hauptstr. 16, 7100 Heilbronn, Telefon 07131/53081-83.

**Kenia – Besteigung des Mount Kenia**

Sicherlich etwas Besonderes ist in Afrika die Besteigung des Mount Kenia. Er ist der zweitgrößte Berg Afrikas und liegt genau am Äquator. Der erste europäische Entdecker des Berges war im Jahre 1849 der deutsche Missionar und Forscher Johann Ludwig Krapf. Seine Berichte über den schneebedeckten »Kriinyaga« oder »herrlicher weißer Berg« inmitten Afrikas, wollte ihm damals niemand glauben. Der Mount Kenia spitzt sich in drei Gipfeln, dem Nelion (5188 Meter), dem Lenana (4985 Meter) und dem Batian (5199 Meter). Der Batian und der Nelion lassen sich allerdings nur mit Bergsteigerausrüstung bezwingen, während der Lenana problemlos erwandert werden kann.

Der sagenumwobene Berg kann auf zwei Arten bezwungen werden: Entweder entscheidet sich der Reisende für eine der Tourismus-Organisationen in Nairobi, die Touren zum Mount Kenia anbieten oder, viel lebhafter und abenteuerlicher, der Reisende wagt sich auf eigene Faust an den Berg. Bis zu einer Höhe von 4300 Metern ist dies auch ohne Führer problemlos möglich, da der Pfad gut ausgeschildert ist.

Ausgangspunkt zur Bezwingung des Lenana auf eigene Faust ist die Jugendherberge am Fuße des Mount Kenia bei der Ortschaft Naro Moru. Es ist eine einfache geräumige Hütte ohne Strom, mit Gas- und Kerzenlicht und Doppelstockbetten. Die Holzöfen müssen selbst befeuert und das Holz muß dazu auch selbst gesammelt werden. Der Aufstieg von der Jugendherberge sollte nicht zu hastig geschehen. Zur Besteigung des Mount Kenia wird nämlich Zeit benötigt, besonders um eine günstige Witterung oder einen Wetterumschwung erwischen zu können. Kontakte mit den Afrikanern bringen die besten Informationen.

Dann geht es los. Zu Anfang geht es recht zügig bis zum eigentlichen Aufstieg voran. Dann beginnt der steile Pfad über Abgründe und morastigem Untergrund. Jetzt wären Dschungelboots von Vorteil. Ab 2500 Meter bleibt der Wald zurück und der Weg ist gut durch mannshohe Pfosten gekennzeichnet. Am Nachmittag kann das Camp erreicht werden. Die Übernachtung in den Camphütten kostet etwa 20 DM. Die letzten 700 Meter sollten aber mit einem Bergführer absolviert werden, vorausgesetzt, daß man den Sonnenaufgang auf dem Gipfel erleben möchte. Dann muß bereits zwischen ein und drei Uhr morgens aufgebrochen werden, damit gegen sechs Uhr der Lenana erreicht werden. Unnnötiges Gepäck kann bedenkenlos in der Jugendherberge zurückgelassen werden. Die Verpflegung muß aber immer mitgeführt werden. In der nächsten Ortschaft gibt es einen kleinen Laden, in dem man sich vorab mit allem Nötigen versorgen kann.

**Niger – Die Ténéré-Wüste, ein unvergeßliches Wüstenabenteuer**
Bekanntgeworden ist sie als eines der interessantesten Saharagebiete in Afrika. Startpunkt ist immer Agadez. Die Reise mit dem eigenen Wagen muß mit mindestens zwei Fahrzeugen im Konvoi und einem Führer gestartet werden. Dieser kostet pro Tag etwa 100 DM. Verpflegung und ein Platz im Fahrzeug für den Führer sind obligatorisch. Im Touristoffice von Agadez können Adressen von Führern erfragt werden. Von Alleinfahrten ohne Führer muß grundsätzlich abgeraten werden, zumal es keine markierten Pisten gibt. Der Reiseführer checkt vor Abfahrt die Fahrzeuge insbesondere die Wasser- und Treibstoffvorräte. Wer mit dem Flugzeug anreist, kann in Agadez in einer der Reisebüros auch eine Ténéré-Rundreise buchen.

Von Agadez geht es zunächst nach Arbre de Ténéré durch ein steppenartiges Gebiet, das allmählich in die Sandwüste übergeht. In Abre de Ténéré ist ein 40 Meter tiefer Wasserbrunnen, der von einem staatlichen Wächter und seiner Familie in Stand gehalten wird. Für Kleinigkeiten ist der Wächter sehr dankbar. Dann führt der Weg durch ein herrliches Sanddünengelände zur Oase Fachi. Das Leben ist geprägt durch die naheliegenden Salzminen. In Fachi gibt es Wasser aber kein Benzin. Erst in der nächsten Oase Bilma gibt es Diesel oder Benzin, ebenso Wasser und ein paar Lebensmittel. Die natürlichen Wasserbecken laden hier zu einem erfrischenden Bad ein. In Bilma werden die Pässe kontrolliert.

Von Bilma geht es nach Dirkou. Die Landschaft wird steiniger. In Dirkou werden ebenfalls die Papiere kontrolliert. Nach Norden wird dann Cirfa erreicht. Von hier geht es weiter zur verlassenen

Stadt Djado mit seinen kleinen Tümpeln und Ruinen. Die Bevölkerung hatte Djado wegen den unzähligen Stechmücken und den Tuaregüberfällen um die Jahrhundertwende aufgegeben. Djaba, ebenfalls eine verlassene Stadtburg, liegt neun Kilometer nördlich von Djado. Beide Städte liegen am Rande das Djado-Plateaus in der Nähe des wuchtigen Felsklotzes von Urida, der immer ein Höhepunkt jeder Tenere-Wüstentour ist.

Über eine Kieselwüste führt die Strecke nach Westen am Grab des Paris-Dakar-Gründers Thierry Sabrin vorbei zum Air-Gebirge. Wracks der Ralley Paris-Dakar säumen die Route. Beim Durchfahren des Air-Gebirges geht es jetzt durch schöne Schluchten und ausgetrocknete Seen nach Arlit. Hier führt eine Teerstraße nach Agadez zurück. Sicherlich ist die Ténéré-Wüste immer ein unvergeßliches Erlebnis.

**Algerien – Tamanrasset und Hoggargebirge**

Das 1400 Meter hoch gelegene Tamanrasset (früher Fort Laperrine) ist die Hauptstadt des Hoggar und der Tuaregs und gleichzeitig Ausgangspunkt für zahlreiche Ausflüge ins naheliegende Bergland. Früher exisitierten hier nur ein paar Tuareg-Hütten. Heute zählt der Ort 40.000 Einwohner und entsprechend »turbulent« geht es in der Wüstenmetropole zu.

Wer von Djanet aus nach Tamanrasset anreist, muß sich in der Präfektur (Wilaya) melden, um eine Fahrgenehmigung zu erhalten. Diese Bestimmung wurde 1987, als das Hoggargebirge berechtigterweise zum Nationalpark ernannt wurde, zum Schutz von Mensch und Landschaft eingeführt. Es ist empfehlenswert in Djanet gleich vollzutanken und Wasser zu bunkern, da die Benzin- und Wasserversorgung auf der folgenden Strecke nicht gewährleistet ist.

In Tamanrasset gibt es Reisebüros, die eine breite Palette von Geländewagentouren und Kamelausflüge anbieten, falls mit dem Flugzeug angereist wurde. Eine Tagestour für fünf Personen im Geländewagen kostet etwa 1300 DA.

Mit das Beeindruckendste und ein absolutes Muß jeder Algerienreise ist eine Rundfahrt in der herrlichen Bergwelt des Hoggar. Gigantische Felsmassive und abwechslungsreiche Gesteinsformationen erfreuen das Auge und entschädigen für die teils unwegsame Strecke. Ein Sonnenauf- oder Untergang auf der Paßhöhe ist ein unvergessliches Erlebnis. Der Gipfel des Assekrem ist über einen schmalen Pfad nach 20 Minuten Fußmarsch zu erreichen. Hier befindet sich auch die Klause des Paters und Mystikers Charles de Foucauld, der durch seine Studien über die Tuaregs berühmt wurde. Immer noch leben Mönche hier, um die Wetterstation zu betreiben und sich um erkrankte Tuaregs zu kümmern. Sollte der Reisende ein paar Medikamente, Salz, Zucker, Reis oder Mehl übrighaben, sind die Mönche dafür sehr dankbar.

**Botswana**

Sicherlich eines der interessantesten Länder Afrikas mit einigen guten Parks wie der Okavango, Moremi oder Chobe. Allerdings gilt es, erst die Preisschranken zu überwinden. Der Eintritt für Einzelreisende beträgt in der Regel pro Tag 50 DM, zuzüglich 10 DM für das Kraftvehikel. Für's Campen werden nochmals pro Person 20 DM erhoben, wobei die kalten Duschen und funktionsuntüchtigen WC's, das Geld oft nicht wert sind.

**Südafrika**

Autofahren macht weltweit sicherlich Spaß, wurde der eigene Wagen aber nicht von zu Hause mitgebracht, sind Mietwagen nach wie vor ein teures Vergnügen. Das Problem ist aber, daß ohne Fahrzeug die interessanten Nationalparks fast nicht zu erreichen sind, ohne daß man sich einer teuren Touristensafari anschließen muß. Bleibt also nur wieder die Mietwagenlösung zusammen mit ein paar Gleichgesinnten, soweit kein gebrauchtes Vehikel in Frage kommt. Der günstigste Mietwagen in der Klasse A (Golf oder Toyota) kostet in Südafrika ab 60 DM pro Tag. Bei vier Personen Besatzung würde die Grundmiete somit für eine Woche bei knapp über 100 DM liegen und wäre für eine individuelle einwöchige Reise durchaus akzeptabel, da in Südafrika die Mietwagen mit unbegrenzten Freikilometern abgegeben werden. Extrakosten entstehen also nur durch die Versicherung (etwa 15 Rand pro Tag), Benzin und die Parkeintrittsgebühr. Je länger der Mietwagen genutzt wird, desto günstiger wird der Tarif. Nach dem sechsten Tag kostet er nur noch 50 DM/Tag, nach dem fünfzehnten Tag nur noch 45 DM/Tag (Budget, AVIS, Imperial).

Das Mindestalter, um ein Fahrzeug zu führen, liegt in Südafrika bei 23 Jahren. Der internationale Führerschein sollte neben dem nationalen Führerschein mitgeführt werden. Eine Kaution von 100 Rand wird für das Benzin erhoben und bei Wagenrückgabe abgerechnet. In die Nachbarländer Angola, Malawi, Mozambique, Sambia und Zimbabwe sind keine Fahrten erlaubt. Nur mit schriftlicher Genehmigung sind Fahrten nach Botswana, Lesotho, Namibia und Swasiland gestattet. In Südafrika herrscht Linksverkehr.

### Seychellen

Auf den Seychellen sind Mietwagen sehr teuer und erst ab 300 DM/Tag bei unbegrenzten Kilometern zu haben. Alternativ bieten sich Fahrräder oder Mopeds an. Ein besonderer Tip dürfte sicherlich die Insel Praslin, etwa 10 Flugminuten von Mahé mit dem berühmten »Coco de Mer« sein. Auch die Insel Fregote mit seinen nur 30 Einwohnern ist ein Besuch wert. In unverdorbener Natur eröffnet sich dem Reisenden ein Inselparadies mit großartiger Flora und Fauna und den berühmten Riesenschildkröten. Die Insel Silhoutte lädt zu einer Robinsonade ein.

## Süd- und Ostasien

### Allgemein

Eine Alternative zum Flug von/nach Asien (ab 700 DM) ist eine Fahrt mit der legendären Transsibirischen Eisenbahn von Moskau via Ulan Bator nach Peking. Dabei werden 7865 Kilometer auf der Trans-Mongolei-Magistrale überbrückt. Die Fahrt kostet in der zweiten Klasse (vier Betten) 550 DM und in der ersten Klasse 650 DM (zwei Betten). Die Reservierungsgebühr beträgt 50 DM. Eine Sitzplatzreservierung ist für Einzelreisende wichtig, da sie sonst für die GUS kein Visum erhalten. Der Verpflegungssatz während der Fahrt dürfte bei 15 DM pro Tag liegen. Alkoholische Getränke werden im Zug nicht bereitgehalten. Speisen und Getränke müssen in Rubel bezahlt werden. Auf dem monoglischen

Abschnitt werden auch Dollarnoten akzeptiert. In den Zügen gibt es keine Duschen. Wer frühzeitig Übernachtungen bucht, kann innerhalb der GUS Zwischenstops (zum Beispiel in Nowosibirsk, Irkutsk oder Chabarowsk) machen. Auf jedem Bahnhof können Reisende kurz aussteigen, um frische Lebensmittel zu kaufen. Aufpassen, der Zug fährt ohne Signal plötzlich los.

Das Ticket (gültig für vier Monate) ist bei Travel Overland, Barerstr. 73, 8000 München 40, Telefon 089/272760 erhältlich. Bei Travel Overland gibt's auch ein Ticket für die Strecke Frankfurt-Moskau für 480 DM (gültig für ein Jahr). Der Travel Service Asia bietet die Strecke Berlin-Peking beziehungsweise Budapest-Peking ab 550 DM und in umgekehrter Richtung ab 690 DM und bis Vladivostok für 860 DM an. Nähere Infos unter Telefon 07371/4769, Postfach 7948 Dürmentingen (Stand Juli 1992).

Hinweis: rechtzeitig alle nötigen Visas besorgen; Gesamtkosten der Visabeschaffung mindestens 50 DM; Zeitaufwand bis zu zehn Tagen. In Peking gibt's das Ticket beim staatlichen Reisebüro CITS in der Nähe des Bahnhofes.

*Fahrplan der Transsibirischen Eisenbahn (»Rossija«-Express)*

| Stadt | Ankunft | Abfahrt | Kilometer | Abfahrt | Ankunft |
|---|---|---|---|---|---|
| Moskau | | 15:05 | | | 16:40 |
| Jaroslawl | 18:45 | 18:50 | 228 | 11:52 | 11:47 |
| Perm | 12:24 | 12:36 | 1437 | 22:28 | 22:16 |
| Swerdlowsk | 18:01 | 18:16 | 1818 | 17:02 | 16:47 |
| Nowosibirsk | 14:19 | 14:34 | 3343 | 00:38 | 00:23 |
| Krasnojarsk | 02:01 | 02:16 | 4104 | 12:54 | 12:39 |
| Irkutsk | 20:53 | 21:03 | 5191 | 20:05 | 19:55 |
| Ulan-Ude | 04:29 | 04:41 | 5647 | 12:30 | 12:18 |
| Tschita | 14:52 | 15:05 | 6204 | 04:19 | 04:04 |
| Chabarowsk | 07:37 | | 8531 | 13:21 | |
| | | 17:20 | | | 11.57 |
| Tichookeanskaja | 09:25 | | 9441 | 19:15 | |
| Fähre nach | | | | | |
| Nachodka und | 12:00 | 12:00 | 10.354 | 17:10 | 18:00 |
| Yokohama/Japan | 15:00 | | | 11:00 | |

**Japan**

*Japan Rail Pass*

Ein günstiger Weg Japan zu bereisen ist der »Japan Rail Pass«. Dieser Rail-Paß muß schon in Deutschland in Form einer »Exchange Order« erworben werden. Nach Ankunt in Japan und innerhalb von drei Monaten nach Ausstellung in Deutschland wird die Exchange Order im »Japan Rail Information und Verkaufsbüro« auf dem Narita Airport oder in jedem JR Reiseservicebüro in einen »Japan Rail Pass« umgetauscht. Der Reisepaß muß dabei vorgezeigt werden.

Der Japan Rail Pass ist für 7, 14 und 21 Tage zu haben. Dabei werden zwei Pässe unterschieden. Der »Green«-Rail Pass gilt für die Luxusklasse mit Zuschlägen. Der »Ordinary«-Rail Pass ist ohne Zuschläge. Die Pässe gelten für unbegrenztes Reisen auf dem Schienennetz innerhalb der Gültigkeitsdauer – auch mit dem Hochgeschwindigkeitszug »Schikansen«. Ebenfalls können die »Japan Rail«-Bustransporte benutzt werden. Für verlorene oder gestohlene Rail Pässe gibt es keinen Ersatz.

| Japan Rail Pass | »Green«/1. Klasse | »Ordinary«/2. Klasse |
|---|---|---|
| 7 Tage | 37.000 Yen | 27.800 Yen |
| 14 Tage | 44.200 Yen | 60.000 Yen |
| 21 Tage | 78.000 Yen | 56.000 Yen |

(Wechselkurs 1 DM = 90 Yen)

Verkaufsbüros gibt es in Düsseldorf, Köln, München und in Frankfurt (etwa das Japan Travel Bureau, Gr. Friedberger Str. 23, 6000 Frankfurt).

*Übernachten in Japan*

Wer in Japan übernachten möchte, wird verzweifeln, wenn er eine günstige Unterkunft sucht. Letzte Möglichkeit einigermaßen günstig durchzukommen, dürften die Jugendherbergen sein. Übernachtung mit Frühstück und Abendessen ist für umgerechnet 35 DM zu bekommen. »Minshuku« (Familienpensionen) kosten ab 50 DM pro Person inklusive zwei Mahlzeiten.

*Besteigung des Fuji*

Der 3776 Meter hohe Fujijama ist der höchste Berg Japans. Zur Besteigung bieten sich fünf Möglichkeiten an. Für den Aufstieg kann der »Kawaguchiko-guchi Trail« (etwa fünf Stunden) empfohlen werden. Der Abstieg könnte dann über den »Subashiri-Trail« (etwa zweieinhalb Stunden) erfolgen. Die Besteigung sollte erst am Nachmittag in Angriff genommen werden und dann sollte die Nacht mit Taschenlampen durchgelaufen werden. So wird der Gipfel bei Sonnenaufgang erreicht und bis neun Uhr bietet sich ein grandioser wolkenloser Ausblick. Nach einem einstündigen Rundgang um den Krater beginnt wieder der Abstieg. Wem dies zu anstrengend erscheint, kann die Nacht in einer der 36 Schutzhütten verbringen. Zwischen dem 1. Juli und dem 31. August sind alle Hütten geöffnet. Eine Übernachtung mit Frühstück und Abendessen kostet mindestens 50 DM. Nie vergessen: Japan ist teuer!

**Malaysia**

*Etikette*

Achten Sie darauf, daß in Malaysia neben vielen diversen Religionen vor allem der Islam stark repräsentiert ist. Dies wirkt sich auf die Öffnungszeiten innerhalb der Woche aus. Für den Moslem ist nämlich der Donnerstag vergleichbar unserem Samstag und der Freitag gilt als »Sonntag«. Insbesondere an der Ostküste sind dann Banken geschlossen. Dann helfen die autorisierten indischen Moneychanger weiter.

Das Nacktbaden ist in Malaysia strikt verboten und muß mit mindestens einer Woche Gefängnis gebüßt werden. Bitte vergessen Sie nie, daß die linke Hand als unrein gilt.

*Keretapi Tanah Melayu Railpass*

Den malaysischen Railpaß gibt es für zehn oder 30 Tage. Er gilt für alle Touristen mit internationalem Reisepaß für jede Klasse. Für 30 Tage kostet der Railpaß 175 Ringgit und 85 Ringgit für zehn Tage. Ansonsten kostet die Zugfahrt in der Ersten Klasse beziehungsweise Zweiten Klasse:

- ○ von Kuala Lumpur nach Singapur 50 DM / 25 DM, Fahrzeit sieben Stunden;
- ○ von Kuala Lumpur nach Butterworth 50 DM / 25 DM, Fahrzeit sieben Stunden;
- ○ Butterworth Bangkok 80 DM / 40 DM, Fahrzeit 19 Stunden;
- ○ Singapur Butterworth 175 DM / 88 DM, Fahrzeit 33 Stunden.

*Taman Negara*
Ausgangspunkt ist Jerantut (mit dem Zug von Kota Bahru zu erreichen) am Genting Sempah Gebirgspaß. Von Jerantut bringt Sie der Bus nach Kuala Tembeling. Von Kuala Tembeling wird der Urwaldstützpunkt Kuala Tahan nach einer dreistündigen Flußfahrt mit Motorkanus durch die üppige Urwaldvegetation Malaysias erreicht. Bis zu den Lata Berkoh Katarakten kann problemlos mit den Motorkanus flußaufwärts gefahren werden. Mit Absprache der Wildhüter gibt es Möglichkeiten im sogenannten Baumhaus zu übernachten. Boot, Führer und Träger im Nationalpark müssen gemietet, der Sprit extra bezahlt werden. Schon deshalb ist es sinnvoll, sich zu einer Gruppe von sechs bis acht Personen zusammenzuschließen. Empfehlenswert ist der Urwaldtreck zum Teresik Hill mit herrlichen Blick zum Mt. Tahan. Unterwegs begleiten Wildpalmen, Ginger, Wasserwein, Orchideen und farbenprächtige Schmetterlinge das Dschungelszenario. Zeitweise tauchen Seladongs und in der Dämmerung mit viel Glück Tapire auf. Das Permit des Department of Wildlife and National Park ist in Kota Bahru zu haben oder man schließt sich einer Reisegruppe an. Feste Schuhe und lange Hosen werden benötigt (Blutegel!). Die Gesamtkosten bei sechsköpfiger Gruppe pro Person liegen bei etwa 100 DM.

Um in den Cameron Highlands zu übernachten bietet sich in Ringlet, Tanah Rata das Seoh Meng Hotel in der Tanah Rata 39 für 16 M$ an. Als Alternative ist das Balas's Holiday Chalets ab 5 M$ gut.

*Pulau Pinang*
Die malaysische Opiuminsel hat in den letzten Jahren einen richtigen Boom erlebt. Insbesondere an der Nordküste um Batu Ferringhi wurde der ganze Strand zubetoniert und die malaysischen Fischer nach Telok Bahang, einem malerischen Fischerdörfchen, zurückgedrängt. Lange Zeit blieb Telok Bahang von dieser Entwicklung verschont. Inzwischen wurde auch dort ein Betonsilo des Hochtourismus aus dem Boden gestampft; mit der Idylle ist es aus. Trotzdem lohnt es sich immer noch, der Opiuminsel einen Besuch abzustatten, denn abseits der völlig überlaufenen Nord-

küste gibt es immer noch sehenswerte und malerische Dörfer im Hinterland oder an der Westküste.

Empfehlenswert ist eine Mopedfahrt um und durch die Insel. Für 20 DM pro Tag gibt's beim indischen Buchhändler in der Chulia Street (beim Swiss Hotel) ein tadelloses Moped zu mieten. Dann kann es losgehen. Als erster Stop bietet sich der Snaketempel (Bayan Lapas) gut drei Kilometer vor dem Flughafen an. Unterwegs durchfährt man Fischerdörfer und erhält immer wieder eine herrliche Aussichte auf's Meer. Balik Pulau, Telok Bahang, mit der einzigartigen Schmetterlingsfarm, der Kek Lok Si Tempel mit der Pagode der zehntausend Buddhas (Prädikat: sehr sehenswert) am Ayer Itam können Stationen einer Rundreise sein.

Günstige Unterkunft in George Town ist im »Eng Au« (gegenüber dem Swiss Hotel) zu erhalten. Weitere Hotels in den Seitenstraßen der Chulia Street. Das YMCA liegt in der Jalan Mesjid Negri 8, Telefon 681855, falls alle Stricke reißen. Empfehlenswert sind außerdem die günstigen und äußerst sauberen »Bed & Breakfast«-Unterkünfte auf Pinang. Aufgrund dieser Tatsache sind diese Unterkünfte meist monatelang im voraus ausgebucht. Wer diese günstigen Familienunterkünfte nutzen möchte, sollte also rechtzeitig anrufen:

- Anggerik Villa, 349-E, Lot 1175, Jalan Hilir Pemancar, Bandar Gelugor, 11700 Pinang, Telefon (04) 883760/885020; sehr empfehlenswert.
- Pinang Lagiuna Rest House, 2557, Mukim 13, Sungai Gelugor, 11700 Pinang, Telefon (04) 872703;
- Sinar Suria Lodge, 15, Lorong Batu Uban 1, Taman Century, 11700 Pinang, Telefon (04) 899660;
- Suria Apartment, Lot 223, Persiaran Gurney, 10250 Pinang, Telefon (04) 369963.

Für gute Infos und günstige Flugtickets kann das Reisebüro Silver-Econ Travel Service in der Chulia Street 436 empfohlen werden. Seit neustem gibt es auch eine tägliche Flug- und Schiffsverbindung rauf nach Pulau Langkawi. Die Fahrt mit dem Expressboat über die Andamansee dürfte sicherlich ein Erlebnis sein. Das Hydrofoil kostet einfach 35 M$ (ow) und return 60 M$. Abfahrt ist täglich von Pinang um 8 Uhr morgens und von Langkawi um 17 Uhr. Außerdem verkehrt inzwischen eine Fähre zwischen Pinang nach Medan. Damit dürfte Pinang eine neue Fähr- und Schiffsdrehscheibe in der Andamansee werden.

Übrigens gibt es in George Town auch eine »Deutsch-Malaysische Gesellschaft«, zu finden in der Jalan Air Itam 250 B, Telefon 366853.

Ab 20 Uhr ist neben der Yoong Chee Tong Medical Hall ein kleiner Markt mit Garküchen zu finden. Günstig und gut. Der malaysische Food Center ist beim Fort Cornwallis. Für ausgezeichnete »Hainan Chicken Rice« ist man bei Sin Kuan Tali in der Chulia Street, Ecke Leboh Cintra aufgehoben. Eine weitere gute Adresse für günstige Imbisse ist das Kedai Kopi Hsiang Yang Café (ausgezeichnetes Frühstück) in der Jalan Leboh Chulia 269. Überhaupt kann auf Pulau Pinang günstig und delikat gegessen werden.

**Indien**

*Unterkunft in Indien*

Die westlichen Maßstäbe können getrost zu Hause gelassen werden. In Indien ist alles anders. Dementsprechend sind auch die Unterkünfte in Indien oft sehr einfach. Billige Hotels finden sich in jeder größeren Stadt in der Stadtmitte, meist um den Bahnhof. Die Preise liegen zwischen 3 und 5 DM. Dormitory, also Schlafräume für vier bis sechs Personen sind immer billiger wie Einzelzimmer; Vor- oder Nachteil sind liebsame und unliebsame Bekanntschaften. Sauber und angenehm in ganz Indien sind die YMCA. Hier kann der Reisende wieder einmal seine Kleider von einem Dobi (Wäscher) waschen lassen. Das Doppelzimmer kostet hier ab 20 DM, das Dormitory mit bis zu acht Betten gibt's schon ab 8 DM. Wer eine Zugfahrkarte besitzt kann auch in den Waiting Rooms der Bahnhöfe übernachten, was allerdings eine geräuschvolle und oft schmutzige Angelegenheit wird. Für ein paar Stunden, um den Frühzug zu erreichen, kann dies schon mal eine Notlösung werden.

*Kleine Speisentips für Indien*

Ob Indisch oder Europäisch, alle Speisen in Indien sind sehr scharf gewürzt, ohne Ausnahme. Der Magen muß schon einiges in Indien vertragen, zumal gerne bei Getränken gepanscht wird:

alle Flaschen sollte man sich deshalb vor den eigenen Augen öffnen lassen, abgestander Geschmack kann ein Indiz für Panscherei sein. Eis, Milchmixgetränke und Wasser sollten gemieden werden. Die billigsten Gerichte bieten die sogenannten »Stalls« auf den Straßen an. Standardgericht ist eine Gemüsemischung aus Reis und Dhal (gekochte und zerstampfte Linsen und Erbsen), scharf gewürzt. In Fett gebackene Teigwaren mit Gemüsefüllungen, frittierte Reisklumpen oder Reismehlpfannkuchen liegen zwar schwer im Magen, sind aber meist auch überall zu haben. Dazwischen treiben sich die Panverkäufer herum. Sie rollen in ein Betelblatt nach Wunsch verschiedene Gewürze ein, das gekaut und dann ausgespuckt wird. Es dient der Verdauung und Erfrischung (ähnlich dem Cocablatt in Südamerika).

*Abenteuerliche Bus- und Bahnfahrten*
Sicherlich immer noch ein Abenteuer in Indien ist eine längere Bus- oder Bahnfahrt. Nerven wie Drahtseile sollte der Reisende haben, denn jeder Inder, den ich bisher erlebt habe, ist ein verhinderter Ralleyfahrer. In der Mitte der Fahrbahn, mit einem viel zu hohen Tempo, rast der indische Busfahrer den entgegenkommenden Autos entgegen, um erst im allerletzten Moment (man glaubt schon, der Crash ist unvermeidbar) auszuweichen.

Busfahrten sind günstiger als Zugfahrten. Die Eisenbahn wird in etwa drei Klassen eingeteilt, wobei die erste Klasse nochmals in »Airkondition« (AC) und »Deckenventilator« unterteilt ist. Die erste Klasse AC ist etwa viermal so teuer wie die zweite Klasse. Prinzipiell ist die normale erste Klasse zu empfehlen, will der Reisende nicht gerade eingestaubt am Ziel ankommen. Während der Reise werden die Indier einen immer beäugen, bestaunen, begutachten und irgendwie versuchen, ein Gespräch anzubendeln. Inder sind liebenswürdig hartnäckig.

Die Züge in Indien haben oft Verspätung und sind grundsätzlich hoffnungslos überfüllt. Deshalb ist eine Reservierung immer ratsam Die Reservierung von Fahrkarten kann zur Qual werden, vor allem dann wenn man als Europäer nicht genug Geduld und Zeit mitbringt. Nerven behalten sollte der Traveller, wenn er sich in eine Reihe von 25 Indern angestellt hat und dann feststellen muß, daß er in der verkehrten Reihe steht. Das gleiche Prozedere beginnt dann von vorne, am besten mit einem Lächeln im Gesicht. Wem dies zu nervenaufreibend ist, kann Platzreservierungen für Sitz- und Schlafwagen rechtzeitig in Deutschland buchen (zum Beispiel ASRA-Orientreisen in Frankfurt).

*Indrail-Pass*

| Dauer | Erste Klasse AC | Erste Klasse (normal) | Zweite Klasse |
|---|---|---|---|
| 1 Tag | 78 US $ | 35 US $ | 15 US $ |
| 7 Tage | 270 US $ | 135 US $ | 70 US $ |
| 21 Tage | 400 US $ | 200 US $ | 100 US $ |
| 30 Tage | 500 US $ | 250 US $ | 110 US $ |
| 60 Tage | 720 US $ | 360 US $ | 165 US $ |
| 90 Tage | 960 US $ | 480 US $ | 210 US $ |

Der Indrail-Pass ist in US-$ zu bezahlen. Bestellung und weitere Infos beim Indischen Fremdenverkehrsamt, Kaiserstr. 77, 6900 Frankfurt, Telefon 069/235423. Der Indrail-Pass gilt nicht für den legendären Maharadja Express.

*Als Frau nach Indien*

Den weiblichen Alleinreisenden in Indien werden die unterschiedlichsten Regungen entgegengebracht, nur zu verstehen, wenn man die Situation der indischen Frau kennt. Zwischen Hilfsbereitschaft bis Ablehnung oder gar Mißtrauen reicht die Palette männlicher Reaktionen, vor allem wenn die Frau alleine reist. Wer versteht denn schon in einem äußerst geselligen Land, wo nie etwas alleine gemacht wird, warum eine weiße Frau alleine reist. Der Reisenden hilft da manchmal schon die Erfindung eines schwer beschäftigten Ehemannes, der sobald wie möglich nachreist, weiter, um anzüglichen und eindeutigen Einladungen geschickt zu entgehen. Gut für eine reisende Frau in Indien ist, nicht mit Shorts zu reisen und bei Einbruch der Dämmerung nicht alleine durch die Straßen zu bummeln. Da in der Anonymität der Masse die Inder oft hemmungslos werden und dann schon einmal grapschen können, sollte eine Frau überfüllte Busse meiden und bei längeren Bahnfahrten unbedingt einen Platz in einem »Lady Compartment« nehmen, um nicht von jungen Indern ständig belästigt zu werden.

Gute Übernachtungsherbergen für eine Frau sind YMCA (wie überhaupt in ganz Südostasien). Übrigens sollte vor allem eine Frau Indern gegenüber nie zaghaft auftreten.

*Kein Special Permit für die Andamanen*
Im Golf von Bengalen liegen mehr als zweihundert Inseln, die politisch zu Indien gehören: die Andamanen, etwa zwei Flugstunden südöstlich von Kalkutta. Viermal in der Woche fliegt die Indian Airlines (Mo/Di/Do/Sa) um 5:45 Uhr die 1255 Kilometer nach Port Plair auf den Andamanen. Preis für den Rückflug zirka 300 US-$. Wer kalkuliert fliegt mit dem »Visit India« Ticket (Airpaß) mit dreiwöchiger Gültigkeit günstiger. Der »Visit India« Airpaß kostet 400 Dollar und es können zusätzlich alle indischen Städte angeflogen werden, die die Indian Airlines in ihrem Routing aufgenommen hat. Wer sein Visum für Indien schon in der Tasche hat, kann heute auch auf die Andamanen fliegen, denn Ausländer benötigen inzwischen kein »Special Permit« mehr. Dafür muß sich aber der Reisende auf Port Blair und die Inseln Cinque und Jolly Buoy beschränken (maximal 15 Tage). Wer mehr sehen will, erhält eine Sondergenehmigung beim Chief Secretary der Andaman & Nicobar Administration auf den Andamanen. Wer alle Inseln sehen will, der benötigt nach wie vor die »Special Permit« vom Deputy Secretary, Ministry of Home Affairs, North Block, New Delhi 11 00 01. Die Bearbeitung dauert etwa zwei bis drei Monate und selbst wenn die Genehmigung erteilt wird, dürfen die Nikobaren trotzdem nicht besucht werden – sie sind für Fremde tabu. Deshalb sind die Andamanen noch ein echter paradiesischer Tip: vorgelagerte Inseln umsäumt von kristallklarem Wasser, fliegende Fische und Delphine im warmen Meerwasser. Wer Zeit hat, kann auch mit dem Schiff probieren, die Andamanen zu erreichen: in Madras oder Kalkutta klappt es mit der Shipping Cooperation od India, Shipping House, 13 Strand Street, Calcutta 70 00 01 oder Shaik Mohammed Rowther & Co., 41 Lingi Chetty Street, Madras 60 00 01.

Gute Informationen gibt es im Andaman Beach Resort, das auch Touren organisiert. Ansonsten ändern sich die Bestimmungen auf den Andamanen öfters, deshalb ist es sinnvoll, sich immer rechtzeitig zu informieren.

Im Gebiet nördlich der Andamanen soll es noch etwa 500 Negritos geben. Ihre Zahl kann nur schwer geschätzt werden. Zwischen 50 und 500 Personen mag dieser Stamm umfassen. Reisenden ist es aber nach wie vor streng verboten, das Gebiet nördlich der Andamanstraße zu besuchen. Vier Fünftel der Andamanen sind unbewohnt. Orchideen und unbekannte Vogelarten können in natürlicher Umgebung beobachtet werden. Auf der Insel Madhuban werden wilde Elefanten von Mahuds zu Arbeitselefanten trainiert. Die Andamanen bieten viel Abwechslung in Kultur und Landschaft. Überall kann man sich frei bewegen. Auskünfte erteilt das Indische Fremdenverkehrsamt, Kaiserstr. 77, 6000 Frankfurt, Telefon 069/235423.

**Vietnam**

Ein traditionsreiches Land hat wieder die Grenzen geöffnet und gilt jetzt schon als das kommende Reiseland. Das heißt aber noch lange nicht, daß es vom Tourismus überrollt werden will. Seit Ende 1990 sind auch Individualreisen für einzelne Reisende ohne Führer möglich, aber es ist erst eine äußerst magere Infrastruktur vorhanden. Auch Unterkünfte sind noch rar. Bei den vorhandenen Hotels gibt es drei verschiedene Preisklassen. Die niedrigste Preisklasse gibt es nur für die Einheimischen. Etwas teurer sind die Preise für die Touristen aus den sozialistischen Ländern, während Besucher aus kapitalistischen Ländern grundsätzlich 50 Prozent mehr als die Vietnamesen selbst bezahlen.

Die Einreise erfolgt in der Regel über Bangkok. Der Flug von Bangkok nach Hanoi oder Saigon mit Thai oder Hang Khong Vietnam kostet etwa 500 DM. Nur die Air France fliegt ab Paris via Bangkok direkt nach Saigon für etwa 2600 DM.

Das notwendige Visum besorgt man am besten in Bangkok in einem Reisebüro. Es kostet etwa 100 DM bei einer Wartezeit von einer Woche. Filme können in den Ländern noch nicht erworben werden. Die Transportmittel sind Busse russischer oder japanischer Bauart. Die Verkehrswege sind durch die langen Kriegsjahre zerschlissen. Der hautnahe Kontakt mit der Bevölkerung garantiert dafür ein intensives Reisen. Die öffentlichen Verkehrsmittel sind meist völlig überfüllt. Die Eisenbahn braucht für etwa 500 Kilometer einen ganzen Tag, kostet aber dafür nur um 40 DM, Busse sind etwas teurer, für 100 Kilometer sind etwa 10 DM zu berappen.

Übernachtungen in »Guesthouses« gibt es in den großen Städten ab 5 DM. Nach wie vor gibt es viele Straßenkontrollen der Polizei, die einen Kontrollstempel ausgeben. Für ein paar Dongs klappt es ohne Probleme. Übrigens nehmen die Vietnamesen viel lieber US-Dollars an. Weitere Infos über Indoculture, Bismarckplatz 1, 7000 Stuttgart, Telefon 0711/ 617057.

**Myanmar**

Sicherlich eines der ursprünglichsten Länder in Asien – so ganz ohne Hochhäuser, Großstadtsiedlungen und Supermärkte. Zwischenzeitlich hat Myanmar, das ehemalige Burma die Aufenthaltsdauer für Besucher von sieben auf 14 Tagen ausgeweitet, so daß es möglich ist, für mehrere Tage Yangoon zu verlassen. Der Landweg zwischen Indien durch Burma nach Thailand ist aber noch nach wie vor gesperrt.

**Indonesien**

Für Indonesien ist eine Hepatitis- und Typhusimpfung ratsam. Günstige Unterkünfte sind die sogenannten »Losmen«. Das sind Familienherbergen in Form von Zimmern, die bei zwei Personen zwischen 4 DM und 10 DM kosten oder Bungalowhütten, die für zwei Personen zwischen 10 DM und 20 DM pro Nacht kosten. Mietwagen (Jeeps) gibt's ab 30 DM/Tag, 80 $cm^3$ Motorräder (empfehlenswert) sind für 10 DM/Tag zu haben. Ein einfaches Essen kostet in Indonesien durchschnittlich 3 DM; ein günstiges Reiseland in Südostasien.

Eine Alternative zu dem schon eher pauschal-touristischen Trip nach Java dürfte wohl eine Reise nach West Irian oder Irian Jaya sein, dem indonesischen Westen von Neuguinea. Es ist für die wilden und teilweise unerforschten Gebiete allerdings eine Sondergenehmigung nötig. Am besten versucht der mutige Reisende mit einer kleinen Maschine der Missionsorden nach Erteilung der Sondergenehmigung in das Gebiet zu kommen.

Ein weiterer Tip ist das Riau-Archipel mit seinen 3400 Inseln. Viele davon sind unbewohnt und sind in etwa 30 Minuten mit dem Schnellboot von Singapur aus zu erreichen.

**Philippinen**

*Pumpboats*

Sicherlich ist diese Inselwelt ein Eldorado für Schiffsfreaks. Vom Dampfboot bis zum Einmannboot und Passagiertransporter mit bis zu 100 Personen wimmelt es zwischen den Inseln. Ganz typisch sind die »Pumpboats« (Bancas), die nicht seetüchtig sind und deshalb klassischerweise im Flachwasser eingesetzt werden. Wer aber mit einem »Pumpboat« mehrere Tage unterwegs ist, sollte berücksichtigen, daß dies eine sehr unbequeme Fahrt werden kann. Schlafsack, Trinkwasser, Notproviant und Klopapier müssen unbedingt mitgenommen werden. An Bord geht es eng zu. Deshalb immer seinen Platz verteidigen. Wer nachgibt, muß die nächste Nacht stehend verbringen. Es gibt für »Pumpboats« keine Versicherung!

*Jeepneys*

Jeepneys sind ein typisches Fortbewegungsmittel auf den Inseln. Es sind umgebaute, verlängerte Jeeps, bunt verziert und bemalt sowie mit Querbänken versehen. Somit kann man nur schwer hinausschauen, Grund genug den Fahrer zu beschwatzen und ihm von der traumhaften Landschaft vorzuschwärmen, von der man gerne noch mehr sehen möchte. Die Hilfsbereitschaft der Philippinos läßt es zu, daß oft ein Platz beim Fahrer vorne ergattert werden kann.

*Mietwagen*

Der deutsche Führerschein gilt ein Jahr, der internationale Führerschein soll nicht anerkannt werden. Dafür gibt es problemlos den philippinischen Führerschein im nächsten Büro der Landtransporte.

*Fliegen*

Die Philippinen sind das Land der fliegerischen Freiheit und Toleranz, da werden selbst US-Gringos noch neidisch. Somit ist das Mieten von sechs- oder achtsitzigen Maschinen äußerst günstig und wer noch nicht fliegen kann, meldet sich im Hangar Manila Domestic Airport, um in drei bis vier Monaten den Flugschein (zirka 40 Flugstunden) zu erwerben.

Inlandsflüge mit der Philippine Airlines sind ebenfalls günstig, vorausgesetzt, daß zum Nachttarif oder zum »Mr & Mrs Fare«-Tarif geflogen wird. Ausländern kann ein Ausländerrabatt gewährt werden.

## Thailand

*Etikette*

In Thailand wird Etikette nach wie vor groß geschrieben. Im Land des Lächelns ist man auf soziale Harmonie bedacht. Mißfallen auszudrücken gilt als unhöflich, als Beleidigung werden Witze über die königliche Familie aufgefaßt. Beim Betreten einer Wohnung oder eines Tempels werden grundsätzlich die Schuhe ausgezogen. Buddhafiguren gelten als heilig. Außerdem sollte niemals mit dem Fuß auf einen Menschen gezeigt werden. Ein Mönch darf keine Frau und auch keine Frauenkleidung berühren. Der Kopf des Menschen gilt als Sitz der Seele und ein Fremder sollte deshalb keinem Thai über den Kopf streichen.

*Sprache*

In den Touristenzentren wird in der Regel Englisch verstanden, wer aber mit dem Bus unterwegs sein möchte, soll sich unbedingt die Busnummern notieren, sich, falls möglich, sogar seinen Zielort auf Thai aufschreiben lassen.

*Speisen und Getränke*

In Thailand wird wirklich billig und auch scharf gegessen. Garküchen und Märkte bieten Kurzgegartes ab 2 DM. Reisgerichte mit Fleisch, Fisch oder Geflügel bilden die Grundlage. Tropenfrüchte von der Mango bis zur Papaya runden das Tropenangebot ab. Bier ist so teuer wie in Europa (Flasche 3,50 DM), deshalb sollte auf den ausgezeichneten Mekong Whisky (Reisschnaps/Flasche 6 DM) ausgewichen werden.

*Unterkünfte*

Wer eine Alternative zu den Standardherbergen in Bangkok sucht, ist im kleinen idyllischen Familienhotel »River Guesthouse«, 18/1 Samphraya Road, Telefon 2800876, direkt am Chao Phraya Fluß (etwa eine Minute vom Express Boat Pier entfernt) gut aufgehoben. Bei ausgezeichnetem Essen für eine paar Pfennige, einfachen und sauberen Zimmern ab 15 DM hat er immer den Alltag auf dem Fluß vor Augen. Es ist nicht schwer zu finden, ab Banglampoo Square in Richtung Chao Praya River suchen, und lohnt sich – viel Spaß! Ansonsten beim »Boston Inn« (Swimmingpool inklusive), in der Nähe des Hotels »Malaysia«, oder im Weltenbummlerviertel »Banglamphu« (ab 20 DM) probieren. Die Unterkünfte in der Kaao-Sun-Road sind sehr einfach und preiswert (ab 8 DM) aber oft ausgebucht.

Außerhalb von Bangkok, insbesondere im Süden an den Stränden gibt es supergünstige Bambusbungalows und Hausboote ab 5 DM. Empfehlenswert sind die Nebenreisezeiten, wenn die Pauschaltouristen und Neckermänner fernbleiben. Liste preiswerter Unterkünfte sind bei der T.A.T in jeder größeren Stadt zu erhalten.

Wer in Phuket eine Unterkunft sucht, sollte es im On-On Hotel probieren, ansonsten an der Nai Ham Beach.

Drei Stunden von Phuket entfernt liegen die Bungalows von Ao-Nang bei Krabi. Die Übernachtungen am Ao-Nang-Strand liegen ab 6 DM aufwärts. Die Buschbungalows sind äußerst einfach und haben kein fließend Wasser, dafür eine schwache Glühbirne. Gemeinschaftsdusche für alle und eine Handvoll Moskitos sind selbstverständlich. Angeschlossen ist ein einfaches Bambusrestaurant mit guter preisgünstiger Fischküche.

Gute und sehenswerte Märkte in Bangkok sind der Chatuchak-Wochenmarkt und der Pratunam-Markt. In der Samphang Lane und in Yaowarat (Chinatwon) ist das Angebot an Gold und Schmuck sehr verlockend.

*Goldenes Dreieck*

Es wird immer schwieriger in Chiang Mai einen akzeptablen Guide für ein Trekking im Golden Dreieick zu finden. Moses King Tours in der Thopal Road 100 ist vielleicht ein Check wert. Moses bietet 7-Tages-Touren zu den Bergstämmen an. Aufregende Bergwelt mit vielen Tempeln, aber sonst nichts.

Wer von Chiang Mai mit dem Bus nach Fang fährt, sollte sich unbedingt die Chang Dao-Höhlen ansehen. Von Fang muß der Minibus nach Thaton genommen werden (Sehr sehenswert!)

Von Thaton gibt es die Möglichkeit mit einem Boot nach Chiang Rai zu fahren. Fahrtzeit ungefähr fünf Stunden durch eine herrliche Landschaft. Der Preis lag 1991 bei 140 Baht (etwa 10 DM). Wer die Flußstrecke per Floß zurücklegen möchte, muß mit drei Reisetagen und 60 DM rechnen. Als Unterkunft in Chang Rai kann das Chat Guesthouse zu 120 Baht ausprobiert werden.

Von Chiang Rai werden Ausflüge nach Mai Sae an der Grenze zu Burma angeboten. Mae Sae ist völlig verlottert und außer der Brücke nach Burma gibts weniger als nichts zusehen. Überhaupt ist die Tour ins Goldene Dreieck inzwischen sehr kommerzialisiert und touristisch völlig überlaufen, mithin nicht sehr lohnenswert. Die Region lebt regelrecht von Trekkingtouren und gestellten Aktionen der Einheimischen (gegen harte US-Dollars gibt es sogar einen gestellten Überfall).

*Thailand mit dem Wasserflugzeug*

Inzwischen wird eine Flugverbindung mit Wasserflugzeugen zwischen Bangkok und Pattaya sowie Bangkok und Huan Hin von der Tropical Sea Airlines angeboten. Wer mehr über die Verbindungen (aktuelle Preise) wissen möchte, ruft TSA-Europabüro, Telefon 06172/77151 an.

*Koh Samui*

Die bekannte Insel ist ein Beispiel für das, was sich inzwischen überall in Südostasien vollzieht. Zuerst kamen nur ein paar Weltenbummler, dann Backpacker. Die Tourismusindustrie arbeitete die Infrastruktur der Einheimischen auf. Den Bambushütten folgten Bungalows, den Bungalows die Betonsilos. Zuletzt wurde der Flughafen aus dem Boden gestampft und die Insel zubetoniert. Heute ist Koh Samui die thailändische Errungenschaft eines Tourismus-Booms und beispielhaft für die Gefahr, wie ein Land sich der eigenen Kultur und Tradition entfremden kann. Noch gibt es ein paar Ausnahmen auf Koh Samui wie am Chawag Beach oder am Mae Nam Beach, ein etwa sechs Kilometer langer sauberer Strand mit noch günstigen Bungalowunterkünften. Für 150 Baht dürfte der »Sangrila Bungalow« so ziemlich die billigste Unterkunft auf Koh Samui sein, denn Preise bis 1000 Baht für eine Unterkunft sind durchaus an der Tagesordnung. Für ab 10

DM gibt es am Mae Nam Beach auch Mopeds zum Mieten. Den Ausflug zum Marine Nationalpark zu 250 Baht können Sie sich sparen, denn außer Jet-Set-Touristen werden sie nichts aufregendes zu sehen bekommen.

*Khao Sok Nationalpark*

Wer dem Rummel von Koh Samui entflohen ist, kann sich in der Gegend von Krabi vielleicht etwas erholen. Zwar wurde am Ao Nang Beach inzwischen auch ein Betonklotz neben die Bambushütten hingeknallt, aber in der Nebensaison kann der Ao Nang immer noch empfohlen werden. Bambushütten gibt es ab 10 DM. Wer von Krabi nach Surathani aufbricht, kann zuvor versuchen einen Abstecher zum Khao Sok Nationalpark zu machen. Infos gibt es im Reisebüro in Krabi. Da die Anfahrt nicht gerade einfach ist, gibt es sehr wenig Gleichgesinnte im Khao Sok.

*Koh Phi Phi*

Sicherlich ist Koh Phi Phi inzwischen genausowenig ein Geheim-Tip wie Koh Samui. Die oft geschilderten Müllberge sind zwar vorhanden, aber bei weitem nicht so extrem wie sie oft von »Schreibern« geschildert werden. Ein Tip wird aber nach wie vor die Möglichkeit sein, Koh Phi Phi außerhalb der Hauptsaison zu besuchen, wenn die Monsunwinde einsetzen. Der Oktober und der November sind besonders empfehlenswert. Dann ist Koh Phi Phi nicht überlaufen und wer sich für den »Paradies Pearl« Beach entscheidet, kann dann eine der leeren Bambushütten, allerdings schon mit fließend warm Wasser und Strom, für ab 8 DM erhalten. Hin und wieder läßt der Monsunregen die Bambushütten leicht absaufen, dafür gehört einem der Ort ziemlich allein. Smaragdgrünes Wasser und Korallenriffe wechseln mit steil aufragenden Felsformationen. Von Krabi braucht das täglich verkehrende Boot etwa zwei bis drei Stunden je nach Wetterlage. Das Boot von Krabi fährt am Chao Fa Pier ab. Die Adresse der Reederei ist »Travel Marine CO. Ltd.«, 201/1-4, Uttrakit Rd., Muang Krabi, Telefon (075) 611496. Am Wochenende sollte die Anfahrt wegen des zusätzlichen Wochenendverkehrs vermieden werden. Von Phuket fährt täglich ein Expreßboot die 30 Kilometer nach Koh Phi Phi. So ist es möglich von Krabi mit dem Boot nach Koh Phi Phi zu fahren und dann mit dem Expreßboot weiter nach Phuket. Wer Glück hat, kann auch mit dem Versorgungskutter »Paradies Pearl« von Krabi direkt zum gleichnamigen Strand auf Koh Phi Phi schippern. Wirklich zu empfehlen, da nur Einheimische an Bord sind.

**Hongkong**

In Hongkong genügt vor Ort ein Blick in die Zeitung SCMD und schon kann es losgehen. Eine faszinierende Stadt empfiehlt sich. Ob Drachenbootrennen, das Fischerdorf Cheung Chan, die Waterpeople von Aberdeen, die Zahnradbahn zum Victoria Peak oder die Dschunke nach Lantau zum Kloster Po Lin, um frischen chinesischen Tee von einer Plantage zu trinken, in Hongkong findet jeder etwas. Zum abendlichen Essen sind die Garküchen in der Temple Street nicht schlecht und der Jademarkt in Kowloons Kansu Street immer noch sehenswert. Und dazwischen finden sich Wahrsager, fliegende Händler und Zahnärzte, private Schauspielgruppen, die eine chinesische Oper aufführen. Die Händler sind unaufdringlich; einen Kaufzwang gibt es nicht. Und zum Abschluß geht's mit der »Star Ferry« von Kowloon nach Hongkong.

**Singapur**

*An- und Einreise*

Günstige direkte Flugverbindungen bestehen ab Frankfurt nach Singapur (Changi Airport) ab 1300 DM mit den verschiedensten Airlines (Lufthansa, Philippine Airlines, PIA, SIA, MAS etc). Für Reisende ist ein gültiger Reisepaß ausreichend. Wer mit dem Zug über Malaysia einreist, muß mit strengen Kontrollen nach Rauschgift und Drogen rechnen. Vom Changi-Airport verkehrt der Direktbus No. 390 ins Stadtzentrum zur Orchadroad via Bencoolen und Lucky Placa. Die Fahrzeit beträgt etwa eine Stunde, Fahrpreis 80 Cents.

*Verkehrsmittel*

Es verkehren in Singapur Busse, Mietwagen und Taxis zu äußerst günstigen Preisen. In dem ebenerdigen Stadtzentrum finden sich auch Fahrradrikschas, insbesondere in und um Chinatown und

Little India. Motorboote und Sampans für bestimmte Routen bei festen Abfahrtszeiten sind im Hafen am Clifford Pier anzutreffen (zum Clifford Pier Bus 850 für 40 Cents). Für weite Strekken empfiehlt sich die moderne Metro, vor allem wer Jurong oder Chinese Garden besuchen möchte. Die Metro wird in Singapur weiter ausgebaut, da im Zentrum erhebliche Verkehrsprobleme exisitieren.
Der Bus 171 fährt zum Mandai-Orchid Zoo (80 Cents), die Buslinien 61, 84, 100, 143, 145 und 166 führen zur Chinatown; Buslinie 171, 173 und 182 rumpeln nach Bukit Timah Shopping Center (60 Cents); Bus 111 zum Ming Court Hotel (70 Cents) und zur Krokodilfarm. Das Explorer-Tagesbusticket zu 5 S$ ist sehr zu empfehlen; damit kann eine beeindruckende Stadtrundfahrt gemacht werden. Zur Insel Sentosa geht es per Drahtseilbahn; Kosten zirka 6 S$ (return). Zur Cable Car Station gehts mit Buslinie 65 und 143. Buslinie 5, 7, 10 und 30 zum Hauptbahnhof (Züge nach Malaysia). Für das Busfahren gibt es ein paar Faustregeln: Grundsätzlich muß vorne beim Fahrer eingestiegen werden. Es ist darauf zu achten, daß genau der Fahrpreis bereitgehalten wird. Dieser wird dann in einen Münzzählautomat geworfen, der automatisch den Fahrschein auswirft. Bitte den Fahrschein nicht vor Ende der Fahrt wegwerfen und dann nur in einen der unzähligen Mülleimer. Busfahrer können grundsätzlich nicht wechseln.

*Reisezeit*

Eine bestimmte Regen- oder Trockenzeit gibt es nicht. Das Klima ist ausschließlich tropisch warm. Wer Spaß am Shopping hat, sollte sich einmal das faszinierende Lichterspektakel zu Weihnachten ansehen.

*Unterkünfte*

Eine große Anzahl von Luxushotels wie Hilton, Hyatt, Intercontinental, Mandarin, Ming Court oder Marco Polo haben sich in Singapur angesiedelt. Reingehen und ansehen lohnt sich. Das berühmteste Hotel dürfte das Raffles Hotel sein, das inzwischen renoviert wurde.
Günstigere Unterkünfte, insbesondere Homestays ab 10 DM sind noch in der Beencoolenstreet zu erhalten. Als Alternative können

die YMCA-Unterkünfte – etwa das Metropolitian YMCA, Tanglin Centre, 60 Stevens Road, Singapore 1025, Telefon 7377755 (ca. 50 DM/2 Personen) – empfohlen werden. Preiswert ist auch das Majestic Hotel, 31-37 Phukit Pasoh Road, 0208 Singapore, Telefon 2223377 in gleicher Preisklasse und das New 7th Story Hotel, 229 Rochar Road, 0718 Singapor, Telefon 3370251/4 für 44 DM (Doppelzimmer), zirka 20 Minuten vom Changi Airport.

*Speisen und Getränke*

Singapur ist zweifellos die kulinarische Hauptstadt der Welt. Ohne Probleme wird jeder erdenkliche Wunsch auf den Teller gezaubert. So ist es allein von der Phantasie und dem Geldbeutel des Besuchers abhängig, was er letztendlich diniert. Ein Highlight ist der Palmbeach Seafood Center beim Stadion, der mit dem Marinabus zu erreichen ist. Der volkstümliche Treff der Singapur-Chinesen ist immer sehr belegt. Somit sind längere Wartezeiten vor dem Eingang (bis zu einer Stunde) nicht auszuschließen. Deshalb gibt es vor dem Eingang eine Anmeldung. Sofort bei Eintreffen sollten sich die Gäste bei der Chinesin anmelden und zusehen, daß man auf der langen Warteliste eine Position unter fernerliefen erhält. Wer nach der Wartezeit frägt hat dann seelenruhig Zeit, einen Abendbummel zu machen.

Ins Restaurant dürfen harte alkoholische Getränke mitgebracht werden, dazu zählt nicht Bier. Ein Glas Bier kostet im Restaurant oft über 5 DM. Tee wird dafür oft umsonst gereicht.

*Reisetips*

Hindutempel, renovierte Chinatown, Garküchen, Sultan-Moschee, botanischer und chinesischer Garten, bunte exotische Märkte, Aquarium, der berühmte Jurong-Vogelpark sowie die Tempel oder eines der vielen Feste. Besuchen Sie zum Beispiel das Kew Ong Yeah, das chinesische Fest der legendären neun Urkaiser. Ein besonderer Tip: die Karaoke-Musikbar.

*Shopping*

Singapur bietet sich zum Shopping regelrecht an. Elektronische und optische Waren sind der große Renner. Ich selbst besorgte mir eine neue Kamera. Der Fotoapparat lag rund 100 DM unter dem deutschen Preisniveau. Aber jedes Schnäppchen hängt vom persönlichen Verhandlungsgeschick ab. Bei Chinesen liegt der anfangs genannte Preis oft doppelt so hoch wie der gedachte Verkaufspreis. Ausgehandelte Preise gelten grundsätzlich sofort und werden prinzipiell nach Verlassen des Ladens ungültig, da keine Preisbindung existiert.

## Australien und Neuseeland

### Allgemein

Bei der Einreise in Australien und Neuseeland sowie einigen Südseeinseln werden ausführliche Gepäckkontrollen durchgeführt. Dabei werden jegliche Art von Lebensmitteln, Pflanzen (auch Samen) und so weiter beschlagnahmt.

Anflüge nach Australien und Neuseeland sind oft schon ab 2000 DM in der Nebensaison zu haben. Flüge in die Südsee gibt's ab 2400 DM – zum Beispiel nach Rarotonga (Cookinseln) für 2500 DM, Tahiti für 2400 DM, Apia (Samoa) für 2500 DM.

Beste Infos über Australien bietet die Broschüre »For Backpacker by Backpacker«, Kontakt: 166 St. Johns Road, Glebe, NSW 2037; Bei der Ankunft ist »The Lansdowne Hotel«, 2-6 City Road, Broadway, Telefon 211-2325 eine erste Anlaufstation. Die Nacht für 11 $A, die Woche für 70 $A. Oder als Gast in einer Wohngemeinschaft in der Nähe des Maroubra-Strandes für nur 5 $A pro Nacht (Telefon 3492234). Wer noch etwas vergessen hat, kann im Paddy's Market noch schnell reinschauen. Dann kann die Erkundung des Kontinents losgehen.

### Australien

*Der längste Wanderweg durch Australien*

Nun ist es offiziell: der längste Wanderweg der Welt liegt in Australien und führt über 5100 Kilometer entlang der Ostküste von Melbourne bis Cooktown/Queensland. Rund sieben Monate würde ein Wanderer brauchen, um über alte Pionierwege, Postkutschen- und Viehtriebrouten durch Regenwald, Busch und Halbwüste immer abseits der Zivilisation den Trail abzulaufen. Alle zehn Kilometer ist der Pfad mit einem Granitpfosten markiert und alle 15 bis 25 Kilometer gibt es einen Wasser- und Zeltplatz.

Informationen bekommen Sie über das Australische Fremdenverkehrsamt (Anlage) oder »The National Trail«, GPO Box 1 in 4001 Brisbane/Austalia.

*Buschabenteuer*

In Australien kann man noch echte Buschabenteuer erleben und zwar off road auf einer der vielen »Buschautobahn«, den sogenannten »Tracks«, die nur aus zwei Fahrspuren im Sand bestehen. Die bekanntesten Tracks sind der »Birdville«- und »Tanami«-Track sowie der »Stewart Highway« zwischen Augusta und Alice Springs. Hier begegnen dem Fahrer in einer urwüchsigen Landschaft auch die berühmten »Road Trains«, die mit ihren fast 50 Meter Länge zu den Giganten unter den Sattelschleppern gehören. Ein ungeschriebenes Gesetz besagt, daß ein Road Train immer Vorfahrt hat. Kein Wunder, wenn man weiß, daß der Bremsweg eines Road Trains dem eines Güterzuges entspricht. Interessante Strecken sind Fahrten durch den Kakadu-Nationalpark (Nordaustralien) oder durch das Palm Valley zum Buggy Hole nähe Alice Springs.

*Buspaß für Australien*

Der »Bus Australia Pass« ermöglicht ein uneingeschränktes Reisen mit beliebig vielen Stops auf dem Streckennetz von »Bus Australia« und ist nur außerhalb von Australien zu erhalten.

| | | | | | |
|---|---|---|---|---|---|
| 7 Tage | = | 379 DM | 60 Tage | = | 1669 DM |
| 30 Tage | = | 1019 DM | 21 Tage | = | 827 DM |
| 15 Tage | = | 608 DM | 90 Tage | = | 2250 DM |

Das Streckennetz muß mit oder gegen den Uhrzeigersinn befahren werden. Eine Richtungsänderung ist nicht möglich. Es werden mehrere Flexipässe angeboten wie »Eastern Discover«, »Western Discover«, »Across the Top« und andere, die im Preis zwischen 215 DM und 1075 DM variieren.

Mit dem Kangaroo Road'n Rail Pass können sowohl Züge als auch die Greyhound-Busse unbegrenzt benutzt werden. Der Paß kostet zwischen 520 und 1210 $A. Von den Entfernungen in Australien kann man sich anhand nachfolgender Streckenlängen einen guten Eindruck verschaffen:

| | |
|---|---|
| Sydney-Adelaide | 24 Stunden |
| Adelaide-Alice Springs | 20 Stunden |
| Alice Springs-Darwin | 19 Stunden |
| Darwin-Kakadu | 5 Stunden |
| Alice Springs-Ayers Rock | 6 Stunden |
| Adelaide Perth | 35 Stunden |
| Sydney-Melbourne | 14 Stunden |
| Cairns-Brisbane | 25 Stunden |
| Brisbane-Melbourne | 25 Stunden |

Die Buspreise liegen durchschnittlich bei 5,5 $A pro gefahrene Stunde. Die vielbefahrenen Küstenverbindungen, insbesondere zwischen Sydney und Brisbane kosten 3 bis 4 $A pro gefahrene Stunde. Ins Outback zu reisen wird teurer. Die Strecken liegen Richtung Alice Spring, Ayers Rock und Darwin zwischen 7,5 und 10 $A je gefahrene Stunde.

*Schiffscargo*

Von Australien aus gibt es die Möglichkeit mit einem Schiffscargo weiterzukommen. Für Reisende kostet die Passage von Sydney nach Hongkong ungefähr 1250 $A. Kontakt: Sydney Sea & Air Center, Suite 43 A, 104 Bathurst Street, Sydney NSW 2000, Telefon 02/2831199.

*Busch- und Postflieger*

Augusta Airways: Flüge mit Postflugzeugen zu den Farmern und in den Busch.

*DC 3 Flüge ab Cairns*

Sicherlich ein Abenteuer der Extraklasse sind Flüge mit einer uralten DC 3 über den Regenwald und die Korallenriffe bei Cairns und Lizard Island. Der Tagesausflug kostet pro Person 150 $A. Infos über Queensland Tourist & Travel Cop., 8000 München, Telefon 089/2609693.

*Lebenshaltungskosten*

○ Ballonfahrt: 150 $A;
○ B&B (Bed & Breakfast): ab 40 $A;
○ Benzin/Liter: zirka 0,8 $A;

- Bier: 4 $A;
- Campingplatz/2 Personen: ab 8 $A;
- Einfache Unterkunft: ab 12 $A;
- Fähre nach Tasmanien: 85-110 $A;
- Flasche Wein: 10 $A;
- Frühstück: 8 $A;
- Jugendherberge: 12 $A;
- Mietmotorrad/Tag: ab 30 $A; /Woche: ab 100 $A;
- Mietwagen/Tag: 80 $A;
- Stadtbus: 2-4 $A.

*Bei Australiern zu Gast*

Unterkünfte auf Farmen und bei Familien werden über »Bed & Breakfast Australia«, P.O.Box 408, Gordon, N.S.W. 2072 vermittelt. Dort kann auch kostenlos eine Broschüre angefordert werden. Weitere Möglichkeiten über »Houseguest in Australia«, 4/13 Ward Place, Dural N.S.W., Australia 2158, Infos über Telefon 07141/87430.

**Neuseeland**

Bei Neuseeland schlägt das Herz höher und der Puls wird lebhafter: exotische Zauberwelt, heiße Mudlöcher, fauchende Geysire, Glühwürmchenhöhlen, Champagnerpools, schneebedeckte Berge vor riesigen Farnwäldern, herrliche Tauchplätze, glasklares Wasser, riesige Paua-Muscheln, Wracks, Tangwälder, tropische Fische, seltene Haie und keine Seeschlangen, dafür unzählige Delphine und Robben. Ganz wichtig ist, die Zeit von November bis März in Neuseeland zu meiden, da dann Hochsaison ist und es zu Engpässen im ganzen Land kommt. Ideale Reiszeit sind Oktober und April.

Informationen zu Wrackplätzen und Tauchgründen geben: Peter Rippon's New Zealand Diver's Handbook oder C.W.N Ingram's New Zealand's Shipwracks.

*Bus, Zug, Mietwagen, Motorräder und Sportflugzeuge*

Neuseeland besitzt zwar ein relativ gut ausgebautes Busnetz, aber die Fahrpreise entsprechen dem europäischen Preisniveau. Der Fahrpreis beträgt pro Tag zwischen 30 NZ$ und 50 NZ$.

Günstiger sind die Buspässe. Den Kiwi-Coachpass von Mount Cook Landline gibt's für 7, 10, 15, 25 und 33 Tage. Für sieben Tage kostet er 326 DM, für zehn Tage 386 DM, für 15 Tage 436 DM, für 25 Tage 642 DM und für 33 Tage 712 DM. Außerdem wird mit dem Neuseeland-Travelpaß ein kombinierter Zug- und Buspaß angeboten. Für acht Tage kostet er 299 NZ$, für 15 Tage 389 NZ$ und für 22 Tage 479 NZ$ (inklusive Fährverbindung zwischen der Süd- und Nordinsel). Alle Pässe müssen im Ausland gekauft werden. Infos: Telefon 069/28071-0.

Es ist zu überlegen, ob nicht mit ein paar Gleichgesinnten ein Mietwagen angeheuert wird. Ein Mietwagen kostet durchschnittlich etwa 70 DM/Tag bei unbegrenzten Freikilometern inklusive Steuern (State Tax zur Zeit 12,5 Prozent) und Haftpflicht. Es gibt aber schon Angebote ab 50 DM (Maui-Mietwagen). Aber aufgepaßt, nicht alle Straßen sind geteert und einige Pisten sind für Mietwagen nicht zugelassen. Also das Kleingedruckte bevor Sie den Vertrag unterschreiben lesen oder einfach nachfragen. Der Fahrer sollte mindestens 21 Jahre alt sein und schon ein Jahr den Führerschein besitzen. Es herrscht Linksverkehr. Der Internationale Führerschein muß in Verbindung mit dem nationalen Führerschein vorgelegt werden. Ein Sonderangebot ist der »Special Weekender« für einen Ausflug auf die Südinsel am Wochenende. Mietwagen und Fähre komplett kosten dann nur 85 NZ$. Ein Camper ist für 133 NZ$/Tag ohne Kilometerbegrenzung zu haben. Die Treibstoffpreise liegen für Super bei 90 Cents/Liter, Normal Benzin 88 Cents/Liter und für Diesel bei 75 Cents/Liter. Übernachtungen auf den etwa 400 Campingplätzen mit Fahrzeug kosten ab 10 NZ$.

Motorräder können ab 50 NZ$/Tag beziehungsweise 325 NZ$/Woche zuzüglich 13 Cent/Kilometer oder ab 75 DM/Tag ohne Kilometerbegrenzung gemietet werden.

Für Flugverrückte besteht die Möglichkeit ein Sportflugzeug zu mieten. Die Flugstunde für vier Personen kostet zwischen 150 und 100 NZ$. Für einen Flug auf den Mount Cook (Flugdauer 40 Minuten) muß mit 150 NZ$ gerechnet werden.

*Fährschiffe zwischen Wellington nach Picton*

Täglich verkehren die »Inter-Island Ferries« zwischen der Nord-

und der Südinsel. Der Preis pro Person liegt um 30 NZ$, für ein PKW bis vier Meter Länge ab 90 NZ$ und für einen Pkw inklusive zwei Personen mindestens ab 150 NZ$. Abfahrten ab Wellington starten täglich um 8 Uhr, 10 Uhr, 16 Uhr (außer Montag und Dienstag) und 18:40 Uhr (außer sonntags). Rückfahrten ab Picton sind um 5:40 Uhr (außer Montag), 12 Uhr (außer Montag und Dienstag), 14:20 Uhr, 19:45 Uhr (außer Montag) und 22:20 Uhr (nur montags) angesagt. Die Fahrzeit beträgt zirka 3,5 Stunden.

*Günstige Unterkunfts-Möglichkeiten in Neuseeland*

- Bed & Breakfast (sehr familiär und günstig);
- Units (Holzhäuser für Selbstversorger): bis zirka 60 NZ$;
- Backpacker-Hostels: 10-15 NZ$/pro Person;
- Tourist-Cabins: ab 20 NZ$/Nacht;
- Jugendherbergen: 10-15 NZ$ (keine Altersbegrenzung, Großküche, Lebensmittelladen; Jugendherbergs-Ausweis kann in Neuseeland nachträglich für 35 NZ$ erworben werden);
- Campingplätze: 7-10 NZ$/Nacht;
- Tourist-Flats: 30-40 NZ$/Nacht (Appartments oder Bungalows);
- Berghütte: 7-10 NZ$/pro Person;
- Lagerplätze: kostenlos (sehr gepflegt und gut gewartet).

Tip: Glenview Farm Hostel, Aropoaoanui Road, etwas außerhalb von Napier an der R.D. 1, Telefon (070) 266235. Die Unterkunft bei Mary Ann, Shane, Winsome und Lanchie kostet ab 10 NZ$. Geboten wird eine waschechte Schafsfarm. Großen Spaß bereitet es, einen Tag mit Pferd und Hund die Schafe zusammenzutreiben, und zu helfen, Sie auf ein anderes Areal zu treiben. Nur was für Könner, denn das Gelände ist äußerst steil und hügelig und die Hunde haben viel zu tun. Übrigens gibt es in ganz Neuseeland etwa 200 »Farm Hostels«.

*Jet-Boats*

Die Jet-Boats sind eine typische Erfindung Neuseelands. Die rasanten Wasserflitzer nehmen Stromschnellen genauso unbekümmert wie nur fußhohe Wassertiefen. Atemberaubende Nervenkitzel erwarten Sie zum Beispiel in Queenstown auf dem Shatover River oder in Wanganui.

*Heiße Quellen*
Besonders auf der Nordinsel liegen Quellen mit heißem oder eiskaltem Wasser, das aus der Tiefe sprudelt, direkt nebeneinander. Viele Familienpensionen und kleinere Hotels nutzen die heißen Quellen, indem sie ihre Wasserbecken daran angeschlossen haben. Nur mit dem Badehandtuch bewaffnet, geht es ins lauwarme Wasser. Nun wird die heiße Wasserzufuhr geöffnet und nach Bedarf mit kochendheißem Wasser nachgeheizt. Man kommt sich vor wie in einer Open-Air-Sauna und dementsprechend ist die Wirkung. Beste Möglichkeiten bieten sich um Rotorua.

Der berühmte Waitangi-Tag liegt im Februar, während das Maori-Fest in Ngaruawahia im März stattfindet. Kriegskanus, darunter das größte Kriegskanu der Welt, und wilde Tänze machen die Show sehenswert.

**Südsee**
*Cookinseln*
Trotz gültigem Flugticket kann die Einreise beziehungsweise der Flug nach Rarotonga verwehrt werden, wenn nicht spätestens beim »Request« eine Unterkunft gebucht wird. Günstige und empfehlenswerte Unterkunft: Matareka Heights ab 15 NZ$. Für die Inselerkundung (wie überhaupt auf den Südseeinseln) eignen sich Fahrräder und die allgegenwärtigen Mopeds (Preis 15 DM/ Tag). Das Inselinnere ist meist nur über Trails per Pedes zu erreichen. Fantastische Flora und Fauna. Sagen Sie vor Ihren Trails immer jemandem, was Sie vorhaben, wie lange Sie gedenken fortzubleiben und melden Sie Ihre Rückkehr später wieder an der gleichen Stelle.

Tip: eine knappe Flugstunde von Rarotonga liegt die traumhafte Atollinsel Aitutaki. Sie wird viermal täglich angeflogen. Preise ab 150 DM. Hier können Südseeträume noch wahr werden.

*Tahiti*
Etwas Besonderes ist eine Inselrundfahrt mit den öffentlichen LKW-Bussen (Le Truck) unter dem mörderischen Geplärr von Reggae-Rhythmen aus großen Lautsprecherboxen. Dabei können problemlos Tautira, Vaihiria, das Gauguin Museum im sehenswerten botanischen Garten und Papeari angesteuert werden.

Empfehlenswert sind die Strände von Pirae und Mahine auf Tahiti. Sehenswerte Inseln und weniger verfälscht als Tahiti sind die Nachbarinseln Huahine und Raiatea. Günstig ist es, diese Inseln mit einer Schiffsrundfahrt über Bora-Bora zu verbinden:

| | Schiffverbindung | | Flugverbindung | |
|---|---|---|---|---|
| Ort | Tag | Zeit | Preis | |
| Papeete: | ab Di | 20.30 Uhr | | |
| Huahine | an Mi | 6.00 Uhr | | 140 DM |
| | ab Sa | 7.00 Uhr | 30 $ | 190 DM |
| Bora-Bora | an Sa | 13.00 Uhr | | |
| | ab So | 12.00 Uhr | | |
| Papeete | an Mo | 5.30 Uhr | | |
| | Schiff: zirka 97 DM | | Flug: zirka 180 DM (ow) | |

Der Flug von Faaa nach Moorea mit Air Tahiti kostet um 80 DM, nach Huahine 140 DM, nach Bora-Bora 190 DM, nach Maupiti 200 DM und auf die Marquesas etwa 620 DM. Das Boot nach Moorea fährt Sie täglich ab 07:00 Uhr, 09:15 Uhr und 17:15 Uhr für etwa 30 DM rüber; Flug mit Air Tahiti zirka 75 DM.

Grundsätzlich sind alle Inseln in der Südsee extrem teuer. Für viele Fern- oder Weltreisende endet hier oft aus Geldnot abrupt die Reise. Deshalb planen Sie für Ihren Südsee-Besuch von Anfang an einen höheren Tagessatz ein. Ein Zeltplatz auf dem Campingplatz kostet zum Beispiel auf Tahiti 75 DM. Darunter werden nur wenige Unterkünfte angeboten, die deshalb auch oft ausgebucht sind. Es bedarf schon viel Glück, bei Polynesiern eine einfache Unterkunft ab 30 DM in einem Vorort wie Pamatai zu erhalten. Meistens klappt es für den, der von Rapa Nui (Osterinsel) kommt und von den dortigen Pascuas Kurierpost und Frischfisch für Verwandte in Tahiti mitbekommen hat. Für diese Gefälligkeit wird oft ein Empfehlungsschreiben für die entfernten Familienangehörigen mitgegeben. Preiswerte Familienunterkünfte auf Tahiti sind die »Logement chez l'habitant«. Auskünfte und Adressen gibt es beim Touristoffice an der Uferpromenade in Papeete. Diese Unterkünfte bei Einheimischen sind immer noch günstiger als das preiswerteste Hotel. Ansonsten beginnen die Preise für ein einfaches Hotel ab 75 DM, im Mittelklassehotel ab 225 DM, im Luxushotel ab 300 DM und die Overwater Bungalows ab 450 DM/Tag. Für ein Essen in einem einfachen Restaurant ist mit mindestens 25 DM zu rechnen. Eine Cola kostet über 4 DM und ein Bier ist ab 6 DM zu haben.

*Bora Bora*
Einen der schönsten Strände, den Moana Beach, findet man etwa 270 Kilometer nordwestlich von Tahiti auf Bora Bora. Am teuersten Platz der Welt, nach wie vor das Südsee-Paradies schlechthin, erwartet den Fernsüchtigen heller feiner Sandstrand auf einer palmenbedeckten Halbinsel zwischen Lagunen und unter erfrischenden Passatwinden gelegen. Die Temperaturen liegen von Juni bis September bei etwa 30 Grad Celsius. Das teuerste und interessanteste Hotel »Moana Beach« besteht aus 20 exklusivst eingerichteten Bungalows. Nur die Preise in diesem Paradies sind irdisch.

*Marquesas/Hiva Oa*
Die Insel, auf der Paul Gaugin 1903 starb, ist schwierig zu erreichen, denn zwischen Papeete (Tahiti) und den Marquesa-Inseln gibt es keinen festen Flugplan. Hotels sind nicht vorhanden. Vor Ort scheint das Ende der Welt erreicht zu sein. Übernachtung ist nur in sehr einfachen Bungalows der Regierung möglich. Wer in den drei Komfortbungalows des »Kaikanuha« bei Taiohai übernachten möchte, muß dafür über 100 DM pro Tag bezahlen. Hiva Oa ist ein Inselparadies, aber es hat einen horrenden Preis. Wer es trotzdem probieren möchte, kann mit der »MS Aranui II« von Papeete nach Hiva Oa und auf einige andere Marquesa-Inseln fahren. Die Rundreise mit dem Kombifrachter dauert etwa drei Wochen. Die Reiseroute verläuft von Tahiti über Takapoto, Nuku Hiva, Ua Huka, Hiva Oa, Fatu Hiva, Tahuata, zurück nach Nuku Hiva, über Rangiroa und Bora Bora wieder nach Papeete.

*Pacific Missionary Aviation (PMA)*
Interessant sind die Anflüge über Manila nach Mikronesien. Die Air Micronesia und die Continental Airline teilen sich so ziemlich alle Flugstrecken in diesem Gebiet. Ein Tip dürfte das Majuro-

Atoll (Marshall-Inseln) sein, das über Honolulu erreicht werden kann. In Kosrae gibt es ein paar Ruinen zu besichtigen.
Wer Zeit hat, kann alternativ mit den fliegenden Missionaren der Pacific Missionary Aviation die verschiedenen Inseln besuchen. Sie bieten dreimal wöchentlich Flüge zwischen Kosrae und Ponape ab 120 US-$ (ow) an. Zeitweise werden Verbindungen von Ponape nach Pingelap und Mokil sowie von Yap nach Ulithi unterhalten. Yap ist recht interessant. Die traditionellen Lebensformen, Behausungen und Dörfer der Insulaner sind voll erhalten. Bitte beachten Sie als Besucher die dortigen Tabus.

*Fiji*
Diese Inselgruppe im Pazifik ist nach wie vor erlebenswert, da sie sich von dem Rummel der Touristenhochburgen Hawaii und Tahiti abhebt. Noch gibt es viel unberührte Natur, fast kein soziales Gefälle, dafür ein unberechenbares Wetter.

Tip für Robinsonsüchtige: nordöstlich von Suva liegen die Tuberuainseln. Zu erreichen sind sie von Suva aus, mit dem Taxi geht's ins zehn Kilometer entfernte Nakelu zur Bootsanlegestelle. Ein Schnellboot bringt Sie nach Tuberua. Übernachtet wird in sogenannten »Bures«. Der Eintritt ins Inselparadies ist aber nicht gerade billig. Aktuelle Übernachtungspreise bitte in Suva erfragen.

Einfache Unterkünfte sind ab 10 US-$, die Mittelklasse ab 25 US-$ zu haben. Weitere Adressen preiswerter Unterkünfte finden Sie im Touristoffice auf dem Flughafen in Nadi unter dem Stichwort »Fiji Budget Accomodation«. Für das Taxi vom Flughafen nach Nadi muß mit umgerechnet etwa 10 DM gerechnet werden. Ein Essen gibt es bereits ab 8 US-$; damit ist Fiji eine der günstigen Insel in der pazifischen Inselwelt.

Gleichfalls zu empfehlen sind die Inseln Malolo Lailai, Treasure Island (etwa 5 Hektar groß) und Beachcomber Island.

## Südamerika

### Transamazonica

Von September bis Dezember, also in der Trockenzeit, läßt sich die Transamzonica oder BR 230 am besten befahren. Sie beginnt in Joao Pessoa an der Atlantikküste und führt über Marabá,

Santarém gut 5500 Kilometer nach Humaitá. Ausgangspunkt für eine Fahrt auf der Transamazonica sind in der Regel Porto Velho, Manaus oder Belém. Von Belém verkehren regelmäßig Busse über Marabá am Rio Tocantins nach Santarém und Altamira. Diese Teilstrecke der Transamazonica läßt sich, neben der Strecke von Marabá zur Küste, noch am besten befahren. Nach wie vor sind nur ein paar 100 Kilometer der Transamazonica ab Marabá asphaltiert, der Rest ist eine rote Staub- und Lehmpiste, die von den Urwaldflüssen immer wieder unterbrochen wird. Die meisten Flüsse werden per Fähre überquert.

Ab Itaituba, spätestens jedoch ab Jacareacanga, ist die Transamazonica, die hier zumeist aus einer etwa 10 Meter breiten Dammpiste durch den Urwald besteht, in der Regenzeit nicht mehr befahrbar. Busse verkehren auf diesem Teilstück schon lange nicht mehr, Tankstellen sind rar. Selbst in der Trockenzeit kommt ein geländegängiges Fahrzeug zwischen Jacareacanga und Sucunduri auf den 150 Kilometern in acht Stunden nur 35 Kilometer vorwärts, vorausgesetzt, die Dammpiste wurde durch das letzte Hochwasser nicht weggerissen. In Sucunduri gibt es wieder eine Fähre über den gleichnamigen Fluß. Dann folgt eine etwa 100 Kilometer lange gute Piste. Die weiteren 400 Kilometer sind eine reine Berg- und Talfahrt (wie eigentlich die ganze Transamazonica), die aber in der Trockenzeit in etwa einem halben Tag geschafft werden kann. Mit der Fähre über den Rio Madeira endet die Hauptstrecke der Transamazonica. Über die BR 319 kann nach Norden die Fähre über den Amazonas und Rio Negro nach Manaus gut erreicht werden. Die gesamte Fahrt dauert, wenn alles gut geht, mindestens eine Woche, zwei Wochen sollten deshalb immer eingeplant werden.

Nach neusten Informationen soll angeblich gut 300 Kilometer hinter Itaituba die Transamazonica derzeit völlig unpassierbar sein. Am besten ist es aber, den Straßenzustand in Santarem oder Itaituba selbst abzuchecken, da die Verhältnisse ständigen Veränderungen unterworfen sind.

**Peru**

*Bootsfahrten im Dschungel*

Wer träumt nicht davon, einmal auf den Spuren von Fitz Carraldo mit einem Boot auf dem Amazonas zu dümpeln? Die »Amazon Explorer« macht's möglich. Von Iquitos gehts es den Amazonas aufwärts bis zum Zusammenfluß des Ucayalis und des Maranons. Über den Rio Maranon tuckert die »Amazon Explorer« an der Urwaldwand vorbei bis Miraflores und biegt in das Naturparadies des Rio Tigres. Bei einem Ausflug im Gebiet von Avispa können Kaimane, Krokodile und Süßwasserdelphine beobachtet werden. Der Ausflug findet unter Führung erfahrener Urwaldläufer statt. Nach vier Tagen kehrt die »Amazon Explorer« nach Iquitos zurück.

Die »Amazon Explorer« ist ein Stahlrumpfboot speziell für den Amazonas gebaut. Nähere Infos gibt es bei Receptur Amazon Cruise, P.O. Box 5232, Lima, Fax. 5114/419245 und Tel. /419194.

*Machu Pichu*

Wer möchte nicht einmal Machu Pichu im Urubambatal ohne die Touristentrauben aus der USA, Japan und Europa erleben? Nachdem sogar ein nagelneuer Triebwagen für Jet-Setter und Pauschaltouristen eingesetzt worden ist, ist guter Rat teuer. Doch nicht bange machen lassen. Nach wie vor fährt jeden Tag der alte Indigenazug von Cuzco nach Machu Pichu und weiter nach Quillabamba. Der Lokalzug fährt täglich ab 5:30 Uhr und 12:00 Uhr von Cuzco und erreicht Puente Ruinas (ehemals Machu Pichu Talstation) gegen 10:00 Uhr beziehungsweise 16:00 Uhr. Empfehlenswert ist auf jeden Fall der Fahrkartenkauf und die Sitzplatzreservierung am Vortage zwischen 15:00 und 16:00 Uhr am Bahnhof Cuzcos. Es wird eine einfache Fahrt nach Machu Pichu-Ort (ehemals Aqua Caliente, eine Station vor Machu Pichu-Talstation) gebucht. Demjenigen, der den Frühzug wählt, steht ein fantastisches Andenerlebnis ins Urubambatal in den Bergurwald Perus bevor. Die Bahnlinie und die Schmalspurgleise stammen aus dem Jahr 1929. In Aqua Caliente/Machu Pichu-Ort wird in der Jugendherberge (Preis ab 7 US-$) oder im »Los Caminantes« (Preis ab 5 DM/Doppel ab 8 DM) am Ende des Dorfes eingebucht. Inzwischen soll es auch ein luxuriöses Hotel, das »Machu Pichu Pueblo« mit 30 Bungalows geben. Der Tag steht zur freien Verfügung. Außer den heißen Termalquellen über dem Dorf in der Urubambaschlucht gibt's neben Schweinen, Hühnern und ein paar Stein- und Bretterhütten nur den reißenden Urubamba zu sehen.

Dschungelguß und Bergurwald stimmen auf Machu Pichu ein.

Am nächsten Tag geht's dann ab 5:30 Uhr zu Fuß über die triefnassen Bahngeleise durch einige Tunnels etwa drei Kilometer runter zur Machu Pichu Talstation (Puente Ruinas). Marschzeit etwa 45 Minuten. Von Puente Ruinas in 2000 Meter Höhe sind es noch 50 Kilometer nach Quillabamba oder 112 Kilometer nach Cuzco zurück. Von hier beginnt der Aufstieg nach der Hängebrücke über einen alten Pfad durch den Bergurwald nach Machu Pichu. Aufstieg etwa anderthalb Stunden (Abstieg knapp eine Stunde). Schweißtriefend stapft man durch den Bergurwald bei einsetzendem Morgenregen. Tief hängen die Nebelschwaden, Adler schweben über dem Urubambacanyon – fantastische Atmosphäre. Dann ganz plötzlich Machu Pichu. Eintritt ab 10 DM (je nach Kategorie Student/Erwachsener). Mit ein paar wenigen Gleichgesinnten gehört um 7:00 Uhr dem Wanderer Machu Pichu ganz allein. Vor 10:30 Uhr ist kein Ansturm der »Touris« zu erwarten (Touristenzug ab Cuzco: Abfahrt 7:00 Uhr – Rückfahrt um 17:30 Uhr). Der Eintritt gilt auch für den sogenannten »Inkatrail« (ein Touristenname, denn eigentlich handelt es sich um einen ehemaligen Nachschubweg; ein echter Inkatrail war er nie) bis Kilometer 88. Das ganze Gebiet ab/bis Kilometer 88 wurde zwischenzeitlich als Nationalpark ausgezeichnet. Übernachtungen in Wini Waya sind ebenfalls möglich, die Campingplätze unterwegs werden ausgebaut. Seit neuestem werden auch geführte Touren mit einer Lamakarawane angeboten.

Die Rückfahrt kann ab 18:00 Uhr mit dem Lokalzug von Machu Pichu-Ort/Aqua Caliente erfolgen. Wichtig: Bitte Daten und Abfahrtszeiten vor Ort prüfen, da der Fahrplan ständig abgeändert wird. Neuerdings gibt es auch eine Bahnverbindung ab Ollaytaytambo beziehungsweise Urubamba. Von hier dauert die Fahrt nur noch eine bis anderthalb Stunden nach Machu Pichu. Busse bringen die Besucher von Cuzco nach Urubamba oder Ollaytaytambo. Übrigens soll jetzt endgültig die geplante Drahtseilbahn die Bergwelt zerfräsen und für eine rechte Beleuchtung der alten Inka-Siedlung zu sorgen. Also, wer Machu Pichu noch ohne Glimmer erleben will, sollte sich beeilen.

Tip: Wer einen Zwischenstop in Ollaytaytambo einlegen möchte, findet im »El Parador« bei Senora Maria Solis Martinez, Media

Cuadra de la Plazza de Armas für 10 DM eine wirklich sehenswerte Unterkunft mit einem gemütlichen Ambiente (Januar bis April).

Überhaupt sind die »Paradores« (kleine gemütliche und familäre Gasthäuser) in Peru sehr zu empfehlen.

Im südöstlichen Teil Perus liegt inmitten des Amazonasgebietes mit dem Nationalpark »Manu« (1,8 Millionen Hektar) ein noch unberührtes und natürliches Urwaldgebiet. Seit 1973 ist dort die Jagd und das Holzfällen verboten. 1000 Vogelarten, Affen, Schildkröten, Tapire und Krokodile können hier am Rio Manu angetroffen werden. Die Anfahrt zum Nationalpark ist nur von Cuzco auf einer Piste direkt nach Manu möglich. In Manu können Flußboote angeheuert werden. Infos bereits in Cuzco.

Zwischen 1870 und 1893 wurde in Peru eine der höchsten Eisenbahnstrecken von Lima über La Oroya nach Hunacayo gebaut. Auf der 300 Kilometer langen Fahrt werden über 60 Tunnels durchfahren und ebensoviele Brücken überwunden. Der höchste Punkt dieser Strecke liegt bei 3270 Metern. Alle zwei Tage fährt die Bahn mit Wagen der 1. und 2. Klasse, sowie je einem Buffet- und Gepäckwagen mindestens zehn Stunden nach Hunacayo. Der Fahrpreis von etwa 10 US-$ ist die wirklich einzigartige Fahrt wert.

**Dampflokfahrten in Argentinien, Paraguay, Ecuador und Brasilien**

In Südamerika findet der Wilde Westen kein Ende. Wer auf nostalgischen und abenteuerlichen Dampflokfahrten steht, findet in den vier Ländern ausreichend Gelegenheit dazu. Vor allem in Paraguay haben Dampflokomotiven Tradition, mithin besaß das Land die erste Eisenbahn in Südamerika.

Auch in Argentinien ächzen alte Dampfeisenbahnen über die ausgeleierten Gleise. Der »Tren de los Nubes« verkehrt von Salta durch die wilde »Quebrada de Toro« in die Anden nach San Antonio de los Cobres. Auf 4165 Meter erreicht der Zug in Munano die höchstgelegenste Eisenbahnstation in Argentinien. Der Patagonien-Express, ebenfalls ein Dampfzug, verkehrt zwischen Bariloche und Esquel.

Ein Eldorado für Dampfeisenbahnfreaks dürfte Sao Joao del Rei in Brasilien sein. Dort können gleich mehrere Dampflokomotiven besichtigt werden. Allerdings verkehrt nur noch an

Wochenenden die »Maria Fumaça« bis nach Tiradentes und zurück. Dafür ist der alte Flair aus der Dampfzeit eine Augenweide.

Die wohl schönste und unvergeßlichste Dampfeisenbahnfahrt findet noch in Ecuador statt (bestimmt nicht mehr lange!). Von Bucay schnauft noch mit Volldampf eine alte Lok durch den tropischen Regenwald die Anden hinauf. Dabei klettert er in zwei Spitzkehren über die »Teufelsnase« eine Steilwand von 300 Metern hinauf und kurvt kurz vor Cuenca in ein Andendorf. Ursprünglich ging die Strecke bis Quito, ist aber zur Zeit kurz vor Cuenco unterbrochen.

**Rapa Nui (Osterinsel)**

Der offizielle Schiffsverkehr wurde zur Osterinsel 1967 eingestellt. Jetzt verkehrt nur noch die LanChile zwischen Santiago de Chile und Mataveri, dem Inselsairport auf Rapa Nui. Abflüge sind Freitags und Sonntag ab 11:30 Uhr, Ankunft in Mataveri um 15:00 Uhr. Rückflüge finden samstags und montags um 7:30 Uhr statt, Ankunft in Santiago um 14:00 Uhr.

Auf der Insel herrscht subtropisches Klima mit einer Luftfeuchtigkeit bis 80 Prozent vor. Sommerkleidung ist ausreichend. Regenschutz sollte im Gepäck sein.

Zwar ist der chilenische Pesos im Umlauf, aber die Pascus ziehen den Dollar vor. Es exisitieren keine öffentlichen Verkehrsmittel auf der Insel. Mietwagen (Jeeps) sind sehr teuer und werden über die ebenfalls teuren Hotels (Hanga Roa, Hanga Riko) angeboten. Es empfiehlt sich, Pferde auszuleihen (10 US-$ pro Tag). Die Insulaner sind über jeden Gast zu Hause dankbar. Ihre Unterkünfte sind eine echte Alternative. Das Residencial Hanga-Roa Reka (Telefon 76) bei Emilio Paoa oder das Residencial Taheta One-one bei Manuel Perez (Telefon 257) können empfohlen werden. Übernachtungen gibt es ab 10 US-$, oft ist Frühstück und Abendessen inklusive.

**Chile**

Gute Infos über Zug-, Bus- und Flugverbindungen sowie über die jeweiligen Transportgesellschaften Chiles finden sich in der Zeitung »El Mercurio« unter der Rubrik »Guia de utilidad publica«. Hervorragend, da immer auf dem neusten Stand.

Vom und zum Flughafen verkehrt in Santiago der »Tour Express«. Abfahrten finden ab Estacion Terminal in der Moneda 1529 ab 7:00 Uhr alle 30 Minuten bis 21:15 Uhr und ab dem Airport ab 6:30 Uhr alle 30 Minuten bis 21:30 Uhr statt. Die Stadtbusse kosten in Santigao um 0,50 DM. Für Überlandbusfahrten von Santiago nach Pt. Montt muß mit 25 DM, nach Concepcion mit 10 DM und nach Temuco mit 13 DM gerechnet werden.

Günstige Unterkünfte gibt es überall im ganzen Land. Preiswert sind vor allem die Residenciales, die für eine Übernachtung zwischen 4 US-$ bis 10 US-$ nehmen. Das Touristenbüro der größeren chilenischen Städte halten Adreßlisten mit einer Preistabelle der örtlichen Residenciales bereit. Anfragen lohnt sich. Hier einige Beispiele:

- Calama: »Residencial Libertad«, Av. Vargas 1857, Telefon 311551, Einzel: 4 US-$, Triple: 8 US-$;
- Valdivia: »Residencial Germania«, Picarte 873, Telefon 212405, Doppel: 8 US-$;
- Arica: »Residencial Madrid«, Baquedano 685, Casilla 221, Telefon 231479, Einzel: 4 US-$, Doppel: 8 US-$;
- Copiapo: »Residencial Chanarcillo«, Chanarcillo 741, Telefon 213281, Doppel: 8 US-$, Triple 12 US-$.

Eine gute Wechselstube in Vina del Mar ist Turismo Holiday Int. Ltd., Agencia de Turismo, Quinta 268, Telefon 881189. Im Paseo Cousino 16 (Telefon 901130) gibt's im »Madrano« für 2 US-$ bereits ein gutes Menü zum Mittagstisch.

**Argentinien**

In Buenos Aires kommt wohl niemand um ein traditionelles Fleischessen herum. Ein Typisches Ambiente bietet mit einem Asado Criollo das »La Estancia« in der Fußgängerzone Lavalle 941, Telefon 35-0336/6026. Schon am Eingang empfangen den Besucher und Fleischsüchtigen riesige offene Holzofengrille, in denen saftige Fleischstücke zubereitet werden. Nicht umsonst wird »La Estancia« das Herz von Buenos Aires genannt.

Guter, spritziger, wenn nicht gar der beste Wein Argentiniens wird in Mendoza serviert. Da die Stadt außer dem großen Stadt-Park nicht viel zu bieten hat, sollte man sich durch gemütliche Stunden in den Kneipen und Cafes der Stadt entschädigen.

**Französisch-Guyana**

Preiswerte Unterkünfte in Cayenne finden sich im Stadtzentrum. Für Low-Budget Traveller ist das »Chez Mathilde« in der Rue Charles de Gaulle zu empfehlen; Zimmer für 15 US-$, Hängemattenplatz zu 5 US-$. Etwas außerhalb liegt in Montabo das Hotel »Le Manguio«, 20 US-$ für 2 Personen.

Zum Essen empfehlen sich die chinesischen Restaurants, die Preise liegen um 6 US-$ pro Gericht.

Busfahren in Guyana ist teuer. Für den Stadtbus sind bis zu 3 US-$ je nach Strecke zu bezahlen, nach Kourou (etwa 50 Kilometer) dagegen kostet es nur 6 US-$, bis nach St. Laurent (265 Kilometer) am Grenzübergang zu Surinam nur 17 US-$. Weitere Preisbeispiele: Faßbier in der Kneipe 4 DM, 1 Kilo Hähnchen im Supermarkt 6 DM; es ist also alles teurer als in Europa.

Eine gute Geldwechselstelle (bester Kurs) befindet sich in der Rue Charles de Gaulle in der Nähe des »Platzes der Palmen« mit »Change Caraibes-Guayane«, Telefon 309563.

**Brasilien**

*Amazonas*

Nach wie vor ist der Amazonas in den Weiten des tropischen Regenwaldes der Hauptverkehrsweg Nr. 1, insbesondere in Brasilien. Dementsprechend hoch ist die Schiffsfrequenz der ENASA zwischen Belém an der Amazonasmündung nach Manaus am Rio Negro. Die schnellste Verbindung ist die knapp eine Woche dauernde Fahrt mit einem Katamaranflußschiff der ENASA. Die Abfahrten in Belém sind jeden Mittwoch um 20 Uhr. Die Fahrt kostet inklusive Hängemattenplatz und Vollverpflegung zwischen 100 DM und 130 DM, je nach Dollarkurs. Fahrkarten gibt's beim ENASA-Anleger in Belém in der Avendia Castilhos Franca, Telefon 223-3011. Die Fahrt stromaufwärts ist interessanter, da der Katamaran der Strömung in der Flußmitte ausweicht und entlang der Dschungelwand am Ufer entlangtuckert. In Manaus muß umgestiegen werden. Allgemein werden ab hier die Schiffsverbindungen zwar häufiger, aber durchgehende Schiffe etwa nach Iquitos legen trotzdem seltener ab. In Iquitos muß deshalb in der Regel wieder umgestiegen werden, um nach Pucallpa am Rio Ucayali zu kommen. Gesamtfahrzeit, wenn alles gut geht, mindestens drei Wochen. Ab Pucallpa gibt es eine 800 Kilometer lange Piste durch den Urwald, über die Anden nach Lima. Sonst keine Querverbindungen ab Pucallpa.

*Rio de Janeiro*

Rio de Janeiro, die »wundervollste« Stadt der Welt, ist zumeist Einstieg jeder größeren Reise in Südamerika, oder zumindest in Brasilien. Der internationale Flughafen »Galeao« liegt auf einer Insel, etwa zwölf Kilometer vom Stadtzentrum entfernt. Die günstigste Möglichkeit in die Stadt zu kommen, ist der »Frescoe«, ein Bus, der zwischen dem Flughafen, dem Busbahnhof »Novo Rio«, dem Inlandsflughafen »Santos Dumont« (am Praia Flamengo) zu den Strandhotel der Copacabana und Ipanema pendelt. Fahrpreis zirka 2 US-$. Wer noch keine Unterkunft in Rio hat, der steigt am Flughafen Santos Dumont aus und läuft über die Praca Gandhi zum Milieuviertel Lapa hinüber und versucht im Hotel Marajo, in der Rua Joaquim Silva 99, Telefon 224-4134 ein Zimmer ab 10 US-$ zu erwischen. Marajo ist ein Familienhotel und Treff der Low-Budget-Traveller. Ab und zu auch Anlaufstelle des »Encounter-Overland«-Koffer-Jet-Sets. Wer in Rio de Janeiro Zeit hat, darf sich auf keinen Fall den Tijuca-Nationalpark (Ausgangspunkt ab Barra oder Corcovado) und eine Fahrt mit der abenteuerlichen Bonde (bitte nur Fahrgeld mitnehmen, sonst nichts!) vom Largo da Carioca zum Stadtviertel St. Theresa hinauf entgehenlassen.

*Fernando de Noronha*

Eines der letzten großen maritimen Naturschutzgebiete liegt knapp 500 Kilometer vor der brasilianischen Küste, Fernando de Noronha. Die Höchstaufenthaltsdauer ist auf 30 Tage begrenzt. Anflug nur mit den Buschfliegern von NORDESTE ab Recife möglich (täglich drei Flüge). Der Rückflug kostet zur Zeit 500 DM. Bei der Ankunft ist eine Eintrittssteuer zu entrichten, für fünf Tage derzeit zirka 50 DM. Günstige Unterkünfte findet man in einer der 42 Pousadas, zum Beispiel bei Tante Rita, Vila da Floresta Velha, Casa 9, Vollpension etwa 20 US-$ (Vollpension ausnutzen, da es keine Restaurants gibt). Höhepunkt des Ausflugs ist eine Tagesfahrt mit einem Holzkutter entlang der natürlichen

Basaltbecken der Insel mit Tauchgang und Besuch der Delphinen.

Darüber hinaus empfiehlt sich Brasilien unter anderem wegen: der Sumpflandebene Pantanal mit ihrer reichen Tierwelt (garantiert Krokodile), dem Mündunsgdelta des Amazonas mit der Insel Marajo, dem Canyon Itaimbezinho mit den letzten Akaurarienwäldern, einer Champagnerprobe bei Peterlongo in Garibaldi, einem Besuch der Foz do Iguacu-Wasserfälle und Itaipu (größtes Wasserkraftwerk der Erde), der Kolonialstadt Ouro Preto, der Dünenstrände von Natal und als Abschluß den Besuch der Zuckerrohrplantage von Roberto in Rio Formoso (100 Kilometer südlich von Recife).

*Algodoal*

In der breiten Bucht von »Baia do Maracana« liegt am südlichen Zipfel die Tropeninsel Algodoal mit kilometerlangen unberührten, weißen Sandstränden. Einer Handvoll breiter Sandwege gab man zwar prächtige Namen, aber auf der Insel gibt es nicht mal Straßenschilder. Dafür prägen Hibiscusblüten, knallgrüne Kokospalmen im Kontrast zum tiefblauen Urwaldhimmel und Urubus die allgegenwärtige Meeresidylle dieser Urwaldinsel.

Die Anreise ist auch heute noch mühsam. Von Belém fahren täglich mehrmals Busse quer durch den Urwald nach Maruda, einem Fischerdorf an der Baia do Maracana. Von der kleinen Fischerkneipe dort tuckern hölzerne Fischkutter rüber zur Insel. Fahrzeit gut 45 Minuten, Fahrpreis je nach Aufkommen bis zu 5 US-$.

Auf der Insel selbst gibt es nur ein einziges Hotel im Cabanastil. Eine Übernachtung kostet ab 10 DM je nach Jahreszeit. Sonst gibt es einfache Unterkunftsmöglichkeiten bei Eimheimischen, die über die Insel verteilt sind.

Allmorgendlich besteht die Möglichkeit, bei den Fischern ein paar Fische zu erstehen. Konserven auf der Insel sind teuer, Fleisch ist nur sehr schwer aufzutreiben. Im Prinzip muß alles vom Festland mitgebracht werden. Der nächste vernünftige Supermarkt oder Laden ist gut 200 Kilometer entfernt.

Algodoal ist ein hervorragendes Badeparadies (Praia Princessa) bei Temperaturen zwischen 25 Grad und 35 Grad Celsius. Zeitweise 90 Prozent Luftfeuchtigkeit, viel Regen im Winterhalbjahr.

## Nordamerika

Wer Nordamerika bereist, sollte sich überlegen, ob er nicht für eine bestimmte Zeit ein Auto mietet oder kauft. Letztendlich muß aber jeder selbst entscheiden, welches Fortbewegungsmittel das richtige für ihn ist. Lohnenswert ist ein Auto immer dann, wenn mehr zu mehreren reist. Die Kosten sollten sich auf jeden Fall halbieren.

Nach wie vor ist der Gebrauchtwagenkauf in den USA bei einer Reise über acht Wochen am lohnenswertesten. Der neueste Clou ist, schon zu Beginn der Reise in der Bundesrepublik ein Auto für Nordamerika zu kaufen und es etwa ab San Francisco oder Los Angeles generalüberholt, versichert und zugelassen zu übernehmen. Alle gängigen Fahrzeugtypen stehen dabei zur Auswahl. Der Autoverkäufer garantiert zusätzlich schon bei der Übernahme einen festen Rückkaufpreis nach Ende der Reise (zum Beispiel Sun Motors). Der Käufer hat aber auch die Möglichkeit das Auto anderweitig zu verkaufen. Wichtig beim Kauf ist der Kaufvertrag oder Bill of Sale sowie die Besitzerurkunde oder das Certificate of Ownership. Betrachten wir folgendes Preisbeispiel:

| | | |
|---|---|---|
| Kaufpreis des Fahrzeuges | | 7000 DM |
| + Verkaufssteuer | | 400 DM |
| + Haftpflichtversicherung | | 250 DM |
| + Zulassung | | 100 DM |
| Gesamtkosten | = | 7750 DM |
| | | |
| – Rückkaufpreis nach 2 Monaten | | 4300 DM |
| Gesamtkosten | = | 3450 DM |
| | | |
| – Rückkaufpreis nach 4 Monaten | | 3400 DM |
| Gesamtkosten | = | 4350 DM |
| | | |
| – Rückkaufkosten nach 6 Monaten | | 3000 DM |
| Gesamtkosten | = | 4750 DM |
| | | |
| – Rückkaufkosten nach 1 Jahr | | 2000 DM |
| Gesamtkosten | = | 5750 DM |

Infos erhält man über:

- ○ Travel Overland »Sun Motors«, Barerstr. 73, 8000 München;
- ○ German American Auto Brokers, 449 Santa Fe, Nr 156, California 92024, USA, Fax. 001619/943/1702;
- ○ Transatlantic Automobile, Rossinistr. 11, 4550 Bramsche, Telefon 05461/62060.

Wer sich trotzdem für einen Mietwagen entscheidet, sollte darauf achten, daß die Steuermarke am hinteren Nummernschild neu ist. Das ist für die Polizei ein Indiz, daß Steuer und Versicherung bezahlt sind (wichtig bei Polizeikontrollen); für die Steuermarke ist in der USA nämlich immer der Fahrer zuständig und nicht der Wagenbesitzer. Ohne Steuermarke drohen Haftstrafen bis zu zwei Jahren. Übrigens darf mit einem Mietwagen normalerweise nicht ins Ausland gefahren werden.

*USA und die Kosten*

Die USA waren noch nie ein günstiges Reiseland. Verständlich, daß gerade hier versucht wird, zu gut wie möglich zu sparen.

Bei den Übernachtungen geht es los. Die Motels in den ländlichen Gegenden sind schon ab 20 US-$ zu haben. Kleine Familienhotels bieten ebenfalls zum gleichen Preis eine einfache Unterkunft an. Also nie im Stadtzentrum auf Zimmersuche gehen. Übrigens gibt es in den Visitorcenters und in den Truckstops in Florida kostenlos sogenannte »Traveller Discount Coupons«. Mit diesen Rabatt-Coupons wird plötzlich so manche Unterkunft erschwinglich. Die Coffeshops bieten das günstigste Frühstück ab 2 US-$ (Eier und Speck). Zum Mittagessen geht's dann in die Chinatown oder in ein italienisches Restaurant. Getränke sind genauso teuer wie bei uns. Weitere Preisbeispiele zur Orientierung:

- ○ Eintritt in Nationalparks mit PKW 5 US-$;
- ○ Eintritt in Disneyworld, Epcot etc. 33 US-$;
- ○ Eintritt in Sea World pro Woche 32 US-$;
- ○ Mietwagen (pro Woche) ab 150 US-$; *
- ○ 1 Liter Benzin 1/3 US-$ (0,40 DM);
- ○ Railpass 299 US-$;

- ○ Taxifahrt (20 km) 30 US-$;
- ○ Busfahrt (20 Stationen) 10 US-$;
- ○ Ortsgespräch 1/4 US-$ (O,25 DM);
- ○ Verschiffung eines Pkws nach Bremerhaven ab 500 US-$.

* inklusive CDW (Collision Damage Waver = Vollkasko), PAI (Personen-Insassen- und Haftpflichtversicherung), ohne Kilometerbegrenzung.

*Greyhound Ameriepass (nur USA)*
Eine alternative zu einem eigenen Wagen oder einem Mietwagen ist der Ameriepass von Greyhound. Diesen Buspaß gibt es für: 4 Tage zu 135 DM, 7 Tage zu 225 DM, 15 Tage zu 360 DM, 30 Tage zu 450 DM. Er ist nur in der USA gültig. Jeder Verlängerungstag kostet etwa 30 DM. Der Ameriepass gilt nur an Wochentagen (also nicht am Wochenende). Für Kanada gibt es den Canada Pass für:

| Hochsaison 15.6.-15.7. | Nebensaison |
|---|---|
| 7 Tage zu 245 DM | 190 DM |
| 15 Tage zu 370 DM | 290 DM |
| 30 Tage zu 400 DM | 400 DM |

Der Verlängerungstag ist für 21 DM zu haben.

Der Ameriepass und der Canada Pass können über Dertraffic-Busservice, Postfach 100701, 6000 Frankfurt bezogen werden. Hier erhalten sie auch weitere Auskünfte. Nachfolgend Strecken-Fahrzeiten von Greyhound zur Orientierung:

| USA (ab New York) | | | Kanada (ab Montreal) | | |
|---|---|---|---|---|---|
| New York | - Key West | 37 Std. | Montreal | - Ottawa | 2,5 Std. |
| | - New Orleans | 27 Std. | | - Toronto | 4,5 Std. |
| | - El Paso | 24 Std. | | - Sudburg | 5 Std. |
| | - Los Angeles | 18 Std. | | - Winnipeg | 25 Std. |
| | - San Francisco | 11 Std. | | - Edmonton | 21 Std. |
| | - Seattle | 28 Std. | | - Vancouver | 12 Std. |
| | - Chicago | 48 Std. | | - Pr. George | 11 Std. |
| | - Detroit | 6 Std. | | - Pr. Rupert | 12 Std. |
| | - New York | 13 Std. | | | |

*Fliegen wie zu Opas Zeiten in Florida*
Schon einmal was von »Island Air Service« gehört? Wenn nicht, sollten Sie Key Marathon in Florida aufsuchen. Die Airline besteht aus einem Flugzeug und zwei Personen, einem Kriegsveteran des Zweiten Weltkrieges und dessen Frau, die Tickets und Getränke verkauft. Das Fluggerät ist ein originalgetreu restaurierter Bücker-Doppeldecker. Mit Sternmotor und Holzpropeller ausgerüstet, trägt die alte Bücker insgesamt drei Personen. Die zwei Passagiere sitzen vor dem Piloten und sind ebenfalls mit Steuerknüppel und sämtlichen Instrumenten ausgerüstet. Der besondere Spaß dabei, neben dem offenen Cockpit, sind stilechte Sturmhauben mit Fliegerbrillen. Für 30 Minuten Flugzeit pro Person muß man um die 50 DM oder mehr auf den Tisch legen, je nach Laune des Piloten. Leider sind Anmeldungen nicht möglich und durch die kurzen Wartezeiten (30 Minuten) auch nicht erforderlich. Prädikat: Super! Gefahr: kann zur Sucht werden! Veranstalter: Island Air Service; zu finden auf dem Flughafengelände Key Marathon.

*Per Wasserflugzeug zu den Dry Tortugas*
Wer dem Rummel auf den Keys für ein paar Tage entfliehen möchte, dem empfehle ich, mit einem viersitzigen Wasserflugzeug des Key West Seaplane Services von Key West zu den Dry Tortugas zu fliegen. Die Dry Tortugas liegen gut 100 Kilometer westlich von Key West und bestehen aus sieben trinkwasserlosen Koralleninseln. Diese Inselgruppe wurde vor allem durch Fort Jefferson bekannt. 1846 bauten über 30 Jahre lang eine Heerschar von Arbeitern an einer der gewaltigsten Festungsanlagen Amerikas. Es ist möglich, für ein bis drei Tage auf den Dry Tortugas zu bleiben und im Hof von Fort Jefferson zu übernachten. Die Ranger des National Park Services erklären gerne die Festungsanlagen. Schöne Strände laden zum Baden ein. Erholsam ist die geringe Zahl von Touristen auf den Inseln, da es weder Pubs noch Imbissbuden gibt. Deshalb unbedingt Lebensmittel und Getränke beziehungsweise Trinkwasser mitnehmen; Preis je nach Fluggesellschaft und Dauer des Aufenthaltes zwischen 80 US-$ und 130 US-$. Die Piloten fliegen auf Wunsch so dicht über dem Wasser, daß man Haie und Delphine vom Flugzeug aus sehen kann. Anmeldung dirket am Flugplatz Key West, Tel 294-6978.

*Hawaii – Kalalautrail*
Auf Hawaii ist sicherlich die Tour über den Kalalautrail im Na Pali Coast State Park der Insel Kauai erlebenswert. Der gut begehbare Wanderpfad ist 16 Kilometer lang und vielleicht einer der schönsten in der Südsee. Allerdings ist hierzu eine Genehmigung nötig, die in Lihue bei dem Department of Land & Natural Resources zu erhalten ist. Der Kalalautrail beginnt am Ende des Highway 56 an der Ke'e Beach. Ein guter Regenschutz sollte mitgenommen werden, da immer mit Regenschauern zu rechnen ist.

## Mittelamerika und Karibik

### Kuba
Wie wäre es mit einem Nostalgieflug über Kuba? Ab Varadero können russische Doppeldecker vom Typ Antonow 2 angeheuert werden, um über Kuba zu fliegen. Preis zwischen 20 und 100 Dollar. Auskunft über Cubatour, Steinweg 2, 6000 Frankfurt, Telefon 069/288322.

### Karibik
Ein Abenteuer besonderer Güte empfiehlt sich in der Karibik: ein Segeltörn mit einem Windjammer. Vor Ort gibt es genügend Möglichkeiten für eine Woche in See zu stechen. Die Preise sind je nach Schiffstyp recht unterschiedlich und können pro Woche durchaus über 500 DM betragen. Vorabinfos unter Telefon 0711/833507 in Stuttgart.

### Trinidad und Tobago
Die Karibik ist teuer, insbesondere was Übernachtungen betrifft. Doch haben ein paar Einheimische auf Trinidad und Tobago die Initiative ergriffen und eine »Bed & Breakfast Association Trinidad & Tobago« gegründet und den Hotelpreisen den Kampf angesagt. Jetzt sind Unterkünfte ab 15 US-$ inklusive Frühstück bei sehr netten Insulanern zu haben. Wer bei Madame Gia Gaspard-Taylor übernachtet, hat vielleicht sogar die Möglichkeit über

ihre Beziehungen ein Visa für Guyana in Port-of-Spain zu erhalten. Wer eine detaillierte Unterkunftsliste möchte, schreibt an: »Bed & Breakfast Association of Trinidad & Tobago«, Diego Martin, P.O. Box 3231, Diego Martin, Trinidad, West Indies.

## Einkaufstips weltweit

- Argentinien: Lederschuhe, Mendozawein,
- Australien: Stockman-Allwetter- und Reitermäntel,
- Bolivien: Ponchos, Lamadecken, Alpacka, Handarbeiten,
- Brasilien: Bikinis, Sommerkleidung, Hängematten, Lederwaren, Zuckerrohrschnaps, Petercooler, Schmuckarbeiten, Berimbaus, frische Cocosnüsse, Guarana, Stickereien,
- Ceylon: Tee,
- China: Seidenpapier, Handarbeiten,
- Cookinseln: Pareus, Muscheln,
- Chile: Weine, Pisco,
- Ecuador: Bananen,
- Guyana: Holzarbeiten,
- Hongkong: Brillengläser, Flugtickets,
- Indien: Sarong, Holzelefanten, Teppiche,
- Kenia: Handarbeiten, Holzmasken, Schnitzereien,
- Kolumbien: Kaffee,
- Malaysia: maßgeschneiderte Anzüge, Tee,
- Malediven: gute Fotoaufnahmen, Muscheln,
- Marokko: Kupfer- und Messingarbeiten, Teppiche,
- Myanmar: Buddha-Statuetten,
- Nepal: Teppiche,
- Neuseeland: Kiwis, sehr gute Fotoaufnahmen,
- Paraguay: Ledertaschen, Lederkleidung, Ledergürtel,
- Peru: Ponchos aus Lamafell, Cocablätter, Pisco, Bombos,
- Rapa Nui (Osterinsel): Basalt-Moais,
- Seychellen: gute Fotoaufnahmen,
- Singapur: Kameras, Fotoausrüstung, Porzellan, Servia,
- Südafrika: Weine,
- Taiwan: maßgeschneiderte Anzüge,
- Tahiti: Kokos- und Palmenarten, Muscheln, Meeresschmuck, Perlen,

- Thailand: Seidenkleidung, Maßanzüge, Schmuckarbeiten, Schirme aus Reispapier,
- Uruguay: Yerba-Mate und Trinkzubehör.

# 11 Rückreise und Heimkehr

Die Heimreise oder Rückkehr nach einer mehrmonatigen Fern- oder Weltreise kann zu einem echten Problem werden. Wer über ein Jahr und länger unterwegs war, fühlt sich plötzlich in anderen Kulturen zu Hause und verliert dadurch an Bezug zu seiner Heimat. So ergeht es vor allem Reisenden, die irgendwo über mehrere Monate hängengeblieben waren, und sich selbst gefunden haben. Selbst nur ein paar Monate oder Wochen unterwegs gewesen zu sein, reicht schon aus, sich der Heimat entfremdet zu haben.

Auch daß lange geplante und laut vernehmlich angekündigte Fernreisen schon nach wenigen Wochen scheitern ist keine Seltenheit. Viele Reisen scheitern an psychischen Schwierigkeiten. Die fremden Sprachen, Kulturen, Eßgewohnheiten und die Sehnsucht nach Bekanntem und Liebgewonnem in der Heimat werden zu auslösenden Momenten. Häufig schätzen »Weltenbummler« auch ihre Interessen und Fähigkeiten falsch ein und merken erst auf der Reise, daß das Projekt gar nichts für sie ist. Falsches Reise-Timing oder sich zu schnell erschöpfende Geldmittel verursachten auch schon so manche vorzeitige Rückkehr. Man sollte sich bewußt sein, daß alle diese Aspekte nichts Ungewöhnliches sind, sondern zum Reisen dazu gehören. Jeder Fernreisende hat mit Entfremdungsproblemen zu kämpfen, niemand verliert sein Gesicht, wenn er vorzeitig abbricht.

Auch die Heimat verändert sich während Ihrer Abwesenheit. Die Menschen erscheinen einem regelrecht fremd, die Fahrpläne der Stadtomnibusse sind umgestellt worden, Straßen plötzlich nur noch in einer Richtung befahrbar und die Polizei begrüßt einen mit einem Knöllchen, da sich diverse Vorfahrten, Park- und Halteverbotszonen geändert haben, das Finanzamt droht mit der Steuerfahndung, da Sie die neuesten Abgaben noch nicht entrichtet haben und vielleicht warten daheim sogar Feldjäger auf Sie, weil Sie vor der Abreise vergessen haben, sich korrekt beim Kreiswehrersatzamt abzumelden; bei manchen ist es nach ihrer Rückkehr schon zu einem regelrechten Zivilisationsschock gekommen. Schuld daran ist unsere bis an den Wahnsinn hochgezüchtete Konsumgesellschaft mit ihren irrsinnigen und materialistischen Wertvorstellungen, die in keinem Verhältnis zu dem Leben und Idealen anderer Völker steht. Für viele Rückkehrer Grund genug, bald wieder loszureisen.
Selbst mit ordnungsgemäßen Paß gilt es bei der Rückkehr eine besondere Hürde zu überwinden, die man beim verzückten Einkaufen unterwegs ganz vergessen hatte: den deutschen Zoll. Einige klassische Mitbringsel unterliegen nämlich nicht nur bei uns einem absoluten Einfuhrverbot. Folgende Gegenstände dürfen nicht eingeführt werden:

- Elfenbeinfiguren,
- Schildplatt und Meeresschildkröten,
- Nashorn-Hörner,
- Stoßzähne von Elefanten,
- Pelze gefleckter Katzen (Jaguar, Leopard, Ozelot und so weiter),
- Schlangenhäute,
- lebende exotische Tiere wie Papageien und Schlangen,
- selbstgepflückte Orchideen,
- seltene Kakteen,
- seltene Schmetterlinge,
- Curarepfeile (sind noch nach zehn Jahren absolut tödlich),
- gestohlene und unter Hand angebotene Antiquitäten (Vorsicht! Lassen Sie sich im Reiseland keine Antiquitäten oder Wertgegenstände unter der Hand oder ohne Ausfuhrzertifikate an-

drehen. Es drohen im Ausland empfindliche Gefängnisstrafen. Erkundigen Sie sich im Zweifelsfall zuvor bei den entsprechenden Behörden.)

*Medizinische Nachuntersuchung*

Jeder Rückkehrer sollte über eine längere Zeit seine Gesundheit ständig überprüfen. Symptome wie:

- unerklärbares Fieber,
- Gewichtsverlust,
- Bauchkrämpfe und Durchfall,
- Husten,
- blutiger oder dunkler Urin,

Hautjucken und Hautveränderungen brauchen nicht in Verbindung mit einer Grippe stehen. Dem Arzt ist auf jeden Fall mitzuteilen, daß man sich vor kurzer Zeit in den Tropen aufgehalten hat. Manche der oben genannten Symptome können erst nach drei Monaten oder später, also nach Rückkehr aus den Tropen, auftreten. Grundsätzlich sollte deshalb bei einem längeren Aufenthalt in den Tropen nach der Rückkehr in die Bundesrepublik eine tropenärztliche Untersuchung mit parasitologischer Blut-, Urin- und Stuhluntersuchung gemacht werden.

Auch das Zurückkehren gehört zum Reisen dazu. Ihre hierbei und schon unterwegs gewonnene Nachdenklichkeit sollten Sie wie Ihren Augapfel hüten. Es ist meines Erachtens das wertvollste Gut, das sie von Ihrem Trip um die Welt mitbringen können. Kaum etwas hilft so gut, das Eigene zu hinterfragen, wie in der Fremde einmal zu Hause gewesen zu sein.

In diesem Sinne wünsche ich Ihnen eine gute Reise und kehren Sie gesund wieder zurück.

# 12 Rundum-Checkliste

○ Reiseziele?
○ Reiseroute?
○ Reisedauer?
○ Reisepartner?
○ Reiseinfos!
○ Flugticket
  - Linienflug
  - Charterflug
  - Airpass
○ Abmeldungen
  - Kreiswehrersatzamt
  - PKW
  - Vereine
  - Müllabfuhr
  - Miete
○ Kündigungen/Ruhen lassen
  - Zeitungabos
  - Strom/Gas/Wasser
  - Telefon
  - Radio/TV
  - Versicherungen
○ Reisepaß (Verlängerung?)
○ Paßfotos
○ Visa beantragen?
○ Sonstige Ausweise
  - Jugendherbergsausweis
  - Studentenausweis
  - Presseausweis
○ Fotokopien/Duplikate
  - Reisepaß
  - Reisescheckquittungen
  - Reisetickets
○ Versicherungen

– Reisegepäckversicherung
– Auslandskrankenversicherung
– Haftpflichtversicherung

○ Geldversorgung
– Dispo aufstocken
– Bargeld
– Schecks/Reiseschecks (und Kaufbelege)
– Kreditkarte (Ablaufdatum?)
– finanzielle Reserven?

○ Impfungen
– Gelbfieber
– Typhus
– Hepatitis
– Tetanus
– Cholera
– Polio

○ Internationaler Impfausweis
○ Ärztlicher Check
– Zähne
– Unterleib
– Blinddarm
– Pille/Kondome

○ Patientenpaß
○ Wohnungsversorgung
– Pflanzen/Tiere
– Batterien entfernen
– Strom/Gas/Wasser abstellen

○ Postversorgung regeln
○ Urlaubsadresse hinterlassen
○ Internationaler Führerschein
○ Wörterbuch
○ Notizbuch, Kugelschreiber
○ Visitenkarten
○ Ausrüstung
– Fotoapparat
– Filme
– Schlafsack
– Daypack

- Taschenmesser
- Reisewecker
- Nähzeug
- Taschenlampe
- Schnüre
- Reiseapotheke/Medikamente
- Eßbesteck
- Feuerzeug
- Geschenke

○ Kleidung
- Hemden
- T-Shirts
- Hose
- Shorts
- Unterwäsche
- Badehosen
- Pullover
- Jacke
- Socken
- Schuhe
- Regenschutz
- Geldgürtel
- Taschentücher
- Plastiktüten

○ Toilettenartikel
- Klopapier
- Handtuch
- Badelaken
- Seife
- Waschlappen
- Zahnbürste/Zahnpasta
- Rasierzeug
- Handspiegel
- Kamm/Haarbürste
- Shampoo
- Waschpulver/Kernseife
- Nagelschere
- OB, Pillen, Kondome

# Quellennachweis


- ABC, World Airways Guide, 1991/92.
- Abenteuer & Reisen, WDV Wirtschaftsdienst, Frankfurt, 1991-92.
- BMt, Arbeitsgruppe Touristeninformation, 5300 Bonn.
- Bundesverwaltungsamt, 5000 Köln 60, Postfach 680169.
- Cardsafe Deutschland, Offenbach.
- Check-In 1/91, Magazin für Geschäftsreisende.
- Der Trotter, DZG Henstedt-Ulzburg, 1992.
- Fortschritt Medizin, Nr. 32/90.
- FVW International, Fachzeitschrift für Touristik und Geschäftsreiseverkehr, 1992.
- Givia Panrotas, Mai 1991.
- Griffith Susan, Work your way around the world, Wolverhampton, o.J.
- Hesse Hermann, Lektüre in Minuten, Suhrkamp Verlag Frankfurt.
- Länderinfo 1992, Preuss Touristikinformationen, Bonn 1992.
- Merkblätter für Auslandstätige und Auswanderer, BVA Köln.
- Reisefieber, Reisemagazin, Hayitt-Verlag, Köln 1990-92.
- Reise & Preise, Magazin für Flugreisende und Urlaubsplanung, Buxtehude 91/92.
- World Medical Guide, Einhorn-Presse-Verlag 1991.